会計学の座標軸

An Axis of Accounting Thoughts

田中 弘

Tanaka Hiroshi

読者へのメッセージ――もう一度、会計学の「熱き時代」を

日本の会計学が、灼熱《しゃくねつ》のごとく燃えさかった時代がありました。会計学が、法律学も経済学も経営学も僕《しもべ》のごとく従えて、戦後の日本経済を立て直す「救世主」か「スーパーマン」かのごとく振る舞った時代があったのです。日本会計学の青年時代といってもいいかもしれません。

年代でいいますと、戦後の、昭和二四年（企業会計原則が公表された年）あたりから、企業会計原則が商法に取り入れられた、昭和三八年あたりまででしょうか。わが国における近代会計学の黎明期《れいめいき》といってもいいでしょう。

戦争によって崩壊したわが国の経済を再建するには、アメリカなどの諸外国から資本を導入する必要がありました。しかし、そのためには、わが国の経済体制を近代化（英米化）する必要があったのです。とりわけ、企業経営を合理化し、公平な課税を実現し、証券市場を拡充して、幅広い国民が安心して証券投資することができるようにする必要がありました。

戦前は、わが国の企業金融が間接金融に偏《かたよ》っていて、企業が必要とする資金を、もっぱら銀行や保険会社が提供していました。これを、英米のような、株式発行を中心とした直接金融に変え

ることがねらいでした。そうすることによって、外国の投資者も、安心して日本の企業に株式投資できるようになると期待されたのです。

直接金融の世界では、各企業は、健全な会計ルールに従って経理を行い、その結果を、広く投資大衆に公開する必要があります。そのとき、いくら大声で、「わが社は、健全な経理を行っています」と叫んでも誰も信用しません。そこで、健全な会計ルールとは何かを明らかにし、さらに、そのルールに従った経理を行っているかどうかを、外部の専門家によって証明（公認会計士監査）してもらう必要があります。

直接金融を効率的に進めるためには、何をおいても、近代的な会計制度を確立することが先だったのです。しかし、当時のわが国には、健全な会計ルールも、外部の専門家による監査の制度もありませんでした。

課税を公平に行うためにも、企業の所得を適切に把握しなければなりませんし、企業活動を合理化するためにも、原価計算制度などを産業界全体に浸透させる必要があったのです。あらゆる場面で、近代会計の考え方とテクニックを必要としていました。

昭和二四年の企業会計原則は、こうした近代的な産業と金融の世界を実現するための「科学的基礎」（企業会計原則、昭和二四年、前文）とするために、英米会計の「輸入」を最優先して設定されたものでした。

この当時は、法律学者が何といおうが、経済学者が何といおうが（誇張していっていますが）、英米会計の制度と基準を輸入することが最優先されました。会計制度の近代化と企業会計原則の設定は、国家的な大事業だったのです。

わが国の会計学者が、もっとも華やかで、生き生きとした仕事ができた時代であったようです。

わたしが大学に入ったのが、昭和三七年で、日本会計学は、日本経済の近代化を担《にな》って、光り輝いていました。教室では、佐藤孝一先生はじめ、青木茂男、染谷恭次郎、日下部与市、新井清光といった諸先生が、講義の度に、企業会計原則にまつわる、ありとあらゆる話をしてくれました。企業会計原則の設定や改正に直接関与してきた先生方の話だけに、講義は具体的で、熱気にあふれ、時には活字にできないような裏話も聞くことができました。

会計学がかくもホットな時代に学生時代を過ごせたことは、幸せでした。新時代の会計学と会計制度が羽ばたく姿を、つぶさに教室で観察できたのです。

この頃は、企業会計原則を逐条《ちくじょう》的に学ぶだけではなく、そのバックボーンをなす近代会計の精神とか英米会計学の思想を知るために、数多くの外国文献を読んだものです。とりわけ、アメリカの会計学者、ペイトン、リトルトン、メイ、ギルマンなどが書いた古典的名著や、アメリカ会計学会（AAA）の出版物は、近代会計の理論やその背景を理解する上で、欠かせないものでした。企業会計原則を一〇〇回読んでもわからないことが、こうした文献を読むと、いとも簡単に氷解することも少なくなかったのです。

大学や大学院の会計学ゼミナールでは、企業会計原則の研究と、外国文献の講読との、二本立てで研究が進められました。

会計学のゼミナールは、非常に人気が高く、大学院には、研究者・学者志望の院生があふれていました。青木先生の講義や染谷先生の講義では、先生をそっちのけにして、院生同士が侃々《かんかん》諤々《がくがく》の議論を続けることもしばしばでした。学生にとっても、「会計学の熱き時代」でした。

ところが、わが国の会計学は、その後、急速に学問としての熱を冷《さ》ましてしまいます。理由は、いくつかあります。

近代会計の理論構造がほぼ明らかになった、ということもあります。

会計の基本的な原則を商法に組み込んだことから、会計の議論が、商法の議論に切り替わってしまったということもあります。

かつては、商法や税法をも従えて制度や基準を作ってきた会計でしたが、昭和三八年の商法改正後は、会計問題を議論しても、いつも、商法の中に取り込まれた会計のルールが足かせとなって（会計サイドの本音からすれば、人質となって）、議論が発展しなくなりました。これも、会計学が冷めてきた理由でしょう。

会計実務がついてこなかった、という理由もありそうです。わが国の会計は、制度も基準も英米のものを「輸入」したものです。しかし、わが国の土壌に合うとか、経済環境に適合しているという理由で輸入したものではありません。制度や基準は、英米の「外観」を取り入れたのですが、会計実務の方は、わが国の実状に合わせた「本音」の会計が行われてきたのです。理論と実務の乖離《かいり》が大きくなればなるほど、「使われることのない」会計理論を研究することがむなしくなってきたということもあります。

しかし、もっと根本的な理由がありそうです。それは、誤解を恐れずにいいますと、誰も彼もが（またしても誇張しています）、会計の思想性や文化的側面を忘れて、次第次第に、会計を技術としてしか見なくなってきたことにあったのではないかと思われます。こうした「会計の技術化」は、会計士や税理士の試験制度によって、一段と強化されました。

プロローグでも述べていますが、この段階で、わが国の「会計学」は、伝統芸能か儀式のごとく、世代から世代へ、特別の疑いも持たずに受け継がれていく「技術」と化したのではないでしょうか。

それでも、「学としての会計」を志す多くの人たちもいました。そういう人たちによって、「技術としての会計」が、理論的な厚みを増したことは大いに評価されるべきです。

しかし、学を志す人の中には、少なからず、会計学が実践科学であることを忘れて、「研究室の中の理論づくり」、に精を出した人もいます。外国文献を翻訳したり紹介することが学問だと勘違いした人もいました。

会計は、社会的な文脈の中で考えなければならないものです。社会的文脈は、国により、文化によって異なります。一部の会計学者は、そうした「生きた会計」を無視して、ガラス細工のごとき理論づくりに励んできたのです。使い勝手の良さとか、現実社会をどれだけ忠実に再現できるか、自分の思想や経済感覚をいかに盛り込むかなどということには関心がなく、ただただ、理論としての美しさだけを追い求めるのです。

複式簿記という一五世紀の建築物を、数学だの情報理論だのをくっつけて、近代科学のように見せかけようとした人たちもいます。簿記の歯車の一つか二つを取り上げて、精密機械の歯車のように、ピカピカに磨き上げようとした人もいます。会計学をプラモデルか何かと勘違いしているのではないかと思ってしまいます。こうしたことが、会計学への情熱を奪った大きな理由の一つではないかと思われます。

要するに、会計界が、「会計思想」、「会計観」を学ぶ姿勢やその機会を失ってしまったのです。会計の技術的側面や変化に目を奪われ、会計の文化的側面や思想的側面を見失ってしまったのです。

会計は、生きた経済社会を映す鏡です。この鏡は、使いようによっては正直な姿を映すこともできますし、ゆがんだ心で映せば、ゆがんだ姿が映ります。まったく別の姿を映すこともできるのです。「技術としての会計」には、思想も理念も倫理観もありませんから、使う人の思いどおりの姿を映し出します。

しかし、それでは、野球のバットや出刃包丁を凶器として使ったり、メディアを洗脳の道具として使うのと変わりありません。技術や道具を操る人間は、その技術や道具に命を吹き込み、その技術なり道具本来の仕事をさせる必要があるのです。

車の運転のような、機械的ともいえる作業でも、「お人柄」や「お国柄」が出ます。ましてや、損得を計算したり、自分の財産がいくらになるかを決めるといった「切れば血が出る」のが会計です。それを操る人の「お人柄」や金銭感覚が全面的に顔を出してもおかしくはありません。それが妙なことに、会計を論じる人たちはみな紳士なのか、なかなか自分の経済感覚とか金銭感覚を表に出したがらないようです。

しかし、「会計」という道具は、そこに、会計の思想、使う人の倫理観、さらには金銭感覚を吹き込まなければ、正しく使うことができないのです。ここに、「会計思想」「会計観」を学ぶ意義があるのです。

善悪の判断や美醜《びしゅう》の基準が、人によって微妙に違うのと同様に、「会計観」「会計思想」も、人によって微妙に違います。「会計観」とか「会計思想」は、一つではないのです。

言い換えますと、「会計観」とか「会計思想」は、その人の、トータルな人生観・価値観を反映しているのです。他人のお金を預かって運用していながら、その結果を正直に伝える必要がないと考える人の「会計観」や、金に関して公私の区別がないような人の「会計観」は、広く国民の間で共有できるものではありません。

では、国民の間で広く共有できるような「会計観」とは、いったい、いかなるものでしょうか。「会計観」は一つではないといいましたが、国民の間で広く共有できる会計観、多くの市民が賛同するような会計観というものがあるはずです。今、会計学者だけではなく、投資者も、消費者も、経営者も、会計士も含めて、多くの人たちが納得する会計観を探し出し、これを広く共有する必要があると、わたしは思います。

本書では、会計が、経済社会を映す鏡であると同時に、それを使う人の心の中までも映す鏡であることを伝えようと努力しました。会計は、正直な人にとっては強い味方ですが、そうでない人にとっては、武器として使ったつもりが、わが心の汚れまでも映し出されてしまう凶器なのです。しかし、どの程度まで正直なのか、どれだけ汚れているのかを知るには、「会計観」「会計思想」を身につける必要があるのです。

二〇〇〇年時代を迎え、わが国の会計は、これまでに経験したことのないほど大きな変革を迎えようとしています。本来なら、この変革を機に、第二次「会計学の熱き時代」を迎えてもおかしくはないのです。しかし、不思議なことに、わが国の会計学の世界は、このまたとない変革期に、失語症に罹《かか》ったかのごとく、口を閉ざしているのです。

新しい動きに対するお追従《ついしょう》なら誰でもいえます。学者の重要な仕事の一つは、世間が迷妄的な動きに走ったり、行き先が違うバスに乗り込もうとしているときに、必要に応じて、警鐘を鳴らすことではないでしょうか。イギリスでは、こうした役割を、whistleblower と呼んでいます。日本の会計界は、今、強力な whistleblower を必要としているのではないでしょうか。

本書は、会計が生きた技術であること、会計学が、生きた経済社会を映す学問であることを、多くの人たちに理解してもらいたくて書いたものです。さらに欲張っていいますと、本書が、広く社会が共有できる「会計観」「会計思想」とは何かを考える契機となり、「第二の熱き時代」を拓《ひら》く火打ち石となることを願っています。

本書の大部分を、大好きなウィンブルドンで書くことができました。ウィンブルドンに住むのは、二度目です。一五年前にロンドン大学に留学したときは、テニスのチャンピオンシップが開催されるセンターコートのとなり、道路を挟んだ向かいのフラットに住みました。

六月の最後の週と七月の第一週は、普段は閑静なこの地に、数万人ものテニスファンが集まります。毎日毎日、朝早起きしてチケット売り場に並び、センターコートの試合を楽しんだことが、昨日のことのように思い出されます。

今回は、センターコートからすこし離れた、Worple Road という場所に住みました。何かの因縁でしょうか、このフラットの前に広場があり、そこが昔のセンターコートだったそうです。

家の近くに、ウィンブルドン・コモンとかリッチモンド・パークという、一八ホールのゴルフ場が何十コースも取れそうな大きな公園がいくつもあり、野生のシカが群をなして住んでいたり、リスが手のひらに載せたパンを食べにきたり、自然を満喫できるところです。わが家の玄関先にも、リスやキツネがよく顔をだします。

ロンドン大学の経済学部（LSE）は、シティに隣接した Aldwych というところにあります。近くに、高等法院やIASCの本部があり、判例集や法律全書を抱えた弁護士が行き交うところです。

昼間は、ロンドンの街中にあるオフィスで過ごし、夜は、キツネが鳴く声が聞こえる（本当は、鳴き声はまだ聞いたことはありませんが姿はよくみかけます）自宅で家族と過ごすのは、イギリス人の理想とするところでしょう。

こんな素晴らしい環境で仕事をする機会を与えてくれた神奈川大学とロンドン大学に、心から感謝の意を表したいと思います。とりわけ、LSEのブロムウィッチ（M.Bromwich）教授には、客員教授として受け入れてくれただけではなく、研究上のアドバイスから、私生活の心配までしていただき、感謝の気持ちでいっぱいです。

前著『原点復帰の会計学』に続いて、本書も、税務経理協会・大坪嘉春社長に、いろいろご無理を聞いて頂きました。記して感謝申し上げます。

同社『税経通信』の鈴木利美編集長には、本書の一部を同誌に掲載する便宜を図って頂きました。同誌と本書では読者層が違いますが、少しでも多くの皆さんに読んでいただく機会を与えて頂いたことに感謝申し上げます。

また、編集と製作を担当して頂いた、税経セミナー編集部の清水香織さんに心からお礼申し上げます。東京とロンドンという遠隔地での作業でしたが、みなさんのおかげで快適に仕事をすることができました。

平成一三年　早春のウインブルドンにて

田中　弘

目次

第3章　鏡としての会計……107

第4章　会計制度改革と雇用破壊

第11章　実質優先主義の不思議――法を破ってもよいのか……335

プロローグ——会計学の座標軸

Prologue — An Axis of Accounting Thoughts

会計の知識を身につけた人たちは、この二、三〇年間で格段に増えた。学校教育と国家試験のおかげである。しかし、自分自身の会計観とか会計の倫理を身につけた会計学者や会計士は、どれだけ増えただろうか。

1　経済学の制度化

二〇年近くも昔のことであるが、若き日の佐和隆光教授が、名著『経済学とは何だろうか』（岩波新書）を世に出した。この小さな新書が、わたしに、経済学が生きた学問であることを教えてくれた。

わたしが学生時代に受けた経済学の講義は、どれもこれも公式だらけで、しかも、「限界効用」だとか、「市場の失敗」だとか、「貨幣の流通速度」とか、とても日本語とは思えないようなジャーゴンだらけの講義で、正直にいって、「新しい時代の学問」といったことを感じるよりも、（失礼ながら）この学問に対して胡散《うさん》臭さを感じたものである。

そうした考えが間違いであることを、佐和教授は教えてくれた。

この本を何回読み返したか知れない。ぼろぼろになったり見失ったりして、新たに買い直したことも何回かあったことを覚えている。新しい本は、新鮮な気持ちで、初めて読むような気持ちで読むことができる。だから、また発見があった。

わたしは、当時、会計学を教え始めたばかりで、経済学についての知識といっても大学の講義をいくつか履修した程度に過ぎなかった。だから、「となりの芝生」は面白かった。佐和教授には、わたしからお願いして、当時の勤務先である愛知学院大学まで講演に来てもらったこともある。

その佐和教授の『経済学とは何だろうか』の中に、つぎのような記述がある。この一文が、少し大げさにいえば、わたしの「会計学」観を変えたともいえる。少し長いが、ぜひ、読んでいただきたい。ルビはわたしが付けたものである。

「今日の経済学を他の社会科学から際《きわ》だたせるのは、次の二つの側面である。一つは、それがみごとなまでに範型（パラダイム）化され制度化されている、という側面である。いま一つは、それが漸次的（ピースミール）工学として編成されたがために、否応《いやおう》なしに、『経済学のユートピア熱を冷却させた』（サムエルソン）という側面である。……前者は、経済学を〈科学〉に仕立て上げ、専門の経済学者にとってすこぶる快適な環境をつくりだすという効果をもった。そして後者は、はたして経済学は社会科学として健全な方向を目指してきたのだろうか、という深刻な疑問を生む。」（佐和隆光、一九八二年、二一三頁）

2　保守化する制度

どんな社会でも、致命的な欠陥を抱えていない限り、保守化する。社会が保守化するということは、制度が保守化するということでもある。だから、どんな制度も保守化する、といってもよい。

ただし、保守化は必ずしも悪いことではない。保守化しないような社会なら、安心して住むことはできないからだ。

保守的になるということは、安定するということを意味している。どんな社会や制度でも、致命的な問題を抱えていない限り、保守化し、安定するのである。

逆にいうと、致命的な問題を抱えた社会や制度は、保守化できないし、安定もしない。わが国の金融業は、「借りたくないところに金を貸す」のを業としてきたこともあって、戦後五〇年間は、さしたる問題も表面化しなかった。安定化・保守化して当然であった。

バブルとその崩壊によって、わが国の金融制度は、いま、過去五〇年間に経験したことのない問題に直面している。安定的であったはずの金融界が、自らのリスク管理に失敗して、致命的な欠陥を露呈してしまった。「借りたい人に金を貸す」という、金融業としての原点に戻らなければ、かれらの復活はないのではなかろうか。

わが国では、大学入試の弊害が叫ばれて数十年が経過しているが、入試は依然として続けられている。弊害の一部をクリアするために、センター入試とか推薦入試などが導入されたが、制度としての入試は、保守化し、安定化しているのである。重大な欠陥がいくつも指摘されながらも、メリットのほうが優先されてきた。

ただし、数年後には、全入時代を迎える。そのときに入試を続けられるのは、極めて少数の大学だけである。保守化の権化《ごんげ》みたいな入試制度が、崩壊するのである。

わが国の金融制度も入試制度も、保守化の極みにおいて瓦解《がかい》する。そう考えると、保守化した制度、制度化されたシステムといえども、環境の変化や不適応化によって、あるいは、制度やシステムが自らを維持・発展させる力を失って、歴史的使命・社会的存在を終えるのである。

それでは、「会計学」はどうであろうか。

3　会計学の制度化

会計学について考えてみる。今日の会計学は、取得原価主義をベースとして理論構成されている。取得原価主義会計は、原価評価の原則、原価配分の原則、減価償却の理論、収益に関する実現主義、費用の発生主義、収益費用対応の原則、などなどが範型（パラダイム）をなしている。多くのパラダイムは商法や証券取引法などに取り込まれ、公認会計士による監査の基準ともなり、制度として定着しているのである。

つまり、こうした範型（パラダイム）が会計計算のツールとして公的に認められ、社会の中で安定的な役割を果たしているのである。この点で、今日の会計学は、現在の（アメリカ）経済学と同じように「制度化されている」といってよいであろう。

また、取得原価主義会計は、シュマーレンバッハやペイトン、リトルトン、メイなどの諸学者が、当時の会計実務を理論的に説明することに成功し、その後は、漸次《ぜんじ》的工学、あるいは、ピースミール的に問題に対処する形で発達してきた。この点も、経済学と同じである。違いがあるとすれば、経済学が数学や統計学を武器として使い、会計学が複式簿記を武器として使ったということであろう。

会計学が制度化されることによって、会計学は〈科学〉としての外観を身につけ、会計学者にとってすこぶる快適な環境が与えられた。すなわち、会計学の教師は、何らかのテキストに書いてあるとおりに講義すればよく、そのテキストの範囲にあることを知っていれば、専門家としていられたのである。わたしもその恩恵にあずかった一人である。

会計学の専門用具は、残念ながら（いや、会計の教師にとっては、幸いにして、というべきか）、あまり多くはない。教師は少し勉強すれば、テキストに書いてある程度の知識を身につけることができる。会計学の教師は、一年か二年かけて、教室で話すことをノートにまとめると、必要な知識は頭に入ってしまい、後は、制度や基準が変わったときに若干の知識を更新するだけで、ほぼ同じ講義を続けることができる。

会計学が制度化されたことは、一面では、教師にとって快適であった。大学院を終えたら、ほとんど学習する必要がないのである。会計学が制度化されるということは、この学問が保守化するということでもあった。保守化は必ずしも悪いことばかりではないが、進歩が止まる、停滞する一面があることは否定できない。

4 「企業会計原則によれば……」

会計学の講義では、来る日も来る日も、「企業会計原則によれば……」で済んだ。たまに、薬味のごとく、「ただし、商法では……」を入れると、格好がついた。

要するに、会計学の講義は、最初に、会計学とは何かを話し、つぎに、会計と簿記の関係、会計を巡る法規、会計原則、そして資産会計と、話す順番も内容も決まっているのである。目に見えないマニュアルがあって、それに従って講義をするのが約束事であるかのごとく、全国一律に(内容に濃淡はあるにしろ)、ほぼ同じ講義が行われてきたのである。

自分が繰り返してきた講義とはいえ、とても「生きた学問」を教えているという気にはならなかったし、教えられた学生にとっても、一生、自分とは関係のない学問を習っていると感じたのではなかろうか。

自省の念を込めていえば、わたしの「会計学」は、まるで、お祭りの儀式を、順を追って説明するのと変わりはなかったのである。この段階で、わたしが教えてきた「会計学」は、「伝統芸能」と化したといえよう。

「伝統芸能」も「お祭りの手順」も、「変えない」ことで、価値をつけてきた。しかし、わたしが教えてきた会計学は、とうてい、「伝統芸能」や「お祭り」のように生き生きとしたものにはなりえなかった。

5　会計士会計学

そもそも、わが国の会計学は、「会計士会計学」として形成されてきた。それが、制度化されたのである。これには、少し説明がいる。

会計という技術は、多機能である。使われるシーンも多様である。資金の効率や借金の返済能力も示すことができるし、付加価値の計算も損益分岐点の計算もできる。在庫の管理にも、資金繰りにも使える。街角のレストランでも駅裏の「なわのれん」でも、市役所でも政府でも、ソニーやホンダのような世界規模の大企業でも使っている。組織の目的や規模に関係なく、どこでも使っているのである。

使う「人」が誰かという面から見ると、店や企業を経営している人、国や市を運営している官僚、投資家、経営分析をするアナリスト、企業の中間管理職、店の運営を任せられているマネージャー、取引先、税金の相談にのる税理士、大手企業の監査を担当する会計士など、多様な人たちが使っている。

ところが、会計教育に限っていえば、アメリカも日本も、「会計士を養成するための教育」に力を入れてきた。どこの大学にも、簿記の講義があり、入門の会計学の講義があり、原価計算、監査論、財務諸表論という科目がある。これらの科目がすべて、公認会計士試験の科目と同じ名称であるのは偶然ではない。どこの大学も、会計士試験の科目を網羅することにより、会計学を体系的に教えることができると考えたのである。今から思えば、誤解であった。

会計士試験の科目は、会計学の体系からすれば、かなり偏《かたよ》っている。そこには投資家とかアナリスト、企業の経営者などが必要とする会計知識は、必ずしも、網羅されていない。会計士の試験科目は、公認会計士として監査の仕事をする上で必要な知識や考え方を学ぶ科目であり、会計学の体系からすれば、限られた領域でしかない。

しかし、会計士試験の科目となることによって、これらの科目は、国家試験の科目としての地位を得ただけではなく、会計士が企業を監査するときの用具として使われることになったのである。経済社会の中で、これらの科目に一定の役割が与えられたのである。会計学が制度化されたのは、会計士教育に必要であった科目、あるいは、表現を変えると、会計士監査において使われる用具としての会計科目であった。

こうした事情を背景として、わが国では、会計学のテキストといえば、ほぼ間違いなく、会計士試験の出題範囲に沿った形で書かれてきた。簿記も、財務諸表論も、原価計算も、企業が外部に公表する財務諸表を作成する「技術」として教えられてきた。「会計学の技術化」を急速に推進したのは、こうした会計士の試験制度に他ならない。

皮肉っぽくいえば、会計学の講義は、「財務諸表の作り方教室」であった。だから、わが国の会計教育を受けた学生は、財務諸表を作ることはできても、それをどうやって使うのかを知らずに卒業してしまう。自動車学校に入って、「車の構造」は学んだけれど、「運転法」を知らずに卒業するようなものである。

意識してそうした教育を行ってきたわけではない。なぜなら、教室に会計士の試験を受ける学生がいるかいないかに関係なく、いな、むしろ、会計士の志望者が一人もいなくても、「会計士会計学」を教えてきたのである。

6　市民常識としての会計学

わたしは、そのことに気がついてからは、会計学の講義で「制度会計」の話をするのをやめた。

「制度会計」というのは、商法や証券取引法などの法律によって規制されている会計という意味である。そこでは、企業は公表する財務諸表をどのようにして作ったらよいか、会計士は、その財務諸表をどのようにして監査するか、といったことが主たるテーマとなる。財務諸表の作り方とその監査がテーマであるから、「財務諸表の作り方教室」といってもいいし、「会計士会計学」といってもよい。

わたしの教室には、会計士になろうなどと考えている学生は、ほとんどいないのである。それにもかかわらず、わたしは、長い間、「制度会計」、あるいは、「会計士会計学」を教えてきた。「カレーライス」を食べたいと思っている人に、注文も聞かずに、「天ぷら定食」を食べさせてきたようなものである。ミスマッチであった。

それに気が付いてからは、そうした話に代えて、会計を知っているとどんなことができるか、会計の知識があればどういう世界が開けるか、会計の知識がないとどういう失敗をするか、こういう話をすることにした。表現は古くさいが、「国民の会計学」とでもいおうか。

それまでは、会計学の講義をするのが苦痛でしょうがなかったときもある。熱心に講義すればするほど、学生にとってはつまらない講義になるのである。

「企業会計原則によれば……」といおうが、「しかし、商法では……」といおうが、学生は何の反応も示さない。学生が反応を示すのは、雑談・余談のたぐいか、「試験に出るのは……」といったときくらいである。

考えを変えて、教室では、できるだけ身近なシーンで使われる会計を話すことにした。コンビニが一〇〇円で売っているキャンディーはいくらで仕入れたものであろうか。コンビニの前には、いつも、どこかのトラックがエンジンも切らずに停車しているが、それはなぜであろうか。デパートが年中、半額セールを繰り返しているが、どうしてやっていけるのだろうか。

客がほとんどいない帽子屋さんや自転車屋さんが倒産しないのはどうしてだろうか。繁盛していたように見えたスポーツショップが倒産したのはなぜだろうか。売れ残った新聞や雑誌は、どう処分されるのであろうか。そのコストは誰が負担するのであろうか。

今、一〇〇万円持っていたら、何に使うか、何に投資するか、どこの会社がいいか、会社を選ぶにはどうしたらいいか、どういう会社が安全か、どういう会社なら株価が上がるか。一、〇〇〇万円なら、どういうふうに分散投資するか。

会社に勤めることになったら、どういう点で会社のコストダウンに協力できるか。トヨタの「カンバン方式」には、どういうメリットがあって、どういうデメリットがあるか。アルミの缶とスチールの缶はどちらが経済的か。稼ぎ時の土曜日曜に、街角の八百屋や歯医者が休業するのはなぜだろうか。三菱自動車の車には、どうしてMMCというエンブレムが使われているのか。会社のもうけと株価にはどういう関連があるか。

どんな話も、すべて、最後には、会計学に結びつけた。できるだけ会計を身近な学問と考えてもらいたいと思ったからである。そうした講義を基に執筆したのが、白桃書房から出版した『会計の役割と技法－現代会計学入門』であった。

この本の最初に、会計がどんな場面で活用されているか、知らないとどんな失敗をするか、身近な例をたくさん挙げて、この学問が生きていく上で必要な知識であることを伝えようとした。本文でも、誰もが知っている会社の例を挙げたり、簡単な計算で必要な答えを見つけ出せるように工夫したり、会計が決して難しい学問ではないことをわかってもらうようにしたつもりである。

「会計学」の教室でテキストとして使うことを考えて、最初の方に伝統的な会計学についても書くことにした。何人かの教員が分担している科目であるから、わたしだけが好き勝手な講義をするわけにもいかなかったからである。こうした本は、会計とは何か、どこで、どう、使われているかを教えてくれるが、社会制度や法律制度との関係を十分に説明していないので、会計学の標準的テキストとはなりえない。

7 古典に学ぶ

昔は、会計学の研究といえば、古典的な名著や論文集に学ぶというのが主流であった。会計には、すぐれた古典的名著やイポック・メーキングな名論文が少なくない。ドイツでは、シュマーレンバッハ、コジオール、ワルプ、シュミットなどの学者が数多くの名著を残しているし、アメリカでは、ペイトン、リトルトン、メイ、ヴァッター、ギルマン、モントゴメリーなどが名著を世に出している。イギリスは、実務から帰納的に理論を体系化する国であることから、挙げるべき学者は少ないが、ディクシーやバクスターが名著や名論文を残している。

英米では、イポック・メーキングな名論文を集めて一冊の本にまとめたものが、大学や大学院のテキストとして出版されていた。わが国でも、修士論文を書く上で欠かせない文献として、院生の間で引っ張りだこであった。

わが国にも、古典的名著を残してきた学者はたくさんいる。わたしの学生時代には、学部でも大学院でも外国文献を読むのが研究スタイルで、ペイトン、リトルトン、メイ、ヴァッターなどアメリカの古典を読むのが普通であったが、サブゼミなどの時間には邦語文献を読むこともあった。

そんなときは、岩田　巖、太田哲三、山下勝治、黒澤　清、などの先学が著《あらわ》した専門書をテキストとして使うことが多かった。わたしたちは、番場嘉一郎教授が書いた、『棚卸資産会計』、山下教授の『会計学一般理論』、黒澤教授の『近代会計学』などを輪読したことを覚えている。

番場教授の『棚卸資産会計』は、総頁一二三九頁という、枕みたいな本で、それだけに値段が高く、貧乏学生のわたしには、とても手が出なかった。しかし、この本は、ただ、棚卸資産会計のテクニックを教えるようなものではなかった。そうしたものなら、何も一二三九頁も必要なかったであろう。

この本は、アメリカやイギリスの会計が、何を目的として、何をしようとしているのか、さらには、英米会計の神髄・本質は何か、つまるところ、会計とは何か、をたっぷり行間に詰まらせたものであった。

わが国で出版された会計学の本の中では、とびっきり読み応えのある本であったと思う。この本を読みたくて、毎週、大学院の読書室にいき、誰かが借り出しているときは（ほとんど毎週、ゼミの先輩が借り出していた）、大学の本館図書館にいき、そこも貸し出し中のときは、明治大学や法政大学の図書館まで出かけたものであった。

どこの図書館にも一冊しかおいていなかった。読みたくても読めない日が続いて、あるとき、大学院事務所に、ゼミ生一同で泣きついた。もう一冊、欲しいと。翌週かそこら、ゼミ生全員分の『棚卸資産会計』が院生読書室に並んでいるのを見て、大いに感動すると同時に、今度は、緊張した。買ってもらった以上、それに応えて勉強しなければならないと思ったからである。

今、どこの国でも、棚卸資産は、利益操作や粉飾の温床である。棚卸資産に関するディスクロージャーは、あってないに等しい。これでは、番場教授の研究が無駄になる。本書を、決して、過去の本にしてはならない、とわたしは思う。

古典というのは、ただ古い本という意味ではない。会計の制度や基準は変わることがあっても、古典では、時代を超える会計観・経済観、書によっては、その会計学者の人生観、学問に対する姿勢までも読むことができる。古典が古典たるゆえんは、時代を超越している点にある。

8 「人」に学ぶ

「人」に学べば、現在の制度や基準を、一定の視点からシビアに観《み》ることができるようになる。G・O・メイの『財務会計―経験の蒸留』を読めば、会計が多くの「仮定とコンベンションと判断の集積」であることを教えてくれるし、ペイトンとリトルトンの『会社会計基準序説』を読めば、原価と価値の関係、利益発生の意味など原価主義会計の神髄を教えてくれる。リトルトンの『会計発達史』からは、会計を歴史の中に位置づけることの重要性を学ぶことができるし、シュマーレンバッハの『動的貸借対照表論』からは、損益計算を中心とした計算構造と近代会計思考を学ぶことができる。

そこには、制度がどうなっているかとか、手続きとか基準がどうなっているかということとは無関係の「学としての会計」があり、「会計思想」がある。

小著『時価主義を考える』の中でも紹介したが、わたしは、山桝忠恕《やまますただひろ》教授の著書を愛読している。一冊は、昭和三〇年に出版された『アメリカ財務会計―その性格と背景』であり、もう一冊は、昭和三八年の『近代会計理論』である。右の小著でも書いたが、わたしは、山桝教授から直接に教えを受けたことはなかったし、ついにお会いする機会もなかった。

しかし、この二冊の著書（もちろん、数多くの論文も読んだ）を繰り返し繰り返し読むうちに、何となくではあるが、会計の考え方とか会計の仕事がどんなものであるかを知るようになったし、さらに、山桝教授が会計学に対してどれだけ深い愛情をもっていたかとか、この先生の人生観や人柄などもかいま見ることができたような気がする。

ペイトン教授は、アメリカ会計学を興《おこ》した一人でもあるが、教授の一連の著作を読むと（わたしは、つまみ食い程度にしか読んでないが）、時価主義を主張したかと思うと、つぎの著書では原価主義に戻り、そして数年後にはまた時価主義を主張するというように、何度も説を変えている。学生時代にペイトンの著作を読んで、彼の変節に疑いを感じるよりも、これが学者の正直な姿なのだと感動したことを、今も覚えている。ペイトン教授の会計観に触れることができたのだと思う。

右に紹介したジョージ・オー・メイの *Financial Accounting－A Distillation of Experience*, 1943.（『財務会計－経験の蒸留』）も素晴らしい。彼はアメリカに帰化したイギリス人なので、彼の書く文章は、文学的であったり婉曲《えんきょく》的であったり、イギリス英語に慣れていないと読むのに苦労する。

しかし、メイが、当時の会計実務の中に、理論的フレームワークを見つけ出そうと真剣に取り組んでいる姿がひしひしと伝わってくる。彼は、会計実務を観察して、それが断片的な技術の集合ではなく、そこに一貫した会計のフレームワーク（仮定とコンベンションと判断の集合）があると信じて本書を著《あらわ》したのである。

副題－経験の蒸留－が示すように、会計士としての長い、深い経験を本書において蒸留させたのである。今読んでも、多くの示唆を与えてくれる名著である。小著『時価主義を考える』でも紹介したし、『原点復帰の会計学』でも紹介したように、利益の「実現」に関するメイの解釈は、今日の通説的理解よりもはるかに説得力を持っている。

9 「標準的テキスト」の出現

ところが、この三〇年間で、会計学は急速に制度化され、保守化した。その結果、制度や基準を作る少数の会計学者がいて、そうした会計学者が「標準的なテキスト」や「解説書」を書けば、後はそれを祖述する会計教師がいれば済むようになってきた。伝導みたいなものである。教師としては、これ以上快適な環境はないかもしれない。

佐和教授はいう。「〈制度〉としての経済学は、……漸次《ぜんじ》的な『パズル解き』に一心不乱の精をだすことを、〈経済学者〉に強要する」（佐和隆光、一九八二年、一七四頁）と。制度としての経済学は、いまや「知恵の輪」か「パズル」に近いところがあるのである。

最初の方で紹介したように、「知恵の輪」か「パズル」に化した経済学に直面する若き経済学者は、「はたして経済学は社会科学として健全な方向を目指してきたのだろうか、という深刻な疑問」（佐和隆光、一九八二年、二一―三頁）に悩むのである。

会計学も同じである。ここ数十年の間に、アメリカの会計学も日本の会計学も著《いちじる》しく制度化された。その結果、アメリカでも日本でも、学部であれ大学院であれ、「古典から学ぶ」「人から学ぶ」というスタイルの研究が廃《すた》れ、「標準的なテキスト」を読んで、よくいえば〈科学〉として研究するスタイルが主流となっている。まかり間違えば、会計学は暗記の学となり、考える学問ではなくなってきたところがある。

もちろん、企業会計原則や商法計算規定といった〈範型《はんけい》〉がもたらす「知恵の輪」のような問題を漸次的（ピースミール）に解き進めてきた会計学者も少なくない。この仕事は、地味ではあるが、社会科学を志す会計学者にしてみれば、本務・本業といってよい。

広瀬義州《よしくに》教授の大著『財務会計』（中央経済社刊、一九九八年。二〇〇〇年に第二版）は、そうした〈範型〉の提出する「パズル」を見事に解き明かしてくれた一書である。

広瀬教授が、『財務会計』を世に送り出したとき、ある年輩の教授が、「これでやっと日本の会計学もアメリカ並みのテキストを持つことができるようになった」と喜んだという。日本の会計界は、この一書で、初めて、「標準的テキスト」という一つの「座標軸」を手に入れることができたという意味であろう。

今にして思えば、わが国で初めて、アメリカ・スタイルの会計学テキストを著したのは、わが恩師の佐藤孝一先生であった。一九五二年に出版した『現代会計学』は、本文七四七頁という大《たい》部《ぶ》のものであったし、その改訂版ともいうべき『新会計学』（一九五八年）も、五九三頁というのものであった。

この二書においては、すでに、アメリカの標準的会計テキストと同じような章立て、同じような論述形式が取られており、「総論」では、会計公準・会計原則・会計制度などが、「各論」では、資産会計・資本会計・損益会計などが、さらに「特論」では、静態論と動態論、会計主体論、などが、満遍なく、詳細に述べられていた。

この流れを汲《く》んでいるのが、佐藤孝一先生門下の、染谷恭次郎教授による『現代財務会計』や、新井清光教授による、『財務会計論』であろう。

広瀬教授の『財務会計』は、わが国の会計制度を、会計の国際的な流れの中に位置づけて書かれた初めてのテキストである。この一書は、教授の人並みはずれた努力と、あふれるばかりの情熱の産物であることは間違いないが、すべて広瀬教授の功績というわけではなく、数多くの先人が著した著作や積み上げてきた研究成果を下地にしていることとは間違いない。そうした、多くの先人がいて初めて、「標準的テキスト」が書けるのである。そういう意味では、本書は、「早稲田会計学の結晶」でもあり、「日本会計学の結晶」でもある。

「標準的なテキスト」は、会計がいかなるものであるかを、きわめて合理的に説明してくれる。あれこれ悩むようなことは書いていない。会計とはこういうもので、何々とはこういうもので、そして、何々はこういうものだ、と、明快に書いてある。

こういう時にはこうすべきで、ああいう時にはああすべきだ、すべて答えが書いてあるのがテキストである。「こういう考え方もできるし、こうも考えられる」、とか、「あなたなら、どうするか」などという、無責任なことは書いていない。当たり前である。それがテキストの使命なのだから。

日本の会計は今、「標準的テキスト」という一つの「座標軸」を手に入れたのである。

ただし、そぼくな疑問ながら、「標準的テキスト」という座標軸を手に入れる一方で、「学としての会計」は、逆に、もう一つの座標軸を見失ってしまったのではなかろうか。もう一つの座標軸とは、表現を変えると、「会計観」といってもよいし、「会計思想」あるいは「会計の倫理」といってもよい。この点では、アメリカの会計学もイギリスの会計学も同じかも知れない。

10　イギリス会計教育の保守化

一五年前に初めてイギリスに留学したとき、ロンドン大学の大学院（ＬＳＥ）が使っているテキストを見て、意外な感じがした。なぜなら、わたしが院生の頃（当時から見て、一五、六年前）に使っていた文献と同じものが使われているのである。

そのころは、アメリカ会計学者では、ペイトン、リトルトン、メイなどの古典の他、新古典ともいうべき、ベドフォード、ヴァッター、ストーバスなどの著作が、オーストラリアでは、チェンバース、ゴールドバーグなどの著書などが読まれていた。

会計学の本家ともいうべきイギリスの大学で、アメリカの会計学者が書いた本を読んでいるのである。最初は、違和感を覚えたが、少しすると、事情がわかってきた。イギリスの大学（院）では、会計の制度とか基準を教えているのではなく、「会計観」とか「会計思想」を学ぶことを目的に、ベドフォードやヴァッターを教材に使っていたのである。

そういうことに気が付いてから、改めて、大学内にある書店の棚を見てみると、イギリスを代表する会計学者である、バクスターの名著『減価償却論（*Depreciation*）』や『会計上の価値とインフレーション（*Accounting Values and INFLATION*）』も、おいてあった。

ロンドン大学の大学院でも、ほとんど日本の大学と変わらないのである。しかも、当時から見て一五年前の日本と同じなのである。半ばがっかりしたが、半ばは安心した。自分が受けてきた会計教育が、本家でもあるイギリスの大学と変わらなかったのである。

後から考えると、当然なことであった。会計観とか会計思想を学ぶには、時代を超越した古典に学ぶのが一番だからである。

ところが、今回（二〇〇〇－二〇〇一年）、一五年ぶりにロンドン大学を訪れてみて、学部のテキストも大学院のテキストも、ほぼ例外なく、標準的テキストが採用されているのを見て、また意外であった。それも、一五年前はアメリカの文献が主流であったが、今はイギリスのテキストを使っている。

一五年前には、イギリスに標準的テキストと呼べるほどのものがあったかどうか知らないが、イギリスの会計を網羅的に紹介した文献としては、会計士受験用のものを除けば、G.A.Lee の *Modern Financial Accounting*, 1973. くらいしかなかった。

大学院では、古典や新古典とでもいうべき、アメリカの文献を読んで勉強したのである。そこでは、「知識としての会計」というより、「学としての会計」「会計観」を学ぼうという姿勢が強かったように思われる。それが、いま、イギリスでは、大学院でも、標準的なテキストを使って会計学が教えられているのである。

イギリス、とくにロンドン大学経済学部（LSE）は、わが国の大学とは違った環境にある。学生のほとんどがエイリアン、つまり外国人なのである。アングロサクソンもいるにはいるが、数の上では、圧倒的に外国人のほうが多い。ほとんどが、英連邦（コモンウエルス）からの留学生と、欧州大陸からの留学生である。

コモンウエルスからの留学生にしてみれば、イギリスには言語の壁がない。だから、各国の優等生は、みな、イギリスに留学してくる。欧州大陸の若者にしてみれば、英語ができないと、まともな就職ができない時代になった。ドイツでも、フランスでも、イタリアでも、スペインでも、いいところに就職するには、まず、「英語ができる」ことが最低の条件になっている。ロンドンにエイリアンが集まるのは、そうした事情と、多くの就職先があるからである。

彼らが大学に求めるのは、「学としての会計」でも「会計観」の修得でもない。在学中に、EUの会計を、アングロサクソン（英米）の会計を身につけ、帰国して会計士となるか、国際会計・英文会計の専門家として企業に就職することが目的なのである。

イギリスの大学も、なるべくして、「会計士会計学」を教えることになった。当然に、使うべきテキストも、「イギリス財務会計」とか「国際会計入門」といったものになる。ここでも、まかり間違えば、「財務諸表の作り方教室」になりかねない。

11 「学としての会計」

どこの大学院でも、学生の全員が学者になろうとしているわけでもなければ、全員が会計士になろうとしているわけでもない。会計士になろうというのであれば、「財務諸表の作り方」は、必須の知識である。学者になるのであれば、財務諸表の作り方は、基本的なことを知っていればよい。

それよりも、学者になるには、「会計観」「会計思想」を身につけることのほうがはるかに大切である。会計士も希望せず、学者にもならないという人たちには、「国民の会計学」「市民の会計」を学んでもらうのがよい。

会計を学ぶ人たちは、どうやら、学者希望、会計士希望、そして、経済社会で自分の目的のために会計を使いたいという人たち（経営者、投資者、消費者、監督官庁など）、この三つに大きくグループ分けできそうである。会計士を希望する人たちには、受験学校の箇条書きになったテキストではなく、広瀬教授が書いたような、「標準的テキスト」に学んで欲しいものである。

広瀬教授の『財務会計』は、学者を希望する人たちにも、現在の会計がどうなっているかを知る上で欠かせない。しかし、テキストでは書けない「会計観」「会計思想」は、ぜひ古典から学んで欲しい。市民の会計学、誰にも必要な会計学ということであれば、自分でいうのもおこがましいが、ぜひ、小著『会計の役割と技法―現代会計学入門』（白桃書房刊）にも眼をとおしていただきたい。

日本の会計は、「標準的テキスト」という座標軸を手にした今、「学としての会計」にとっての座標軸を探す必要がある。本書がその座標軸だなどと宣《のたま》う気は更々ない。しかし、本書では、以下の諸章で、会計学が生きた学問であること、会計が経済や政治の世界でどのように活用され、どう悪用されてきたか、を示したい。こうした会計の姿は、テキストでは活写できないと思うからである。

12　もう一度、会計学の「熱き時代」を

「読者へのメッセージ」でも書いたが、会計は、生きた経済社会を映す鏡である。この鏡は、使いようによっては正直な姿を映すこともできるし、ゆがんだ心で映せば、ゆがんだ姿が映る。まったく別の姿を映すこともできる。「技術としての会計」には、思想も理念も倫理観もないので、使う人の思いどおりの姿を映し出すのである。

「会計」という道具は、そこに、それを使う人の、会計思想、会計理念、倫理観を吹き込まなければ、正しく使うことはできない。ここに、「学としての会計」を学び、「会計観」を養う意義がある。

「会計観」とか「会計思想」は、その人の、トータルな人生観・価値観を反映している。以下の諸章では、会計が、経済社会を映す鏡であると同時に、それを使う人の心の中までも映す鏡であることを伝えようと努力した。

会計は、正直な人にとっては強い味方であるが、そうでない人にとっては、武器として使った

つもりが、わが心の汚れまでも映し出されてしまう凶器に変わるのである。他人のお金を預かって運用していながら、その結果を正直に伝える必要がないと考えるような人の「会計観」は、広く国民の間で共有できるものではない。国民の間で広く共有できるような「会計観」、多くの市民が賛同する「会計観」を身につけ、育てていかなければならない。

以下の諸章が、「会計とは何か」を考え、また「会計とはどうあるべきか」を思索するための、一つのヒントを提供でき、かつ、読者諸賢の「会計観」「会計思想」の涵養《かんよう》に役立つならば、幸いである。

これも「読者へのメッセージ」で書いたことであるが、今、二〇〇〇年時代を迎え、わが国の会計界は、これまでに経験したことのないほど大きな変革を迎えようとしている。この変革を機に、わが国の会計学界が第二次「熱き時代」を迎え、会計の文化的側面、思想的側面、すなわち、「会計観」とか「会計思想」を研究する時代が再来することを大いに期待したい。

本書が、広く社会が共有できる「会計観」「会計思想」とは何かを考える契機となり、会計学「第二の熱き時代」を拓《ひら》く火打ち石となることを願ってやまない。

第1章

日本会計のゆくえ ——Glocal Accountingを求めて

Toward 'Glocal' Accounting

会計には、ブルドーザーのごとく、世界中を同じテクノロジーで均《なら》す力がある。他方、会計には、国境や宗教を越えることができないような文化的側面やローカリゼーションがある。二一世紀の会計は、いかなる地平を目指せばよいのであろうか。

漂流する日本会計

経済学の佐和隆光教授が書いた近著『漂流する資本主義』（一九九九年）は、「暴走する市場経済」と「一人勝ちに突き進む経済世界」の危機に直面して、効率と公正を両立させうる新しい経済体制を構築することを提唱した警世の書である。

この本を読み終えて想うことは、いま漂流しているのは日本の資本主義だけではなく、日本の会計も根無し草のごとく漂流中だということである。「日本の経済を映す鏡」ともいうべき日本会計は、「海図なき航海」を続けており、何を映そうとしているのか見当もつかない（日本会計が、独自の道を歩むことも、また、真の国際化も果たせない原因については、次章で詳しく述べる）。

本章では、漂流を続ける日本会計を、経験の壁、言語の壁、国境の壁という三つの視点から分析して、二一世紀の日本会計が目指すべき地平、歩み出すべき方向を示したい。目指すべき地平は、international でも global でも local でもない、glocal (1)とでも呼ぶべき会計である。

本章では「日本会計のゆくえ」を取り上げるが、おそらくは、世界の会計界を力ずくでリードしようとしているアメリカの会計も、政治・経済力でアメリカに対抗しようとしているＥＵの会計も、動き始めたばかりのアジアの会計も、いずれは、それぞれのglocalな会計を目指すことになるのではなかろうか。

1 日本からの発信は可能か――受け身の日本会計

(1) 日本会計の役割

一九九九年七月に札幌で開かれた国際会計研究学会では、プログラムの最後に、パネル・ディスカッションが用意されていた。平松一夫教授を座長として、徳賀、岡田両教授とわたしがパネリストとして参加した。フロアには、国際会計研究学会を創設した染谷先生、新会長の鎌田教授、日本会計研究学会の高田会長などが顔を見せていた。

フロアの参加者を交えた討論の最後に、ある会員が「これからの日本は、国際会計基準（ＩＡＳ）の設定などについてもっと積極的に外国に向かって発言してゆくべきではないか」といった趣旨のことを話した。それを聞きながら、わたしは複雑な気持ちになった。札幌へ出かける直前に、朝日新聞のキャッチ・コピーを目にしていたからである。

そのコピーは、「新聞は世界中からとどく私への手紙」とあった。その文言《もんごん》のとおり、日本の新聞は決して「世界に発信する手紙」ではないのである。日本の会計論文・著書の多くも「世界からとどく日本への手紙」であって、「日本から世界へ発信する手紙」ではない。残念ながら日本の新聞も会計も、受信するだけで、発信機能を持たないラジオみたいなものなのだ。

日本から外国に向かって発言・発信してゆくことは非常に大切なことではあるが、しかし、新聞の世界と同様、会計の世界でも、現実にはほとんど不可能に近い。そう考える理由はいくつかある。

一つは、日本の会計界がいま、失語症に罹《かか》ったかのごとく、口を閉ざしていることにある。金融ビッグバンの柱は規制緩和と自己責任の原則にあり、そうした世界を実現するための前提条件として会計制度改革が急進的に進められている。その改革の内容が、露骨なくらいアメリカに追随しているにもかかわらず、会計学者も会計士も時流に追随するばかりで、批判的・建設的な発言はきわめて少ない。時流に追随するだけなら、小学生でもできる。いま、必要なのは、専門家のシビアな判断なのである。

この五〇年間で最大の会計改革が行われようとしているときに、大船に乗ろうとする者ばかりで、自らの意見を口にする学者や会計士がほとんどいない。若い人ならいざ知らず、この会計の世界に数十年も住んでいる長老やリーダーでさえ、ほとんど何もいわない(2)。こんな状況では、わが国の会計界に、外国に向かって発言・発信せよといっても、どだい無理な話である。

もちろん、これは「ひと」の問題であるから、われわれが今後、ますます研鑽《けんさん》を重ね、語学力とディベートの技術を身につけ、かつ、外国に対して意見を伝えることの重要性を認識すれば、明るい展望が拓《ひら》けるかもしれない。しかし、国際的な会計基準の設定にわが国が発信できないのは、「ひと」とは違った、もう一つ、別の事情があるからである。

(2) 「会計基準の素」

会計基準の設定について考えてみよう。英米では、各企業は自主的かつ積極的に情報を開示する。たとえば、連結財務諸表も、リース情報も、セグメント情報も、資金計算書も、はじめは個々の企業の自発的開示であった。自発的にいろいろな情報が開示されてくると、数年後には、各社・各業界における会計実務・開示実務にかなりの多様性が生じる。英米では、こうした状況を迎えて、ある程度の実務の統一を図るために基準を作る。

一例として、イギリスの連結財務諸表の規定をみてみよう。この国に投資持株会社が出現したのが一九世紀中頃、連結財務諸表が作られるようになったのが一九一〇年頃、完全な形での連結財務諸表を初めて作ったのがダンロップ・ゴム会社（Dunlop Rubber Co.）で、一九三三年であったという（D.Ordelheide and KPMG,1995,Vol.2,p.2809.）。

しかしながら、連結に関する法規制が会社法に盛り込まれるのは、それから十数年後の一九四七年、会計基準（ＳＳＡＰ一四）が設定されるのが、四十数年後の一九七八年であった。ＳＳＡＰ第一四号は、その冒頭で、「企業集団財務諸表（連結財務諸表）を作成することは、イギリスおよびアイルランドでは、一九四八年以来、十分に確立した実務となっており、したがって、このテーマについての会計基準を急いで設定しなければならないわけではない。」（田中・原訳、一九九四年ａ、二一三頁）と述べ、基準設定を急がなかった理由を明らかにしている。

英米諸国で、実務が先行し、法律や会計基準がその実務を定着させるためにもうけられたのは、連結財務諸表だけではなく、セグメント会計もリース会計も、外貨換算も、資金計算書も同じであった。

わが国はどうであろうか。わが国の産業界では、法による強制的な開示をやむをえず受け入れているというのが実状である。法が要求しないものを自発的に開示するという姿勢は見られない。そういうところでは、会計に関する規制（法でも会計基準でも）は、ある実務を制度化するために設定される。たとえば、セグメント情報の開示にしろ、リース取引の開示にしろ時価情報の開示にしろ、それまで行われていないことをスタートさせるために基準が設定されている。基準が先行して、実務をリードするのである。

このような英米諸国とわが国における会計規制の設定における相違は、ルールに対する見方までも変えてしまう。英米では、基準の設定によって、自主的に開示してきた情報について開示の方法が統一されるという特徴をもつことから、設定された開示ルールを「順守すべき最低限のルール」とみなす傾向がある。それに対して、わが国では、設定される開示ルールを「最大限のルール」と見ている。

したがって、英米では、規制の枠を越えて開示の実務が発達するのに対して、わが国では、規制がしかれたら実務は固定され、多少の不都合があってもルールのとおりに実務が行われるのである。それだけではない。わが国では、設定されるルールを最大限の規制と見ることから、「書いていないこと」は自由にしてよい、という解釈がまかりとおっている。

英米では、もともと、基本的なスピリッツを書くにとどめることが多い。わが国は、そのスピリッツとして書かれたことの一部を輸入して、基準を設定するのであるから、わが国のルールは、「抜け穴だらけ」「ループホールだらけ」になる。各企業は、そうした基準のループホールをうまく使って、自分の思うとおりの決算を繰り返してきたのである。

ここで考えてもらいたい。英米では、基準を設定するときには、すでに実務が経験を積んでおり、いわば「基準の素」があるのである。それに対して、わが国では、先行する実務、つまり、「基準の素」がないことから、基準を設定するとなると、いきおい、海外先進国の基準や実務をつまみ食いのようにコピーするしかない。

結局、わが国の会計学や会計基準は、「輸入の学」「輸入の基準」にならざるをえない。しかも、露骨なくらいアメリカべったりで、わが国の自主性とかオリジナリティなどはほとんどないといっていい。あたかも、アメリカの基準はすでにワクチンが打たれていて免疫があるかのように、無批判に直輸入されている。IASの設定について日本から発信しようにも、発信する材料、「会計基準の素」がない、ということをいいたかったのである。

アメリカ基準を輸入した後、わが国では、わが国なりの実務が行われ、長い経験を積むであろう。そうであれば、その経験を元にして外国に向かって発信してゆくことができると考えるひともいる。それは可能であろうか。

(3) みそぎの日本会計

答えはノーである。原因は、いくつかある。第一の原因として、アメリカの基準を輸入するのは、かの国の基準が日本の経済環境や法的思考と適合性があるからということではないということを挙げることができよう（第2章の注1を参照）。

ハンチントンは、その著『文明の衝突』の日本語版に寄せた序文で、「日本は世界の問題に支配的な力をもつと思われる国と手を結ぶのが自国の利益にかなうと考えてきた。第一次世界大戦以前のイギリス、大戦間の時代におけるファシスト国家、第二次世界大戦後のアメリカである。」

（日本語版への序文、五頁）と述べ、わが国の選択が国益中心であり、現在はアメリカ追随であることを指摘している。決して制度の適応性とか環境の近似性などを根拠とした選択ではないのである。

わが国の会計基準も会計実務も、サイズが合わないままにアメリカの靴を履《は》いて、しかも左右反対に履いているようなところがある。適合性が不明な基準・実務を何年、何十年繰り返そうとも、そこから外国に向けて発信するような経験が育つことは期待できない。

また、基準化された後の経験の還流がないということも指摘できる。右に述べたように、わが国では、設定されるルールを最大限のルールとみる。規制の枠を越えた情報が開示されることはない。ルールを順守すればそれ以上のことはしない。そこではルールが当該企業の置かれた状況に適合しているかどうか、そのルールを守れば会計の目的（たとえば、会計的真実の確保とか実質的な配当可能利益の算定など）が達成されるかどうか、というようなことは関心が持たれない。法律などのルールを形式的に適用するだけであることから、「法律至上主義」などと評されている。

わが国では、基準を設定するのがこれまでパブリック・セクター（大蔵省企業会計審議会）であったことから、個々の企業や会計士という立場では、お上《かみ》が設定した基準を批判することをためらったという事情もある（第2章2の(6)を参照）。

さらにまた、日本の企業も会計も社会的な批判を浴びたり、法による処罰を受けても、「みそぎ」が終われば元の世界に戻るのが常で、反省がない。制度や基準が悪用されて、それが露見したとしても、忘れっぽい国民性のおかげで、数年もすれば話題にもならなくなる。

その結果、その数年後にはまた同じ会社が同じような悪用・犯罪に走る。山一證券も、野村證券も、第一勧銀も、日本航空も、松坂屋も、同じ犯罪を繰り返してきたのである。決して、経験は活かされない。そんな社会から、海外に発信できるようなものが育つであろうか。

(4) 公害会計の失敗

会計に限っていえば、世界に向けて発信するチャンスは、これまでに皆無であったわけではない。一九七〇年代には、日本列島が「公害」にまみれ、「公害会計」なる会計領域が生まれたことがある。

当時、四日市公害、光化学スモッグ、自動車の排ガス公害、水俣《みなまた》をはじめとする水銀公害事件などなど、日本列島は「公害列島」であった。公害会計は、そういう背景の元に、公害に対する企業の対応・対策を、会計報告において明らかにしようとする思考であった。今日の環境会計もこれに近い。

公害を未然に防ぐために、企業はどういう対策を立てたか、そのためにどれだけの費用をかけ、どれだけの投資をしたか、さらに、公害や環境破壊を発生させたときに、どういう対応をし、どれだけの費用をかけて公害や環境破壊の後始末をしたか、公害会計は、こうした情報を会計情報の一部として報告しようとするものであった。これが目的のとおりに実行されていたら、その後の世界の会計界で、わが国は公害会計・環境会計の発信基地となりえたはずであった。

しかし、実際にわが国の企業が取った行動は、エアコン（当時は高価で、工場はもとより事務所にも設置されていなかった）を設置すれば、それが工場用であれ計算機室用（当時はコンピュータを正常に稼働させるために、エアコンを備えた計算機室を用意する必要があった）であれ、社長室用であれ、すべて公害対策・環境保全費として報告するというものであった。

通常のゴミ処理費用も、産業廃棄物を工場敷地内に埋め立てる費用も、なんでもかんでも公害対策費として処理するような報告をしたのである。これでは、公害会計をだれも信用しなくなる。結局、せっかくのチャンスながら、残念なことに、日本は、何一つ世界に向けて発信することができなかったのである。

2　会計は翻訳可能か——「よそゆき」の会計改革

第二の視点は、果たして、会計というのは外国の言葉に翻訳ができるのかどうかということである。どこかの国の会計思考や用語を、違った文化や宗教をもつ他国の言語に翻訳ができるかどうかということである。

(1)　「白足袋《たび》」と「白手袋」

太宰《だざい》治の作品の中に、「和服を着た、白足袋の老人」がでてくる。わたしたち日本人がこれを読めば、厳粛な雰囲気と長老がもつ威厳を感じることであろう。しかし、これを機械的に訳すと、「white socks を履《は》いた年寄り」ということになろうか。

白い靴下といえば、イメージとしては、わが国では高校生のルーズソックスやスポーツの時に履く綿靴下であろう。英米でも、white socks は青二才とか若造といった意味合いで使われるという。厳粛な雰囲気も威厳もあったものではない。「white socks を履いた老人」ではこっけいなだけである。

この太宰の作品を英訳した人は、この「白足袋」を「white gloves」と訳したという。英米の社会で白手袋をはめている年輩の姿を思い出してみるとよい。社会的地位が高いか、貴族の称号をもつような高貴な姿をイメージするであろう。翻訳者は、日本と英米の習慣や風俗の違いを十分に承知した上で、「白足袋」を「白手袋」と訳したのである(3)。

会計の話に戻るが、果たしてわれわれは、日本の会計や経済界のことを、誤解のないように、正しく理解されるように翻訳する努力をしてきたであろうか。また、外国の会計の制度や思考、経済界の事情などを、誤解のないように、正しく理解するように、日本語に翻訳する努力をかさねてきたであろうか。

自省の念を込めていうが、わが国は、海外に対して、自分自身を理解してもらおうとする努力、日本の制度や思考を正しく翻訳する努力を怠《おこた》ってきたように思われる。また、英米などの外国の制度や思考を取り入れるときにも、誤解されないように、真意が伝わるように「翻訳」してきたとはいいがたい。どちらかといえば、わが国のとってきた姿勢は、「外観主義」であったのではなかろうか。

(2) 外観主義

ここで外観主義というのは、外見が英米のそれと似ていればよいとする姿勢を指す。もちろん、積極的にそう考える人がいるといっているわけではない。わが国の国民性といってよいのかもしれない。

経済評論家のマーフィー氏は、わが国の証券市場さえもが外観主義を採っていることを、つぎのようなことばで表現している。「日本の株式市場は、日本が市場経済を採用しているという好都合な外見、日本流にいえば『建前』を提供しています。」（堺屋太一編著、一九九八年、三三頁）。

わが国が外観主義または外見主義を採ってきたことは、わが国が海外から輸入してきた数多くの制度がどのようにわが国に定着し、運用されてきたかを考えるとよくわかる。わが国でクリスマスが国民的な行事になったのは、キリスト教徒が爆発的に増えたからではない。わが国の葬式はほとんど仏式で行われるが、それは国民みんなが仏教徒であるからではない。

そんなことは誰でも知っている。わが国民のほとんどは、キリスト教の何たるかを知らず、仏教の何たるかを知らない。クリスマスも葬式も、単なる形式だけの取り込みにすぎないのである（田中　弘、一九九九年b、四四－四五頁参照）。

日本の会計の世界でも、substance over form（実質優先主義）が謳《うた》われている。しかし実際には、形式さえ守っていれば、形の上だけ似ていれば、規定の趣旨を曲げて解釈しようが、それがtrue and fairに反しようが、おかまいなしというところがあるようである（詳しくは第

11章参照)。

日本の場合、監査の世界も外観主義といってよい。たとえば、製薬会社の監査をするとしよう。会計士が製薬会社の棚卸に立ち会ったとして、どの瓶《びん》に入っているのが水銀剤で、どの容器に入っているのが狭心症の特効薬か、判別できるのであろうか。まさか、シアン化カリウム(青酸カリ)と書いてある容器の中身を確かめるために、指につけてなめてみる、というわけにもいかないであろう。死ねば、中身が本物であったことを確かめることができるとしても、そんなばかなことを繰り返すわけにはいかない。

こんなとき、会計士が薬剤師を同伴すれば済むはずである。薬品の専門家を同伴すれば、瓶や容器の中身が何かを、危険を冒さずに確かめられる。これこそ「他の専門家の利用」である。しかし、わが国の監査法人・会計事務所が監査の時に薬剤師を同伴しているという話は聞いたことがない。

生命保険会社の主たる商品は、超長期の保険で、契約による債務(保険金の支払いを約束していることから将来発生する債務)は、総資本の九〇%を超えている。たとえば、日本生命の場合、総資本は四二・六兆円で、保険契約にかかる債務は、その九三%、三九・七兆円である(『日本生命の現状―一九九九年版』による)。

ただし、この三九・七兆円という金額は、簡単には求めることができない。実際には、保険計理人（アクチュアリー）と呼ばれる数理計算の専門家が、高度の専門知識と統計データを駆使して算出している。

この計算は、必ずしも客観的にできるわけではなく、かなり主観的な要素が入らざるをえない。たとえば、計算に使う基礎的な要素（将来の利子率とその変化、死亡率、資産の運用利率など）を少し変えるだけで、大手生保では数千億円もの違いが出るといわれている。

この負債のほとんどは、将来の保険金支払いのために準備することから責任準備金と呼ばれているが、これを実際に計算するのは、高等数学を駆使できるアクチュアリーである。わが国では、生保の監査をする場合、この責任準備金を会計士が再計算することはなく、アクチュアリーの計算結果をそのまま承認する。サンプリング・テストをすることはあっても、全体を自分たちで再計算・再確認するということはない。アクチュアリーという「他の専門家」に依存しているのである。

ここで問題とすべきは、わが国の場合、アクチュアリーはすべて保険会社の従業員であるということである。いくら「他の専門家」とはいえ、会社に所属する人たちが出した計算結果は、監査の世界でいう「自己証明は証明にあらず」である。総資産・総資本の九〇％を超える金額を算定する仕事を、会社の従業員にまかせきりにしておいて、果たして、外部監査といえるのであろうか。

英米では、監査事務所の従業員としてアクチュアリーの資格と経験をもつ人たちがいる。イギリスでは、もともと、数理計算（アクチュアリーの仕事）と会計業務は同一人が行ってきたり、同じ事務所の仕事であった。

余談であるが、イギリスなどでは、会計士の出身学部が、医学部、薬学部、工学部などというのも珍しくない。珍しくないどころか、事務所によっては、有資格者の三分の一が、経済や会計とは関係のない学部の出身者であるという。マネージメント・サービスや監査の対象会社がきわめて多様であることを考えると、わが国の会計士のように、出身学部が経済・商・経営系に集中しているのは、好ましいことではない。

ある若手の会計士補が話してくれたことであるが、コンピュータを作っている会社の監査で棚卸に立ち会ったけれども、在庫として倉庫に積んであった部品が、欠陥があって返品されたものの山なのか、まともな部品なのかを知りようがなかったという。もう一人の会計士補は、商社の棚卸に立ち会ったけれど、在庫の箱に書いてあるロシア語が読めなくて、会社のスタッフの説明を鵜呑《うの》みにするしかなかったという。

今回の会計改革も、「外観」だけを重んじたものといえる。連結財務諸表も時価主義も退職給付も、いずれもわが国の経済環境とか会計思考に適しているから採用されたということではない。

(3) 英米の尺度で測れるものと測れないもの

たとえば、連結だけをとっても、わが国と英米諸国では企業集団の形成の仕方がまるで違う。そのために、わが国の企業集団が英米流の連結財務諸表を作成しても、企業集団の実態を示すことにはならない。

すこし詳しく述べると、英米では、親会社がメーカーなら子会社が販社で、孫会社がアフターサービスを担当するというように、業務が垂直型であり、資本も子会社の資本を親会社が出し、孫会社の資本を子会社が出すというように垂直型である（図表1－1）。こうしたグループ構成を取る場合には、トップの会社がグループ全体を直接・間接に支配するのであるから、企業集団の経営成績や財務状態を示すには、英米流の連結財務諸表が適している。

ところが、わが国の場合、企業集団はハニカム構造とか蜘蛛の巣ネットワークなどと呼ばれるように、グループ内に中核会社がいくつもあって、企業集団を構成する各社が相互に株式を持ちあうことを通して結びついている。こうしたグループでは、過半数の株式を保有することによって他の会社を支配するというより、系列とか業務提携などによって「ゆるやかな連帯」を図っている（図1－2）。資本の関係は比較的希薄なのである。

こうしたハニカム構造の企業集団に、英米流の垂直型企業集団を想定した連結財務諸表を作成させても、グループの経営成績や財務状態を示すことにはならないであろう（田中、一九九六年、

図表1－1　垂直型企業グループ構造

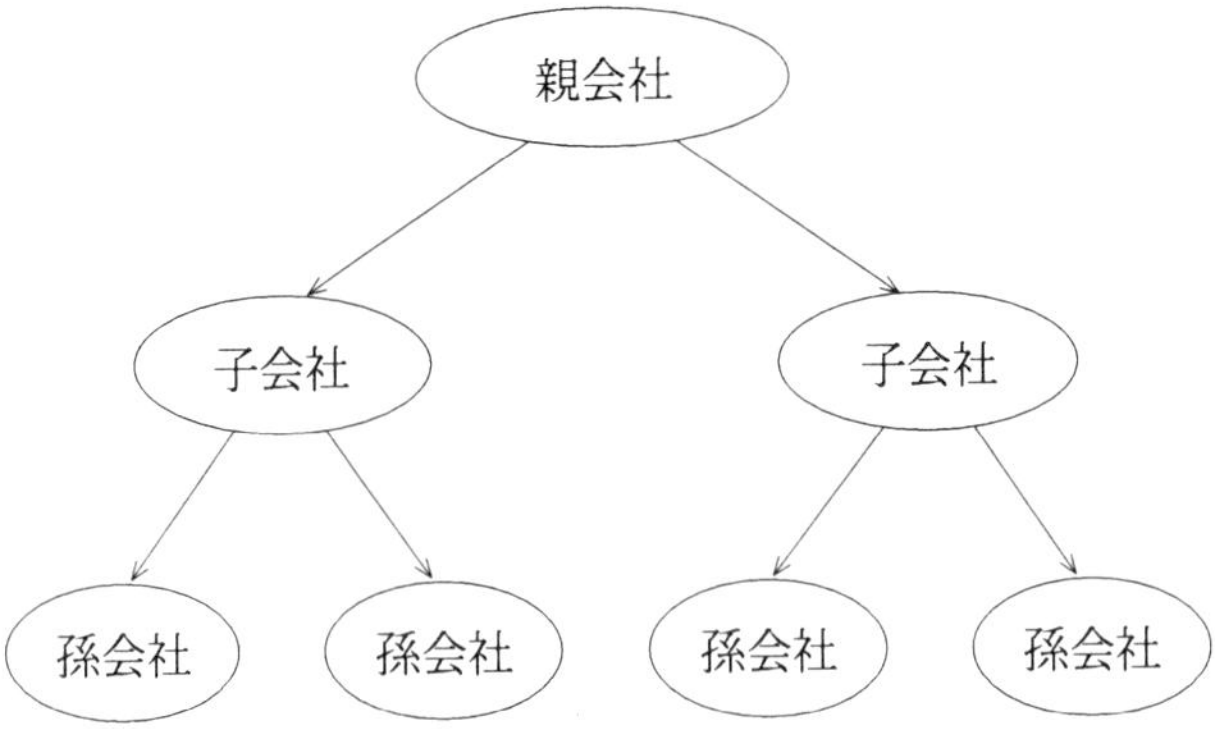

（矢印は出資関係を表す）

図表1－2　ハニカム構造企業グループ

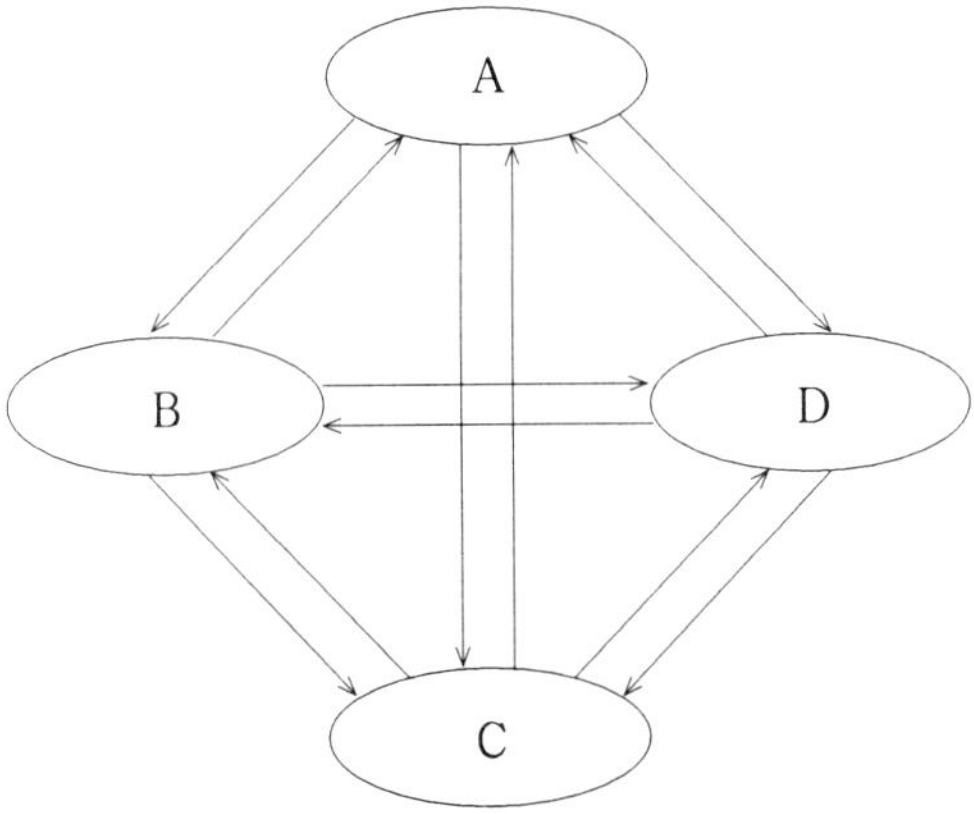

（矢印は出資関係を表す）

九八―一〇四頁参照)。

また、わが国の場合、事業の売買（M&A）がほとんど行われないことから、研究開発部門やベンチャー・ビジネス、パイロット的な事業などを子会社や関連会社として企業集団内に抱えなければならない。これらの部門は、当面あるいは将来的にも、利益が出ることは期待できない。英米的な資本の効率尺度で見ると、その分、日本企業の効率は低くなる。しかし、企業集団のトータルな安定性・社会貢献・先見性などという観点から見れば、わが国の企業集団には資本の効率尺度では測れないよさがある。連結財務諸表ではそうしたよさを表現できない。

さらにわが国には、子会社を上場するという慣行がある。これは、英米の資本の論理からは説明がつかない。一つの企業集団の中に中核会社がいくつも存在し、さらにその中核会社が子会社を上場するのである。そのために、説明のつかない状況がしばしば発生する。たとえば、親会社の株式の時価総額（株価が現在のまま上昇しないとすれば、この金額で親会社を買収できるはずの金額）よりも子会社株式の時価総額のほうが大きくなるのである。時価総額一二兆円のイトーヨーカ堂を四兆円で買収すれば、時価総額一二兆円のセブンイレブン・ジャパンが、おまけとしてついてくるのである（株式の保有割合は五〇%なので、実質のおまけは六兆円）。

英米の資本市場とわが国の資本市場ではこうした違いがある。英米流の連結財務諸表は英米の資本市場を想定して考案されたものであり、わが国資本市場に適合するものではない。

(4) 背景を知らない日本人

ではなぜ、わが国では「外観主義」「アメリカべったり」になりがちなのであろうか。理由は、単純である。右に紹介したハンチントンの言葉のとおり、わが国は、自国の利益になりそうな国と手を結ぶのを常としており、戦後の五〇年間はアメリカであった。

日本人にとってアメリカは理想であり、アメリカの制度やアメリカ人の行動を批判することは悪であり、アメリカとアメリカ人は善意のかたまりであり、またアメリカで実施されている制度もルールもすべてワクチンが投与済み・免疫があるとみなしがちになるのである。しかし、日本人は、アメリカの本当の姿を知らない。

アメリカでは、ガン告知が一般化しているといわれる。なぜアメリカの医師が正直にガン告知し、日本の医師は告知に消極的なのであろうか。その理由として、あたかもアメリカの医師が善意にあふれ、良心にしたがって医療を行っているかのようにいわれるが、実は、違う。アメリカの医師は、ガン告知せずにいたとき、後から医療ミスとして訴訟を起こされるのが怖いのである(詳しいことは、高山・立川、一九九九年、三七―四一頁を参照)。

また、アメリカには陪審制度があり、それが有効に機能していて、裁判が公明正大かつ国民に開かれていると理解されている。しかし、原告か被告にとって都合の悪い人物はすべて陪審から排除されるし、いったん陪審として指名されたならば、たとえ大会社の経営者といえども政治家といえども、自分の仕事を長期にわたって中止して陪審席に座らねばならない。その陪審がしばしば原告または被告側から買収される。ニューヨークのような黒人とユダヤ人が圧倒的に多い地区（New YorkはJew Yorkと呼ばれるほどユダヤ人が多い）では、白人（WASP）は決して裁判では勝てない。こうしたことを知っている日本人はどれだけいるであろうか(4)。

会計の世界も同じである。時価主義の会計基準が、アメリカのS&Lの暴走を防止するために設定されたものであることはあまり知られていない。アメリカの時価主義や時価基準を紹介した論文を読んでも、日本の時価基準を解説した論文を読んでも、アメリカの時価基準が、いかなる背景から、どういう目的で設定されたものであるかを説明したものは皆無に等しい。知らずに論文を書いているとすれば不勉強のそしりを免れないであろうし、知っていて書かないのであれば作為的という批判を甘受しなければなるまい（アメリカの時価基準設定の背景については、本書第6章および小著『時価主義を考える（第二版）』を参照）。

退職給付の会計基準もアメリカ基準の焼き直しである。わが国の実状にあうとか、わが国がアメリカと同じ環境にあるということから導入されたわけではない。アメリカの基準は、同国の年金制度が「確定拠出制度」であることを前提としている。すなわち、アメリカでは、企業が負担する金額は、退職給付に係る拠出額だけであり、その拠出額を受け取って実際に運用するのは個々の従業員である。

ところが日本の代表的な退職給付は「確定給付制度」といって、企業が将来いくら給付するかを規定するものである。この制度では、給付額は年金資産の運用実績とは関係なく決められるために、退職者に約束した給付を実現するために必要な資金の額は、毎年変化する。実際の運用利回りが当初の予定利回りよりも下回って利差損が発生したならば、企業が現金などを追加拠出しなければならない。

アメリカの制度では、企業は積みきり（換言すれば、企業は退職給付の運用に関して無責任）なのに対して、現行の日本の制度では、企業がいくら積み立てても、これで安心という金額はない。決算日の株価次第で、積み立てるべき金額が変わるのである。決算日の前に、何かの事情で株価水準が大幅に下がれば、それまで一年かけて稼いできた本業の利益さえも消し飛んでしまう。退職給付の会計基準は、この金額をオンバランスしようというのである。

3　会計は国境を越えられるか――会計のブルドーザー効果

第三の点は、会計は国家の枠、国境という壁を越えられるか、という疑問である。

国家という枠組みは、かつてのような機能を減衰させつつある。たとえば、国家の始まりの時から主権国家とは何かを規定してきたのは軍事力であったが、その軍事力でさえ国家の手を離れようとしている。ＩＲＡ（アイルランド共和国軍）やＰＬＯ（パレスチナ解放機構）、部族や民族を主体とする軍事力が物語るように、「軍隊を事実上独占することによって戦争をしたり終結したりする力さえ、今では文句なしに国家に属するとは言えなくなっている」（J.Grey, 1998. 石塚訳、一〇五頁）のである。

会計の世界でもまた、国際会計基準が次第に整備され、各国の政府機関による認知が進むにつれて、国家という枠を越える存在になりつつある。

では、会計の世界では、国家という枠、あるいは、国境は消えてなくなるのであろうか。以下、この点を検討したい。

(1)　テクノロジーのブルドーザー効果とメートル法の限界

ロンドン大学のジョン・グレイ教授は、グローバル化という言葉を、二つの意味に区別している。一つは、「自由放任市場（レッセフェール）市場」、いわゆるアングロ・サクソン型の経済が世界的に広がることであり、もう一つの意味は、「距離を忘れさせる」新技術によって、経済や個人の生活が世界の隅から隅までつながった相互関係をいう（ジョン・グレイ、二〇〇〇年）。

グレイ教授は、こうした区別をした上で、前者のグローバル化はそれほど重要なことではなく、しかも、今後数年とは続かないとみている。教授はいう、「二一世紀に重要なことは、世界的な標準モデルがあり得ないことを理解すること」だ、と。

ただし、後者の意味でのグローバル化は、かつての電話の発明、コンピュータのウインドウズ、最近の情報技術（IT）のように、世界標準を作ることができるのである。

会計にも、テクノロジーとしての性格がある。会計は、複式簿記を前提として理論構成されている。複式簿記は、四則演算のごとく世界中で同じ技術が通用する。そのため、複式簿記をベースとして理論構成される会計も、世界中で同じ技術として通用すると考えられがちである。

あるテクノロジーがどこかで開発され、それが一気に世界中に広まると、その広がり方は、まるでブルドーザーがでこぼこの地面を一気に平らにするようなところがあることから、「テクノロジーのブルドーザー効果」とでも呼ぶことができよう。

簿記の技術も、時間はかかったが、ブルドーザーで均《なら》すかのごとく世界中を席巻《せっけん》した。そのために、会計の思考・思想も、世界中に同じものが広まっていると思われている。ここには、二つの誤解がある。

一つは、誰もがよいと認めるテクノロジーでも、実際に世界中で使われるとは限らないことである。もう一つは、会計は、テクノロジーとしての性格に加えて、文化的特性をもっているということである。ここではまず前者の誤解について、少し詳しく述べることにする。

どこの国・民族でも、生活に根ざした「ものさし」がある。長さや重さを計るには、足の長さを一フィートとするとか、肘《ひじ》から小指までを一尺とするとか、一時間で歩ける距離を一里とするとか、身近な生活の中から、長さや重さの「ものさし」を見つけてきた。

日本にもその昔、尺貫法《しゃっかんほう》という「ものさし」があり、英米などのアングロサクソン社会には、ヤード・ポンド法という「ものさし」があった。一九世紀末に、アメリカや日本を含めた、世界の主要国は、度量衡《どりょうこう》を世界統一しようとしてメートル法を採用した。多様な民族の生活に根ざした「ものさし」よりも、地球の大きさとか光の速度といった科学的根拠をもった「ものさし」を採用しようとしたのである。

これをうけて日本は、一九五一年の計量法により、尺貫法を法定計量単位から除いて、メートル法に全面的に移行している。

当時、わたしは小学校の低学年であった。子供なりにやっと、自分の体重は何貫、身長は何尺何寸、わが家から友人の家までは何丁と覚えた尺貫法が、法律一つで使えなくなったのである。味噌を買うのも駄菓子を買うのも、それまでの匁《もんめ》からグラムに変わったし、お酒もしょうゆも、一升・一合からリッター・何ccに変わって、困ったことを覚えている。

アメリカもイギリスも、日本も、泥臭いヤード・ポンド法や尺貫法から、科学的な根拠を持つメートル法に切り替えることに賛成したのである。しかしである、いまだに、アメリカ人と話をしていても、イギリス人と話をしていても、メートル法では話が通じない。

英米人に、東京駅から横浜駅までは三〇キロ・三〇分といっても、彼らは一生懸命に計算して、マイルに直してやっと納得する。ゴルフで、ティー・グラウンドからグリーンまで三五〇メーターだと彼らにいっても、ヤードに直さなければ、英米人のゴルファーはティーショットできない。メートル法は生活の「ものさし」になっていないのである(5)。

メートル法は、世界の度量衡を科学的な「ものさし」に統一するだけではなく、それまでの一二進法、一八進法などから、すべてを十進法に変える、そうした意味では非常に合理的なものであったはずである。

しかし、数十年後の今、自国の「ものさし」を捨てて、メートル法に切り替えたのは、日本とドイツくらいだったのではないであろうか。日本は、自国の文化を捨てたのである。英米人はいかにメートル法が合理的であっても科学的であっても、自分たちの文化を捨ててまでそれに切り替えることはしなかったのである。

もう一つ例を出そう。医学とか薬学には国境がないと思われがちである。ガンに有効な手術はどこの国・どの民族にも有効であり、風邪薬は、アメリカ人にも日本人にも効くはずである。ところが、日本の医師免許はアメリカでは使えないし、日本で開発された薬もアメリカでは販売できない。日本の技術レベルが低いからではない。アメリカの医師免許もアメリカの薬も、日本では認知されない。

最近、アメリカで開発された避妊用ピルや性不能治療薬などがわが国でも販売が認められたが、これらはきわめて例外的な事例で、医師免許も薬も、世界のほとんどの国々で、国境の壁をもうけている。

ただし、インターネット時代を反映して、最近では、世界中の薬がインターネット取引によって手に入れられるようになってきた。わたしも、さる会計士の紹介で、ヨーロッパの製薬会社が販売している「やせる薬」をインターネットによって手にいれ、二週間ほど服用したことがある。「やせる」という目的は劇的なほどに達成されたが、副作用が大きすぎて、継続的に服用することはできず、結局、もとの体重に戻ってしまった。この薬などは、わが国の薬事審査にかかれば、おそらくは認可されないものであったのではなかろうか。

上で述べたように、会計にはテクノロジーとしての性格があり、そのために、一部では、あたかもブルドーザーが地表を均《なら》すかのごとくに、世界中に同じ会計が広まるものと考えられている。しかし、薬やメートル法が教えるように、テクノロジーも世界を一つにはできないのである。

(2)「世界商法」「世界税法」は制定可能か

ＥＣ（現在のＥＵ）は、各国の法律を統一する手始めとして、会社法を選んだ。民法や刑法は、宗教や民族の違いが統一の障害となるが、経済法は比較的統一がしやすいと考えられたからである。しかし、実際に統一会社法の制定作業を始めてみると、各国の考え方や規制目的が相違して、法案までたどり着きながら、頓挫《とんざ》してしまった。

EUという、宗教や文化、歴史などを共有する国々であり、しかも、対アメリカ、対アジアという勢力関係で意思の統一が図りやすいはずの国々でさえ、一つの会社法に統一できなかったのである。「世界商法」などは夢のまた夢かもしれない。世界商法が作れないときに、どうして世界会計基準を作ることができるであろうか。

税のルールは、しばしば、政治や経済政策の目的で改正される。あるときは、特定の産業を興《おこ》すためのあめ玉（たとえば、税額控除など）として使われたり、高率の関税をかけて特定の産業を保護するためにも使われる。特定の地域に産業や企業を誘致するための材料として使われることもあれば、集票のための道具と化すこともある。税は、為政者《いせいしゃ》にとっては強力な武器なのである。

各国の税制は、その国の文化、宗教、倫理観、国民の経済力・担税能力などによって左右されるだけではなく、他の国・地域との競争力への配慮、政府に対する信頼感、徴税に対する公平感などによっても、さまざまな形態を採り、さまざまに運用される。

税には、税収の確保と課税の公平という二大原則があるとはいえ、実際に税に関する法を定めたりそれを運用する場合においては、一〇も二〇も原則があるのである。その原則は、その国の宗教によって、文化によって、経済力によって違う。一つの国において一〇も二〇も原則がある税制度を、世界で統一できるであろうか。

多くの国では、税と会計は切っても切れない関係にある。会計を世界統一して、さらに、税制を世界統一するなどということは、誰よりも為政者が嫌うはずである。

(3) 逆流防止装置のついたアメリカ会計

いま、アメリカは、世界一の債務国でありながら、いや、そうであるからこそ、世界中の資金を引き寄せている。世界の企業は、巨額の資金を調達しようと思えば、アメリカの市場を頼るしかなくなっている。アメリカは、世界の資金を集中させる力を背景に、国際会計基準の設定においても主導権を握っているのである。

つい数年前までは、先進国の中でアメリカと日本だけが国際会計基準に対して消極的であった。日本は、アメリカが参加しない国際会計基準なら、昔の国際連盟と同じで、国際的通用力をもつことはない、とばかり、高をくくっていたところがある。

それがここにきて、ＥＵの通貨統合、巨大マーケットの出現、政治力の増大、ＥＵ圏拡大を目にして、アメリカが態度を変えた。

アメリカはこれまで、自国の会計基準設定主体であるＦＡＳＢ（財務会計基準審議会）を無視して国際会計基準を作っても、デファクト・スタンダード（事実上の国際標準）にはならないと見ていた。しかし、ＥＵが力をつけ、さらにヨーロッパ金融市場が成長するにつれて、ＩＡＳ（国際会計基準）がＦＡＳＢ基準に対抗するデファクト・スタンダードになりかねない勢いを見せてきたのである。

ＩＡＳは、「ヨーロッパの意図がかなり濃厚に反映」（東谷　暁、一九九八年、九九頁）してきたという経緯もある。いま、アメリカはＩＡＳをＦＡＳＢ色に染めることに腐心している。会計は、為政者にとって、強力な武器になる。そのことを最もよく知っているのは、アメリカの政治家であり、ＳＥＣ（アメリカ証券取引委員会）である。ここでは、ＦＡＳＢは、ＳＥＣのダミーに過ぎない。国際的な会計基準を作るときに、アメリカに有利になるような基準を設定することが為政者の、ＳＥＣの重要な仕事になる。

伊藤邦雄教授は、ＩＡＳを使った会計基準の国際的調和化を、「ＩＡＳを迂回したアメリカの開示基準や会計基準の間接的な世界浸透プロセス」（伊藤邦雄、一九九六年、四三八－四三九頁）と特徴づけている。また、会計士の徳増倎洪氏と加藤直樹氏も、「米国の戦略は明快である。国際会計基準そのものに米国の意図を投入すること、それを条件に米国内での国際会計基準を認めることである。露骨な表現はとっていないが動きはそういうことであろう。」（徳増・加藤、一九九七年、一七頁）と表現している。

ＩＡＳのような国際標準を決めるプロセスとは、「駆け引きと政治の世界」（東谷　暁、一九九八年、一〇三頁）なのである。

ところで、もし仮に、上のような野望をもったアメリカが、ＥＵやアジア諸国との調整に失敗したり、ＩＡＳをアメリカの思惑どおりに設定できないとしたら、アメリカはどうするであろうか。

今は、世界中の資金がアメリカに還流してきている時期であるから、アメリカは、世界最大の債務国でありながら、それ故にまた、世界最大の資金供給国でもありえる。今のアメリカは、資金力を背景に、ＩＡＳの設定を力ずくで左右できる。自国の利益にならない基準に対しては、アメリカは拒否権を発動できるであろう。

しかし、何かをきっかけに世界の資金がアメリカに還流しなくなったとしたら、そのときは、新しい資金供給元がＩＡＳをリードすることになって当然である。その、新しい資金供給元になりうるのは、日本ではなく、ＥＵと考えてよい。

これからの会計基準の設定は、すぐれてＥＵとアメリカとの綱引きになる。そのとき、アメリカは国家という枠組で行動することは目に見えている。会計は、テクノロジーとして世界を席巻《せっけん》できても、カルチャーに根ざした相違や利害までも消し去ることはできないのである。

4 Glocal Accountingへの挑戦

会計を、国家の存在に関わらせて時代区分するとすれば、第一期は、一つの国の中で経済活動がほぼ完結していた時代の会計であろう。この時代には、それぞれの国が、独自の会計基準・制度をもち、特別の摩擦や不都合もなかった。

第二期というべきは、企業活動が国境を越えたり、海外との取引・活動が活発に行われた時代の会計であろう。インターナショナル・アカウンティングの時代である。この時期でも、国という枠は崩れていない。まだ、国を離れて会計が行われる状況ではなかった。

しかし、企業活動が国家を越えていたり、海外取引が活発になるにつれて、資金調達も国際的になる。ここでは、国家を前提としながらも、いくつかの国にまたがった活動・資金移動を一元的に報告するため、会計処理や報告のハーモナイゼーションが必要とされた。

それがいま、さらに発展して、第三期、多国籍化・無国籍化企業が国の枠を越えて地球を一つの活動圏とする時代を迎え、会計も、インターナショナルからグローバルへと「進化」し始めている。いわば、「国家を意識しない会計」「国という枠を取り払った会計」である。国家としての利害が（表面上）なくなるので、「ハーモナイゼーション（調和化）」からさらに進んで「ユニホーミティ（統一化）」を強めた基準・制度が考えられるようになってきたのである。

しかし、これまで長々と述べてきたように、会計は、テクノロジーとか技術としての面だけでなく、非常に強い文化的特性をもっている。文化ということばが適切かどうかわからないが、その国の国民性とか、宗教観、企業に対するロイヤリティ、所得観や資本観、利子や税に対する好悪の感覚などを無視して、会計基準を作ることはできない。

ジョン・グレイ教授は、経済学について、つぎのように述べているが、「経済」を「会計」と置き換えても、どこにも矛盾は生じない。

「新古典派に限らず、これまでの経済学が犯した過ちの一つに、近代化が進めば世界が一つのモデルに収れんしていくという思想があります。この場合のモデルは、西欧型であり、様々な国家、地域、経済が背後にある文化も含めて均質化していくという、極めて啓もう思想的な考え方です。……（世界の標準モデルなどあり得ないことは）ソ連崩壊後のロシアの状況を見れば明らかです。グローバルな自由放任市場を世界普遍モデルとして導入した結果、マフィアの跋扈《ばっこ》する無秩序の経済に陥ってしまいました。」（ジョン・グレイ、二〇〇〇年）

二一世紀の会計は、第四期に当たる。本章の冒頭で述べたように、二一世紀の日本会計が目指すべき地平は、international でも global でも local でもなく、glocal な視点に立つ会計、glocal accounting である。おそらくは、日本の会計だけではなく、アメリカの会計も、EUの会計も、アジアの会計も、いずれは glocal な会計を目指すことになるであろう。

では、glocal な日本会計とはいかなるものをいうのであろうか。現段階で、これが glocal な日本会計であると提示できるものはないが、しかし、日本の会計が目指すべき一つの方向は、中期・長期的な観点に立った損益計算を行う会計、中期・長期的な経営判断を基にした利益情報・原価情報を提供する会計であろう。

正直にいって、今のアメリカ会計は、「ギャンブラーのための会計情報」を提供しているようなものである。決して、健全な投資者、中長期的な株式保有者のための用具とはなっていない。それがアメリカの会計文化だといってしまえば、それはそれで済む話なのかもしれないが、決して、わが国がまねるべき、目指すべき姿ではない。

注

(1) グローカルという表現は、最近、早稲田大学が使っているキャッチ・コピーの一つである。いわく「グローカル・ユニバーシティとは、グローバルな視野に立ちながらローカルな魂を持って、積極的に行動する学生を育む大学という意味です。」と。

'glocal' という表現は、社会学などの領域でも使われはじめている。関心のある方は、'glocal' あるいは 'glocalization' をキーワードとして図書検索をしてみるとよい。

(2) 経済学者の根井雅弘助教授は、「いまの経済学者に決定的に欠落しているのは、広い意味での『社会哲学』なのではないか」(根井雅弘、一九九九年、序五頁) と述べているが、会計学者も同様であろう。

(3) この話は、村上陽一郎教授の『文明のなかの科学』による。なお、村上教授も問題にされているが、このようにして日本のことを英語で正しく、誤解のないように伝えることが、はたして翻訳といえるのであろうか。ここまで完全な置き換えをした場合には、すでに翻訳ではなくなってしまっているのかもしれない (村上陽一郎、一九九四年、一七二－一七六頁を参照)。会計の世界は、まだまだ、こうした悩みを抱えるまでにはいたっていない。

(4) こうしたことは、弁護士を経験したことのある作家・グレシャムの作品を読めばわかる。特に、陪審については、『陪審評決』や『原告側弁護人』(新潮社) という作品が参考になる。

(5) アメリカでもイギリスでも、メートル法とヤード・ポンド法をともに法定計量単位に採用している。最近は、学校教育の場ではメートル法を使っているというが、現実の生活でメートル法が使われることはほとんどないようである。車のスピードは、依然としてマイルであり、ガソリンはガロン、ビールを注文するときはパイントである。金はオンスで売買されるし、ウインブルドンで使っているテニスボールのスピードガンも、マイル時（mph）である。

第2章
日本の会計制度
——「つまみ食い文化」からの脱却

Carbon Copy of American Accounting—the Merits and Demerits

日本の会計は、過去五〇年間、英米会計のカーボン・コピーに終始してきた。ただし、それは表向き（タテマエ）の話であり、実務は、ホンネで行われてきた。タテマエ（英米会計）が正しいのか、ホンネ（日本会計）が正しいのか、少し考えてみたい。

前章で述べたのは、文化、歴史、宗教、法思考などを異《こと》にする国・地域・民族の会計は、国際的統一化の方向から、いずれ、glocal な会計を目指すことになるということであった。そこでは、会計がテクノロジーとか技術としての面だけではなく、非常に強い文化的特性を持っていて、その国の国民性・民族性とか、宗教観、企業に対するロイヤリティ、所得や利益に対する感覚、資本・資産観、利子や税に対する好悪の感覚などを無視しては、地に足の着いた会計制度や会計基準を作ることはできないことを明らかにした。

本章では、視点を変えて、わが国会計制度のねらいと運用実態を紹介して、西欧の模倣《もほう》、あるいは「つまみ食い文化」がいかなる問題を引き起こしてきたかを分析し、かつ、日本の土壌に根ざした会計制度を確立する必要があることを明らかにする。

二つの章は、ルートは違うが、行き着くところは同じである。

1　会計の国際化を阻《はば》む要因は何か

わが国の会計制度は、過去五〇年間にわたって、一貫して、(1)取得原価主義会計を基調とした処分可能利益計算を目的としていること、および、(2)単独決算制度を採っていること、の二点を特徴としてきた。

一九九〇年代に入って、こうした単独決算と取得原価主義を基調としたわが国の会計制度では国際化に対応できないとする批判が強まった。少し具体的に述べると、取得原価主義会計による会計情報は、投資意思決定のための情報として有用性が乏しいと批判されたし、また、個別の財務諸表では企業（および企業集団）の実態を正しく反映しない、と批判された。

しかしながら、こうした批判には、わが国の実状を十分に考慮していない憾《うら》みがあるのではなかろうか。最近、英米や国際会計基準の動向を一つの背景に有価証券の時価評価が導入されたが、英米の企業が保有する有価証券の分量は極めて少なく、しかも、証券市場が巨大であるので、英米の企業の場合は、保有する有価証券を市場で売却することにはほとんど障害がない。

つまり、英米では、企業が保有する有価証券が期末の時価で売れると考えることに、それなりの合理性があり、また企業が保有する有価証券を時価で評価させても損益計算に与える影響は小さい。

他方、わが国では、企業の総資産に占める有価証券の割合が高く、時価に換算すると総資産の三分の一が有価証券という企業が少なくなく、日本の企業は右手で本業をやりながら左手でギャンブルに手を染めているかのごとくである。

加えて、バブル崩壊後に政府が取ったPKO（株価維持政策）、PLO（株価引き上げ政策）、株式売却抑制策などから明らかなように、証券市場に上場している株式でさえ価格が管理され、しかも、売ろうとしても買い手が見つからないか、売ることを抑制されることがしばしばである（詳しくは、小著『時価主義を考える（第二版）』を参照）。同じく時価評価といっても、これを導入した場合に英米の企業が受けるインパクトと、わが国の企業が受けるインパクトとではまるで違うのである。

英米では、経済的な観点から見て、二つ以上の企業が同じ企業集団に属している場合には、その企業群を連結した財務諸表を作成するのが普通である。そうすることによって、企業の経済的実態を正しく表現しようというのである。

しかし、わが国の企業集団に対して連結財務諸表という手法を適用しても、同じような効果を期待することはできない。なぜなら、後段で詳しく述べるように、わが国では企業集団の形成方法が英米と大きく異なるからである。

原価主義への固執や単独決算制度は、わが国会計の国際化を妨げてきた要因としてしばしば指摘されてきたものの一、二であるが、幸いにして（かどうかは後で判断していただきたい）、二〇〇〇年度から始まった会計ビッグバンによって、時価評価も連結財務諸表も、英米とほとんど同じ基準が導入されることになった。これで、制度上、あるいは、基準上、日本の会計も国際化したことになるはずである。しかし、それは表面上のことではなかろうか。

制度を英米のそれに合わせて改善し、英米の基準を導入すれば、日本も国際化すると考えるのは、あまりにも、皮相的である。なぜなら、時価評価が導入されていないとか、連結財務諸表が主たる財務諸表となっていないとかは、わが国会計の国際化を阻《はば》む要因としては形式的・表面的なものに過ぎず、実質的な障害は別のところにあるからである。

そうしたわが国の国際化を阻む実質的な障害としては多くのことを指摘できるであろうが、それらの障害はわが国会計制度の特質と不可分のものであろうから、会計制度の特質そのものをより明確にしておく必要がある。そうした観点からわが国の会計制度を展望してみると、第一に、会計理論と会計実務とが非常に大きく乖離《かいり》しているという問題を指摘しなければならないであろうし、第二に、そうした乖離を生じさせる一因として、経済界や官界がアンフェアな企業行動を許してきたという事情（会計を取り巻く環境の問題）、さらに、理論を無視した会計慣行やアンフェアな企業行動を黙認してきた国民性の問題にまで立ち入って検討する必要がありそうである。

2 かみ合わない「会計理論」と「会計実務」

わが国の会計理論は、欧米諸国（特にアメリカ）からの輸入に大きく依存してきた。しかし、その輸入された理論は、わが国の国情とか経済環境に合うという理由から輸入されたものではなく、形だけの輸入に終始した観がある。欧米会計のスピリッツまでは取り入れることができないでいるのである(1)。

他方で、会計の実務は、当然のことながら、わが国の土壌なり国情に合わせて実践される。両者の間に乖離が生じても不思議はない。つまり、わが国の会計理論（テキストに書かれている会計）は、欧米流の sound accounting しか書いていないが、実務の世界では、わが国の事情に合わせた会計を行っているわけである。国民は夜更《よふ》かしと朝寝が大好きなのに、早寝早起きしか書いていない「道徳教育」の本に似てはいまいか。

実務が理論のとおりに動かないのは、ある場合には税金対策であったり、資金繰りからの必要からであったり、資本市場（株価）対策であったり、経営者の体面とか前年並維持という誘因であったりすることが多い。これらの誘因は、ほとんどが決算対策という形で実行され、会計処理面で理論からの乖離が見られる場合である。

しかし、制度面でも、理論（輸入された制度）と実務（制度の運用）が乖離する例は多い。

以下、そうした例をいくつか検討する。最初の二つは、決算が「がんじがらめ」にされていて、企業の業績が反映されない例である。

(1) 決算短信における次期の業績予想

わが国の上場会社は、証券取引所の要請を受け入れて、「決算短信」の中で、「次期の業績予想」を記載している。こと次期の予測財務情報を開示することに関する限り、わが国の制度は、「世界で最も完備している」（後藤雅敏・桜井久勝、一九九三年、七八、八六頁）と高く評価されている。

しかしながら、そこで公表される予測情報は経常利益の予想額であって、本業の利益を表す営業利益は一般に公表されない。つまり、本業の利益と営業外損益（主に財テクの損益）を通算した金額しか公表されないのである。

本業の利益は、経営計画を熟知した経営者にとっては、比較的正確に予測できよう。それに比べて、営業外損益（財テクの損益）というのは、為替市場・株式市場・金利水準など企業の外的な要因・動向に大きく左右されるため、予測がかなり困難である場合が多い。

営業利益と営業外損益は発生源泉を異《こと》にするだけでなく、予測の前提も異なるものであるから、これらが通算されて表示されると、本業段階の予測が正確であっても財テクの予測が大きく狂った場合などは、いかにも経営者の予測能力が低いかのような印象を与えるであろうし、あるいは、両方の予測に誤差があっても、相殺《そうさい》されれば、いかにも経営者の予測能力が高いかのような印象を与えてしまうであろう。

加えて問題なのは、営業外損益の主たるものは金融上の損益であるから、含み益を吐き出したり、含み損を計上したりしなかったりして操作できる点にある。経常利益段階の予測値が実現できそうもなくなってきたら、含みを利用することによって予測値を実現することは簡単なことであろうし、現実にそうした操作は頻繁《ひんぱん》に行われてきた。これではいったい、何のために予測財務情報を公表しているのであろうか。

一部では、有価証券等の時価評価基準が設定されたことによって、今後はこうした操作ができなくなると期待されている。しかし、時価主義は、原価主義よりももっと幅広い利益操作の余地があり、特に有価証券の場合は、貸借対照表上の区分を変えるだけで含み益を温存したり吐き出したりできる。

従来は、益出しをするには、クロス取引といった虚構の取引をでっちあげなければならなかったが、今後は、そんな面倒な手続きはいらない。含みのある投資有価証券を「売買目的有価証券」に分類替えすれば、期末には時価評価され、何もしなくても評価差額が当期の利益に算入されるのである。これが、公表した予測値を実現するための手として使われることは間違いない。

なお、時価主義の問題については、小著『時価主義を考える（第二版）』で詳しく検討した。関心のある方はお読みいただきたい。

(2) 鉄道業界・土木業界・電力業界などに特有の決算

わが国の鉄道業界では、長年にわたって、一割配当を前提とした決算が行われてきた。株式の額面（五〇円）に対して一割、五円の配当ができるような一株当たり利益、その一株当たり利益を可能とする当期利益・経常利益が計上され、それに見合った営業利益や売上高が計上されているという（日本経済新聞、一九九三年九月二日）。

たとえば、発行株式数が一億株であったとすれば、当期の配当は五億円（額面五〇円×一割×一億株）である。この配当財源を確保するためには、税引前利益が一〇億円必要になる。当社の売上高利益率が一〇％とすると、税引前利益一〇億円を計上するには売上高が一〇〇億円必要ということになる。

このように配当額と利益の金額を先に決めて、それから逆算して売上高を決めるのは、一説によれば、鉄道業が政府の規制下にあり、もうけすぎると鉄道運賃の引き下げを要求されるからだという。それにしても、かなり異常な慣行といえよう。すべての大手鉄道会社が、ホテル・デパート・不動産などの事業も営んでいる。本業以外の事業が三〇％を越える会社もある。こうした事業の成果は、報告される利益額には反映されないのであろうか。

こうした事情は、鉄道業界だけではなく、航空、電力などの規制産業一般に見られるようである。電力会社も、大きな利益が出ると、監督官庁から、料金値下げを要求されるという。かつては、保険会社も、剰余（相互会社の利益）が大きく出ると、保険料の引き下げを要求されたという。

土木会社や建設会社は、公共工事の入札から閉め出されないためには、本当は赤字であろうが、決算だけは黒字にして、税金まで支払って（これで納税証明書が手に入る）、何とか優良会社にしておかなければならない。正直に赤字の決算をすれば、公共工事から閉め出され、次期の赤字はもっと増えることになるからである。建設・土木の決算については、小著『原点復帰の会計学』（税務経理協会）で詳しく述べたので、参照されたい（二〇〇―二〇二頁）。

(3) 実行不能なディスクロージャー制度

商法は、株式会社に対して、定時総会において計算書類（財務諸表）が承認された後、遅滞《ちたい》なく貸借対照表またはその要旨を「公告」することを求めている（二八三条三項。大会社の場合は損益計算書またはその要旨も。商法特例法一六条二項）。

ところがわが国には、株式会社形態をとる企業が一〇〇万社を大きく超えている。「公告」は、官報、日刊新聞等への掲載が予定されているが、すべての株式会社が法の規定に従って「公告」を行うには、一頁に一〇社の公告を載せるとしても、一〇万頁、一〇〇〇頁の電話帳並の冊子が一〇〇冊以上も必要になる。

たとえば、日本経済新聞を購読している各家庭・各企業に、毎年六月末、一〇〇〇頁の電話帳並の「決算公告特集」が一〇〇冊届けられることを想像してみていただきたい。用紙の確保、印刷・輸送費用、自然破壊、低利用等を批判するまでもなく、実行不能であろう。

現在の「公告」のあり方も、かなり異常である。毎年、六月末に、各家庭や事業所に届けられる日経新聞の「決算公告特集」だけでも、一三〇頁を超える。本書と同じサイズの本にすると、一〇〇〇頁を超える分量である。誰がこれを必要としているのであろうか、誰がこれを読むのであろうか。情報公開は「日光消毒」という考えもあろう。誰が見るかはわからないが、ともかく情報を公開させることで、企業経営者に緊張感を与えることができるというのである。

そうだとしても、読みもしない決算公告を、毎年毎年、一〇〇〇頁以上も使って掲載するのは、資源の無駄であり、メリットがあるとすれば、日本経済新聞社の収入が増えることくらいであろう。わたしは今年（二〇〇〇－二〇〇一年）、ロンドン大学を訪ねていたので、日本企業の決算公告を見ることもないと思っていた。ところが、今では、日本の新聞（日経、朝日、読売）はヨーロッパ各地で印刷していて、同日に（いや、日付でいうと、時差があるので日本の前日に）、配達されるのである。驚いたことに、いや、嘆《なげ》かわしいことに、無駄を極めた「決算公告特集」も、ヨーロッパ中に配達された。配達した現地の人が中身を知ったら、「ヨーロッパの資源を無駄に使うな」と憤《いきどお》るのではなかろうか(2)。

(4)「見せてくれない」店頭ディスクロージャー

株式会社は決算期ごとの計算書類を、本店に五年間、支店に三年間備え置いて、株主および債権者の「閲覧に供さなければならない」ことになっている(商法二八二条)。「閲覧に供する」とは、株主たちが見たいといってきたら見せるということである。ところが現実問題として、会社が、債権者から計算書類の閲覧や謄写(コピー)等の請求がなされた場合に、スムーズに情報を公開するという保証はないという。

ある法律家は、「債権者が会社の計算書類を閲覧するために会社に行っても、ほとんど見せてもらえないのが実状」だと指摘しており、また公認会計士たちも、「会社まで行って、見せてくれと言った場合、……拒否はしませんけれど、何とかかんとか言って非常に長い時間待たせるとか」の嫌がらせにあうものと予想している。ここでも、制度は、予定したようには動いていない。商法の予定している閲覧請求権は画餅《がべい》というしかない(詳しくは、田中　弘、一九八七年を参照)。

(5) 連結財務諸表は日本的企業集団の実態を示せない

わが国が最初に連結財務諸表を導入したとき、そのモデルとしたのはアングロ・アメリカ流の連結会計基準であったといわれる。しかし、導入の目的は、英米とは異なり、不正経理対策や外圧対策であった（濱本道正、一九九三年、三四頁）。

濱本教授が指摘されるように、わが国とアングロ・アメリカ諸国とでは「企業集団の編成原理に著しい相違がみられるため、アングロ・アメリカ流の連結会計方法では日本固有の企業集団の実態を正しく描写することはできない」（同上）。アングロ・アメリカ諸国では「持株会社による株式の過半数所有に基づく集団形成というパターン」が一般的であるのに対して、わが国では「マトリックス型」または「クモの巣型」の企業結合になっている（同上）。

少し具体的に述べると、わが国の場合、六大企業集団平均で、相互保有の平均持ち株率（相互保有の、一社当たり保有率）は、わずか一・四％に過ぎない。特定の会社に対して、特定の企業集団に属する企業が保有する持ち株で見ても、六大企業集団平均で、二一・六％（最も比率の高い三菱グループでさえ、三五・五％）にしかならない（公正取引委員会事務局編、一九九四年、二〇―二一頁）。

つまり、英米的な基準によれば、同じ企業集団に属していながらも連結の対象にならない企業がほとんどなのである。しかし、よく知られているように、わが国の企業集団は株式による支配関係以外の結びつきが強い。日本的企業集団は、特定の会社が「ムラ」の意思に反することはほとんど不可能なのに対して、企業集団が特定の会社を「ムラ八分」にすることはきわめて簡単なのである。経済的には運命共同体でも、英米式の連結対象にはならない。

こうした状況の下でわが国が、連結財務諸表を主たる財務諸表にすれば、こんどは、日本の連結財務諸表は企業の実態を表さないとして批判されることは火を見るよりも明らかである。アナリストの森山弘和氏は、「日本企業の連結決算は実態を表さず、使う側で役に立たない」と断言している。個別財務諸表が企業の実態を表さないというのであれば、わが国の企業集団に適したグループ会計を考える必要があるのではなかろうか。

特定の企業（たとえば、日立製作所）の経済的実態（経営成績や財務状態）を知ろうとしても、グループ企業（日立グループ）の財務諸表を連結しなければわからないというのは、個別財務諸表で企業の実態を明らかにできない会計の側に問題があるのではなかろうか。

また、しばしば、親会社は子会社を使って売上げを増やしたり、製品を子会社に高く売りつけて親会社の利益を増やしたり、子会社を使って土地の含み益を実現させるなどの不正を行うが、連結財務諸表にすれば、そうした不正をする余地がなくなる、などといわれる。先に述べたように、わが国では、こうした不正経理に対する対策として連結財務諸表が導入されたという経緯がある。

個別財務諸表では、こうした不正経理を防止できないのであろうか。株式市場では個々の会社の株式を売買し、その売買に当たっては、グループの連結財務諸表を判断材料とするというのは、どこか「総論」だけを読んで「各論」を知ろうとするのと似てはいまいか。

なお、報道によれば、わが国と同じように、持ち合いや系列による企業集団を形成している韓国では、二〇〇〇年に入ってから、大手財閥の財務実態を示す新たな指標として、「結合財務諸表」を作成・公表し始めた。これは、系列企業同士の取引などを除外し、各グループを一つの企業とみなした財務状況を示すことを意図したものである。

「結合財務諸表」によれば、四大財閥（現代、サムスン、ＬＧ、ＳＫ）の売上高は、単純に合算した数字に比べて、四〇％も減少するそうである。それだけ、系列内取引によって売上高が嵩《かさ》上げされていたのである。「結合財務諸表」は、国際通貨基金（ＩＭＦ）の要請を受けて、韓国政府が大手財閥に作成させたもので、親会社と子会社の連結ではなく、並列的なグループ企業の数値を結合したものである。同国の金融監督院は、これを「韓国の企業グループが事実上の共同運営体である点を勘案し導入した」と説明しているという（「結合財務諸表」については、日本経済新聞、国際版（欧州）、二〇〇〇年八月二日、による）。

(6) 抜けない「伝家の宝刀」

公認会計士による監査制度は、欧米でもわが国でも、同じ機能を果たすことが期待されている。つまり、教科書的には、わが国の監査制度も欧米のそれも同じものなのである。そこでは、「会計士が持つ最強唯一の武器」として、不適正意見が用意されている。

しかし、わが国では、「あくまでもその抑止力が頼りであって、実際には決して使われることがないのが実状」とされている（日本経済新聞社編、一九九三年、一一三頁）(3)。

バブル崩壊後、大規模会社の倒産が相次いだことから、会計士の責任が問われるようになり、会計士も企業の不適正な決算に対して厳しく対応するようになってきたといわれる。それでも、たとえば、監査人が原始伝票・取引伝票を一枚ずつめくってチェックするという英米式の監査にまで到達しない限り、ロッキード事件のような企業不正を発見できない。

不正の発見は監査の主目的ではないとしても、重大な不正が隠されたままの財務諸表に会計士がお墨付き（適正意見）を与えると、投資家をミスリードすることは間違いない。現在までのところ、わが国では、公認会計士による監査でさえ、英米のようには機能していないのである。

なぜ、こんなことになってしまったのであろうか。富田岩芳氏（元・デロイト・トウシュ・トーマツ最高顧問）は、わが国の公認会計士界における草分け的な存在でもあるが、日本の会計士や監査法人が英米のように機能しない事情を、つぎのように語っている。

「日本は、監査があろうとなかろうと銀行が貸すんです。監査が後になるということを戦後五〇年以上ずっとやってきた。米国流のゴーイング・コンサーン（存続可能性）というのは日本では通用しない。上場している半分ぐらいは、銀行が明日つぶすと言ったらつぶれてしまうのが現状。要するに、銀行が支えている。本当はゴーイング・コンサーンのせめぎ合いのところで監査法人がちゃんと言わなければいけない。日本の会計士は役人の言うことを聞いて監査報告を書いている。……

日本には主力銀行はあるけれど、めったにモノを言わない習慣がある。会計士も会社から大目に見てくれと言われると大目に見ちゃうんですね。これは会計士の問題も含めて、インテグリティー、インデペンデンスが成り立たない土壌になっているからなんです。」（日本経済新聞、二〇〇〇年六月三〇日）

以上、わが国において会計制度や基準の建前（テキスト）と実務が乖離する事例をいくつか見てきたが、こうした乖離は必ずしも会計の世界だけの話ではないようである。たとえば、商法学者の岸田雅雄教授も、「日本においては法の建前と企業社会の実態が……かけ離れている。」「これは文化（カルチャー）や風土の相違なのか。いくら日本の文化を考慮した独自の法律改正を行って、ルールを明文化しても無駄なのだろうか」（岸田雅雄、一九九四年、九－一〇頁）と嘆かれている。

3 経済社会（会計環境）の特質

日本は「あんぱん」の国である。形式的には欧化して「ぱん」を食べているが、実態は「まんじゅう」という日本食を食べているに過ぎない。会計に限らず、経済や法律の世界でも、宗教の世界でさえも、形式は輸入するが、魂は入れていない例が多い。その最たるものが、クリスマスの馬鹿騒ぎであり、葬式仏教ではなかろうか。

経済学の佐和教授は、日本の科学は、社会科学も自然科学も、西欧科学の表層を「つまみ食い」しただけで、そのスピリッツを拒否してきたとして、つぎのように述べている。

「〈科学〉と表裏一体の関係にある西欧近代の本質を、一方において無視ないし拒否しながら、他方において科学・技術の表層をつまみぐいしようとしたところに日本における近代科学受容の一大特色が見出される。」（佐和隆光、一九八二年、四二頁）。

西欧科学（会計もその一つ）が、わが国のような非西欧的社会に移植されても、文化的・精神的側面を捨象《しゃしょう》した「技術（表面・表層）」だけが、根無し草のごとく「漂流」することになる。

こと会計を取り巻く経済社会に限って見ても、形だけ輸入され、そのスピリッツは欠落してしまっているものを見つけるのには全く苦労しない。そうした形だけ輸入された経済社会の制度が、結局、わが国の会計制度をゆがめているのである。以下、例を挙げて検討しよう。

(1) 株主総会の形骸化

一九八一年の商法改正により、総会屋を排除するための規定（利益供与禁止規定）や株主の提案権を認める規定等が設けられたが、株主総会が活性化したという評価はない。総会屋がらみの事件は後を絶たないうえに、社員株主が最前列を占めて総会を仕切るようになってしまった。毎年、六月最後の金曜日に、九〇%以上の上場会社が総会を集中的に開いている。しかも、平均三〇分以下という儀式に終わっている。

各社が総会を同じ日に開くのは、総会屋の締め出しのためだといわれているが、結果として、いくつかの会社の株を持っている株主も締め出されている。岸田教授のいわれるように、「いくら法律を変えても日本の社会構造が変わらないかぎり、社会のサブ・システムである株主総会が変わるはずはない」（岸田雅雄、一九九四年、一一九頁）というのが実感である。

それでも、最近は、社員株主を表に出さないとか、すべての質問に社長が答弁するとか、時間を制限しないで総会を開くといった株主重視の事例が報道されている(4)。

しかし、「会社は誰のものか」という問いに、本心から「株主のもの」と答える経営者や従業員は、まず、いない。自分が経営し、あるいは自分が何十年も勤めてきた会社が、見たことも聞いたこともない株主のものだといわれても、経営者も従業員も、心底から納得することはないのであろう。自分の会社の所有者が、自社の下請け会社であったり、グループ内の企業であったり、毎日のように変動する投機家であったりすると、経営者も従業員も、彼らが自分たちの「雇い主」だなどとは考えないであろう。

日経編集委員の末松篤氏は、「日本の不幸は証券市場を縦横に利用する本物の株式会社を運営する術《すべ》を知らずに、見よう見まねで作った証券市場を乱用して失敗したことだ」と断じている（日本経済新聞、二〇〇〇年七月三日）。

(2) 証券市場の未発達・国を挙《あ》げての株価操作

わが国の証券市場は、「株価が下落過程に入れば、どこかの機関が売り玉の受け皿になる」という特殊なシステムを伝統としている（大村敬一・川北英隆、一九九二年、一二四頁）。一九六〇年代の証券不況のときも、一九八七年のブラック・マンデーのときも、今回のバブル崩壊後も、国を挙げて、組織的な株価対策が取られた。

わが国の証券市場は、「今やアメリカ、イギリスの証券市場を凌《しの》ぐ世界の中核的資本市場にまで成長した」（山一証券経済研究所編、一九九〇年、ⅰ頁）とまでいわれながらも、市場の制度は、「周囲の環境の急速な変化に比べると、この二〇年間目立った改善は行われなかった」（大村敬一・川北英隆、一九九二年、序七頁）というのが実状のようである。証券市場も、日本と英米では、同じようには運営されていない。つぎのクロス取引や株式の持ち合いなどは、その証拠であろう。

(3) クロス取引

クロスというのは、一つの証券会社が、同一の銘柄について同量の売り注文と買い注文を取引所に出すことをいう。売りと買いの注文は、誰かの委託でもよいし証券会社の自己取引でもよいとされている。

市場には価格優先と時間優先の原則があるが、注文の量が大きければ大きいほど、自社の注文同士をマッチさせ、希望する価格で取引を成立させることができる。わが国では、こうしたクロス取引が公認されていて、「益出し」の手段・「株価操作」の手段として活用されている（日本経済新聞には、ほぼ毎日、その前日に行われた大口のクロスに関する情報が記載されている）。

簡単な例で説明しよう。いま、A社が、B社の株を一、〇〇〇万株（取得原価は一株一、〇〇〇円）保有しているとする。A社はB社の下請けで、もし、B社の株式を本当に売却してしまえば、今後は、B社からの仕事はもらえなくなる。したがって、B社の株式は、仕事をもらおうとする限り、保有し続けるしかない。そんなときに、A社が赤字を出しそうになったとしよう。B社の株価はこのところ好調で、一、五〇〇円台が続いている。もし、B社株を売却することができれば、一株につき五〇〇円、総額で五〇億円の売却益が手にはいる。しかし、本当に売却してしまえば、仕事はもうもらえない。

こうした時に、クロスが使われる。B社株を一株一、五〇〇円で一、〇〇〇万株売りに出しながら、同じ一、五〇〇円で一、〇〇〇万株の買いを入れるのである。自分で売っておいて、自分で買い戻すのである。これで、五〇億円の利益が計上でき、B社の下請けも続けられる。

クロスには、取引をする企業にとって、これ以外のメリットもある。株式を大量に売りに出せば株価は下落するが、クロスを使えば株価が下がることもない。高く売って利益を大きくしたいときは、事前に、少し高めの価格で少量の株を買っておいて（価格優先の原則があるので、高い値で買いを入れるとすぐ取引が成立し、それが時価になる）、値をつり上げてからクロスを使うという手も使われているという。

こうした虚構ともいえる取引が認められているのは、実は、わが国の証券市場では、企業が保有する株式を「時価」で売却しようとしても売れないからである。時価で売ろうとして買い手が見つかるなら、クロスなどという不透明な取引をする必要はない。クロスで形成された株価は、経済の実体を反映しているというより、取引する者の希望を反映しているに過ぎない。

なお、企業が保有する有価証券は、一部を除いて二〇〇一年から時価評価されることになった。今後、企業はクロス取引などという虚構を使わずとも、有価証券を時価評価できる。ところが、クロスをする意味が無くなった途端に、日本公認会計士協会は、クロス取引を、原則として売買とは認めないことを決めたという（日本経済新聞、二〇〇〇年七月二六日）。

考えてみれば妙ではないか。クロスは、期中における時価評価である。期中の時価評価を認めないというのなら、なぜ期末に有価証券を時価評価することに反対しないのか。期末の時価評価とクロス取引は、架空の利益を計上する点で、変わりはないはずである。

(4) 株式の持ち合い

わが国には株式の持ち合いという慣行があるが、これが株高の一因であった。二つの会社が互いに半分ずつ株式を持ち合うとすれば、株式全体につけられる価値総額は、持ち合いのないときの二倍になる。なぜなら、持ち合いがない場合における二社の株式の価値は、持ち合いがある場合の二社が発行している株式の二分の一につけられた価値と等しいからである（倉澤資成、一九八八年、一四六頁参照）。

簡単にいうと、発行株式の半分が流通している市場に、残りの半分、つまり持ち合い株が売りに出されると、単純にいって、株価は半分になる。逆に、全株式が市場で売買されているときに、市場から半分の株式を買い取って消去しようとすれば、株価は倍になる。持ち合い状態が株高の原因となっているのである。

最近、持ち合いが崩れかけてきたといわれる。これまでも、構造不況業種の企業が保有株を持ちきれなくて、手放すことがあったが、企業グループの連携によって、その居場所を変えただけであったという（山下竹二、一九八七年、一〇八頁参照）。持ち合いを解消して株式の流動化を図るには、個人投資家、外国人投資家、年金といった受け皿が必要である。

この五年間ほどで、外国人投資家は数の上でも投資額の上でも増えているが、個人投資家は、人数こそ増加しているが、投資額の増加は目立たない。最近は、金融機関による持ち合い解消が進んでいるようであるが、個人投資家などの受け皿が小さいために、表面的には持ち合いが解消しているかのように映るが、依然として、企業集団内で居場所を変えているだけかもしれない。

以上は、日本における経済社会が、形式的には欧化していても、その実質においては日本的な色彩が色濃く、しかも、不透明であったり、（英米の見方からすると）アンフェアであったりする例である。では、産業界や国民がこうした不透明かつアンフェアな企業行動を許してきたのはなぜであろうか。

4　「洋魂音痴」

日本人には、英米人のいうフェア・アンフェアというものがよくわからないらしい。英米人の目には、わが国の株主総会も政府のＰＫＯ（株価維持政策）も、クロス取引も持ち合いも、みなアンフェアと映るのではなかろうか。ＪＵＤＯは、体重制の導入によってフェアな競技とされるようになったが、体重制も年齢制もなく、同部屋対戦もない「すもう」は、アンフェアのきわみと映るかもしれない。

同じ経済現象・会計事象を処理するのに、ある国ではフェアであることが求められ、ある国ではアンフェアのまま処理が許されるというのであれば、処理の結果が異なることもあるであろうし、一方からアンフェアだとして批判されることもあろう。

「真実」も、国により民族により、コンセプトを異にしている。英米人は「truth」と「half−truth」とはまったく別物と考えるが、われわれ日本人は両者の区別があいまいである。たとえば、法律学者の田中英夫教授は「わが国では、“half−truth”に対する非難の念は薄く、“half−truth”でも、そこに掲げられていることだけをとりあげて、それが事実と合していれば、“truth”には変わりないとする傾向が、かなり一般化しているように見受けられる」（田中英夫、一九八八年、四〇七頁）と憂慮《ゆうりょ》されている。

会計の世界でも、英米ではしばしば「形式よりも実質（substance over form）」が重視される。実質優先主義と呼ばれている。法律上の形式よりも経済的実質に則して会計処理・報告をすることを重視する思考である。表現を変えると、「形式よりも実質」というのは、事実の一面を形式的に捉《とら》えて真実とする（half–truth）のではなく、その全体像なり実質を誤りなく伝える（whole truth）ことを求めているのであろう（この問題については、第11章で詳しく述べる）。

わが国の経営者は、稲盛和夫氏が指摘するように、「会計の数字は自分の都合のいいように操作できる」（稲盛和夫、一九九八年、まえがき）と考えている節《ふし》があり、まさしく、“truth”と“half–truth”の区別がないようである。わが国の根本にある「会計の真実」観がそういうものだとすれば、英米の会計制度や基準を輸入しても、実質優先主義の思考が根付くことはないであろう。

英米人と日本人を比べて、さらに際だった違いが見られるのは、法意識・法律観であろう。われわれ日本人は、法を守る国民であろうか、それとも、順法精神が乏しい国民であろうか。多くの日本人は、自分は法を守っていると考えているようである。確かに多くの国民にとっては、一生のうちで法が絡《から》んでくることはまずない。したがって、自分は法を守っていると考えてもおかしくはない。

しかし、少し考えてみると、わが国では、未成年者の飲酒・喫煙は日常化しており、車に乗ればスピード違反・駐停車違反を繰り返す人が後を絶たない。企業や個人事業者の脱税は引きも切らない。高校生や大学生の万引きが日常化して、わが国を代表する東大でさえ、大学前のコンビニで万引きが多発するため、新入生に万引きをしないように呼びかけているという。いずれの場合でも、違反者には「違法行為」「法を犯している」という意識はないようである。このことは、市民のレベルにとどまらず、政治家や官僚、企業経営者にも広く見られることである。

本当のところ、わが国民は、「法意識」「順法精神」を欠いている。法律の専門家たちは、そのことをよく承知している。たとえば、法律学者の渡辺洋三教授は、「民主主義国家の法とは、つねに市民の合意を基礎にしたものでなければならない。ところが、日本では、伝統的に、法や行政は、権威を持った『おかみ』の命令としてつくられ、かつそういうものとして国民にも受けとられてきた」（渡辺洋三、一九九四年、まえがき）ことを指摘されている。

また、同じく法律学者の川島武宜教授も「（わが国民は）裁判に訴えることを極度に忌《い》み嫌い、法律による解決を尊重しないで、法律以外の手段による解決を好み、法を無視」することを当然とし、また、「政府自身も、一般に法律を無視し、『運用でよろしくやってゆく』ことを当たり前と考えており、合法的に法律に従って行動することに対してはほとんど関心をもたない」ことを指摘されている（川島武宜、一九八七年、六八頁）。

では、なぜ、日本の会計（法も経済も同じか）は、こういう状況になってしまったのであろうか。根本にある原因は、法も会計も（その他の世界も）、欧米を追うあまり、研究にも制度づくりにも、「自立性」や「オリジナリティ」あるいは「日本や日本人という土壌に対する配慮」を欠きがちであったことに求められる。

鹿嶋春平太氏はいう、「日本は明治維新以来百二十年間、西洋の吸収にこれ努めたつもりでいながら、実は、その精神的支柱を無視してきた……『和魂洋才』などと言って、意図的に『洋魂』に目を塞《ふさ》ぎ続けてきた結果、なるべくして洋魂音痴になった」と（鹿嶋春平太、一九九四年、一七四頁）(5)。日本という土壌に根付くかどうか、日本人の生活や思考様式に合うかどうかを考えずに、形だけ欧米へのキャッチアップを図ってきたのである。日本人が、サイズもスタイルも、似合うかどうかも考えずに「洋もの」を身につけるのと変わりはない。

5　アングロ・サクソンの会計は世界制覇できるか

わが国の会計制度を、海外にも自己主張でき、国際的にも通用するように改革するためには、会計理論や制度づくりの基本的な考え方において、わが国産業界の土壌、国民性の特質（真実観や法意識）、企業を取り巻く経済環境（証券市場の未発達、持ち合い、クロス取引、企業集団の形成原理などなど）を十分に考慮する必要がある。今の会計理論は、実務を正当化するための理論か、そうでなければ、「会計処理・報告」の手順を示したマニュアルでしかない。これでは、会計理論が、会計実務や税務をリードすることはできない。

また、われわれは、あまりにも、西欧の会計思考や会計制度の背景にあるものについて無知である。西欧の会計が、いかに宗教的な側面を持っているかについても知らないし（「ベニスの商人」を想起されたい）、西欧社会が「善意」と「信頼」を前提にして成り立っていることも知らない。かといって、日本の学者にしばしば見られることであるが、欧米の制度や基準がすべて「蒸留水」のごとく、純理論的な帰結であるなどと考えることは危険である。

むしろ、英米の会計制度や会計基準は、企業の不正を未然に防止するために工夫されたり、制度や基準が悪用された結果、それをさせなくするための改正であったり、その時の政権が取る政策によるものであったりする。FASBの基準の中には、すでに公表されているコンセプチャル・フレームワークや基準の文言・趣旨に合わないために、こじつけともいえる「理論付け」をしているものもあるのである。

われわれは、欧米の会計制度や会計基準を、表面的にしか理解してこなかったうらみがある。制度として採用されたものがどういう形をしているかはわかっていても、なぜ、そういう制度が採用されたのかということまでには頭が回らなかった(6)。われわれ会計学徒に今求められているのは、外国の制度や基準の翻訳・紹介ではない。そうした作業が学者の仕事であった時代はとうに終わっている。外国文献の翻訳・紹介ということであれば、まもなく高度な自動翻訳機が稼働するであろう。そのとき明らかになるのは、会計学者の誤訳であったというのでは、話にならない。

われわれ会計学徒が外国について研究し、世に伝えるべきは、欧米会計制度や欧米基準のスピリッツであり背景であり、彼らの主義・原理・原則の背後にある思想的、宗教的、歴史的、文化的支柱であろう。いつまでも「洋魂音痴」では、彼らと対話すらできない。まして、財務諸表を挟んで意見を交わしても、すれ違いの議論で終わるか、誤解を含んだままの話で終わってしまうであろう。

日本独自の制度や基準を作るというと、国際的に孤立するではないかと批判される。しかし、わが国が置かれている状況は、決して、わが国だけのものではない。かならず、似たような状況にある国・地域・文化が世界中にあるはずである。発展途上国などでは、当座の会計制度・会計基準として、英米の基準や国際会計基準を導入するであろうが、いずれ、それらが自国の経済的・文化的・宗教的な土壌に合わないということを理解するはずである。

英米会計という物差しでは計れない世界は、別の物差しが必要なのである。いま英米を中心とする欧米世界は、自分たちの物差しで、世界中を計ろうとしている。かれらの物差しで、わが国企業の財務状態や経営成績を計っても、実質から大きく離れた結果が出てしまう。それを知らずして、英米流の物差しを日本企業に当てると、今以上に企業の実態を示さなくなるであろう。

会計ビッグバンが進行して、会計制度改革がすでに軌道に乗ろうとしている時期であるから、そうした軌道修正はすでに手遅れだとする議論もある。口悪くいえば、間違いに気が付いても、間違えたまま突っ走るしかないということらしい。確かに、会計ビッグバンがここまで準備を終えてしまった以上、しばらくは方向転換できない事情もわかる。しかし、いま、冷静に、「行き先の違う電車」に乗っていることだけは認識しておきたい。

本章の最後に、再び、佐和教授の言葉を引きたい。

「科学なり学問なりを、一個の文化圏のなかだけではなく地球的規模で〈制度化〉するには、『どこでも誰にでも受け入れられる』ものにしなければならない。マルクスの経済学にしろ近代経済学にしろ、ある程度までの普及・浸透をみせたとはいえ、地球全体を覆《おお》いつくすまでには至らなかった。」（佐和隆光、一九八二年、一三九頁）

わが国では、マルクス経済学と近代経済学（マルクス経済学の立場の人からみれば、ずいぶんおこがましいネーミングかも知れないが）が共存・共栄してきた。かつての共産圏諸国が資本主義化してきたとはいえ、わが国では、依然として、大学の経済学・経済原論は近代経済学とマルクス経済学が並存している。マルクス経済学の教師が失業したという話も聞かない。政府の経済政策をみても、一貫して近代経済学の理論で押し通してきたわけではないし、勿論、マルクス経済学が支配してきたわけでもない。わが国では、近経でもない、マル経でもない、「日本経済学」が経済を動かしてきたとしかいいようがない。

経済学でさえこうである。わが会計学を考えてみよう。西欧の会計思考には、かの国々の資本観、利益観、資産観、公平・公正観などがたっぷり詰まっている。それらは、往々にして、かの国々の宗教・文化・法思考などの背景を持っている。西欧の会計思考が地球的規模で制度化されるには、マルクス経済学や近代経済学以上の支持を、世界中から取りつけなければならないのである。

法律の世界でも、いまだに、コモンロー（不文法）の国々と、大陸法（成文法）の国々が共存している。コモンローの国々も、成文法の良さを認識して、必要に応じて法律を成文化しているし、成文法の国々でも、判例を尊重する傾向にある。しかし、決して、どちらかが、世界を席巻《せっけん》するまでの力や説得力を持っているわけではない。

西欧の「近代会計学」に、近代経済学やマルクス経済学、あるいは、コモンローや大陸法を超えるほどの、「普遍性」や「説得力」があるであろうか。確かに会計学は多能ではある。財産の計算もできるし、利益を計算することもできる。投資意思決定に必要な会計データも提供できる（詳しくは、田中　弘、一九九九年b、二四四―二五〇頁）。

しかし、今の会計学には、論理的なツールは数えるほどしかない。原価配分、減価償却、実現主義、発生主義、繰延経理、継続性など、数えても一〇指もあれば足りる。しかも、それらの論理性もけっこうあやしい上に、欧米に見習って時価主義に走れば、これらのツールはすべて役立たずになる。会計学が持っている論理的なツールは、近代経済学やマルクス経済学、あるいは、コモンローや大陸法が誇るツールに比べると、かなり貧弱である。そんな貧弱なツールで、世界中の経済界を納得させることができるとは、とても考えられない。そういう意味では、欧米の会計学も、世界を支配するには、まだ、未熟なのだといわざるをえない。

注

(1) こうしたことは会計の世界に特有の話ではない。わが国が大陸法系の法制度を採用しているのは、大陸法が理論的だからということからでも、わが国の国民性や思考様式、行動様式に適合するということからでもない。わが国が大陸法系を採用したのは、主として、明治初期のわが国が、封建制から脱皮し先進諸国の仲間入りをする上で法制度が立ち遅れていたため、近代国家としての体裁を整えるために成文法を必要としたからであった。英米法のように判例を重んじ、不文法を特徴とする法体系では、これを輸入することは至難であり、形としての法整備ができない。わが国が英米の法体系を取れなかった理由がここにある。詳しくは、田中和夫（一九八一年、一頁）を参照。

(2) 日本経済新聞に公告を掲載した企業については、一九九九年から、公告の内容をインターネットで見ることができるようになった（http://port.nikkei.co.jp 無料）。ただし、法の定める正規の公告ではない。

(3) 雅叙園観光の場合も、監査法人（永田町監査法人）が、解任される直前に記者会見し、「雅叙園観光の九二年八月中間報告は現状では有用な会計情報を表示しているとは言えず、事実上の不適正との結論に達した。」と発表したものである。監査報告書に「不適正」と書いたわけではない（日本経済新聞社編、一九九三年、一五九－一六〇頁）。

(4) 逆の事例報告もある。たとえば、二〇〇〇年六月の株主総会ラッシュが終わった後、日本経済新聞には、こんな総会スケッチが載った。実話だそうである。「業績不振の打開策の説明を求める株主の質問に、不要領な答えではぐらかす。顔を伏せたまま原稿を棒読みし、議場の発言者の有無を確かめようともしない。会社提案の議案は怒声に近い『異議なし』発言でスピード採決し、株主提案の議案に限って賛成株主の挙手を求める議長――」(日本経済新聞、国際版(欧州)、二〇〇〇年七月三日、News 反射鏡)。

記事では、この後、「赤字、無配を続ける業績不振企業は珍しくなく、株主が乗り込んで経営者の姿勢を正そうとすれば、ほぼ例外なく繰り広げられる光景」だとしている。

(5) 作家の大江健三郎氏は、文化勲章を辞退したとき、その理由として、「日本は、主義、原則や理論を現実と結びつける力を失ってしまった」(一九九四年一一月六日、ニューヨーク・タイムズのインタビューに答えて)と述べたが、鹿嶋氏と同じことを指摘したものであろう。

(6) アメリカで、会計基準からの離脱が激しく、また、会計基準に対する法意識が著しく低くなったとき、それまで会計基準の設定を担当してきたAICPA(公認会計士協会)に対する政界・財界の信任が大きく揺らぎ、会計士協会からも業界からも独立したプライベートな機関としてFASBが設立され、基準を設定する権限が委譲された。FASBは、実質的にはＳＥＣの監督下にあり、性格としてはパブリックな機関ともいえる。

わが国では、アメリカの基準設定機関がＦＡＳＢという新しい機関に代わったといえば、それがいかにも、会計基準設定主体の進化であるかのように誤解して、会計基準はプライベートな機関にまかせるべきだとか、ＦＡＳＢのような独立の財政と権限を持つ機関が基準の設定を担当すべきである、といった主張が相次ぎ、二〇〇一年春からは、プライベート・セクターによる基準の設定が始まるという。

なぜ、ＡＩＣＰＡではだめになったのか、ＦＡＳＢは本当に独立的な組織なのか、ＦＡＳＢはＳＥＣ（政府）の意向に逆らえるのか、ＦＡＳＢなら業界との癒着《ゆちゃく》が生まれないのか、ＦＡＳＢは政権の交代に影響されないのか、そういうことを正しく認識せずに、アメリカの基準設定主体がＦＡＳＢになったから、イギリスの基準設定主体もＡＳＣからＡＳＢに代わったから、日本も、基準の設定は企業会計審議会ではなくプライベート・セクターにすべきだ、という議論は短絡《たんらく》的すぎる。

政府にとっては、基準の設定を自ら行うよりも、プライベート・セクターに任せる方が楽であり、また金もかからない。企業が会計基準を守らなくても、順守していて倒産に至るようなことがあっても、設定した基準に批判が集中しても、これからは、すべてプライベート・セクターのせいにすることができる。

なお、ＳＥＣとＦＡＳＢの関係については、第7章で詳しく述べる。

第3章 鏡としての会計

Accounting as a Mirror Reflecting One's Ethics

会計は鏡である。会計は、わが身を知るための、わが心を映すための鏡である。よこしまな心で会計を扱えば汚れた姿が映るし、邪念なき無私の心で会計に接すれば汚れなき姿が映る。

ただし、それは原価主義の世界でのことであり、時価主義では鏡の役割を果たせない。

1　制度としての原価主義会計とその運用

原価主義会計の制度がいろいろな問題を抱えていることは、誰もが認めるところである。原価主義を支持するわたしでさえ、原価主義を使えば、有価証券の含み益を「クロス取引」といったマジックを使って実現させてみたり、子会社を使って土地の含み益を実現したり、含み損を飛ばしたり、減価償却の方法を変更したり耐用年数を伸縮したり、繰延資産を計上したりしなかったり、いろいろな手で利益を自在に操作できることくらいは識《し》っている。原価主義会計は、利益を増やすことはおろか、損失を消してしまうこともできるのである。そうした意味で、原価主義会計は利益操作・損失操作の宝庫ともいえる。

ところで、そこで抱えている問題は、原価主義という制度に固有の、あるいはその制度自体に内在する問題なのであろうか、それともその制度を運用する「ひと」が引き起こしている問題なのであろうか。この点については、これまでほとんど議論されていない。

実は、いかなる制度を採用しようとも、うまく機能するかどうかは、制度を運用する「ひと」次第なのである。どれだけ理想的な交通ルールを作ろうとも、車も人もそれを守らなかったら、画餅《がべい》に終わる。どんな制度も、それがうまく機能するかどうかは、それを運用する人次第なのである。時価主義を主張する人たちは、このことを理解していないのではなかろうか。

わが国でもアメリカでも、取得原価主義を基調とした会計が行われてきた。新聞報道などでは、アメリカを初め世界の主要国では全面的な時価主義が採用されているかのような印象を与えているが、読者をミスリードするものといってよい。とりわけアメリカが時価の国のように報道されているが、この国は、大恐慌以後、この七〇年間、世界でもっとも厳格な原価主義を貫いてきたのである。

ところが、同じ原価主義を採りながら、わが国では、原価主義を悪用したとしかいいようがないくらい、さまざまな利益操作・粉飾が横行している。他方、アメリカは、S&L（アメリカの貯蓄信用組合。小規模の金融機関）が引き起こした不祥事《ふしょうじ》を除くと、企業が利益操作に汚染されているということを聞いたことがない。

なぜ、わが国の原価主義会計が利益操作に汚染され、アメリカの会計はそうならないのか。果たして、同じ名称の会計制度を採用しながら、実際にはまるで違った運用がなされてきたのではないだろうか。わが国が輸入した原価主義会計は、考え方（スピリット）がいかに正しくとも、それが建前として棚上げされ、本音で運用されてきたのではなかろうか。「制度」としては完成品でも、それを運用する「ひと」がこれを不良品にすることもあるのである。

2　数字の「マッサージ」

そうした世界では、たとえ時価主義に代えたところで、各企業は、時価主義の世界で利益操作に腐心するであろう。時価主義では利益操作ができないといった素朴な主張もあるが、むしろ時価主義のほうが経理の自由度は高い（金融商品の会計基準が利益操作の道具となりうることは、田中　弘、一九九九年ａ、補論で詳しく述べた）。

時価主義に代えても、経営者の「数字をマッサージしたい」という願望が消えるわけではない。会計の規制を強化して経営者が利益を操作しにくくする工夫は大切であるが、より重要なのは、経営者の、数字をマッサージしたいという意図や願望である。

ではなぜ、わが国の原価主義会計は利益操作の宝庫となり、アメリカの原価主義会計はそうならないのか。その原因としては多くのことを指摘できるであろうが、それらの原因を突き詰めれば、わが国の企業会計が英米諸国のそれと違った特質・環境にあることと不可分ではない。

数年前に、関東部会で報告する機会を得たが、その折、わたしは、わが国の企業会計がいくつかの重要な点で英米諸国と異なることを指摘した。そのときの報告論文（田中、一九九五年）に加筆したのが第2章である。前章でわたしは、わが国の経営者が数字をいじる原因として、つぎの三点を指摘した。

(1) 英米では、投資にしろ会計にしろ、標準的なテキストに書いてあるとおりに実務が行われる。ところが、わが国では、会計のテキストに書いてある理論と実際に企業が行っている実務とが大きく乖離《かいり》しているのである。しかし、今まで、それがほとんど問題にされたことはない。テキストは建前で書かれ、実務は本音で行うという使い分けが公然と行われている（わが国会計の特質）。

(2) そうした乖離を生じさせる重要な一因として、経済界や官界がアンフェアな企業行動を許してきたこと。本音の会計を誰も批判しない（会計を取り巻く環境の問題。特に倫理観の欠如）。

(3) さらに、そうした理論を無視した会計慣行やアンフェアな企業行動を許してきた国民性にも問題があること（国民性の問題。国民の法意識の欠如・おかみ意識）。

国民性を持ち出すのは大げさだと思われるかもしれないが、経済学の佐和教授は、わが国民性について、「もともと日本人は、経済法に触れることが犯罪であるとの認識が余りにも希薄」（佐和隆光、一九九九年、一六一頁）だと指摘される。わが国で粉飾や脱税が横行するのは、国民レベルで倫理観や法意識が欠如しているからにほかならない。

3 不正に対する抑止力

そのときの報告ではあえて言及しなかったが、勇気を持って付け加えると、さらに、わが国の会計学が利益操作の抑止力として機能していないことを指摘したい。会計学も、その産物たる会計基準も、その基準の順守を生命線とする監査も、わが国では利益操作の抑止力としてはほとんど機能していない。

嫌われることを覚悟していえば、わが国では、会計理論を担う学者も、その理論を実践するはずの経営者も、理論や基準が順守されているかどうかを監査する会計士も、ネガティブにかポジティブにかの差はあろうが、誰も彼もが何らかの形で、直接間接に利益操作に荷担《かたん》してきたといってもよい。

例を挙げる。株価が低迷して売れないとき、国を挙げてPLOとかPKOをやり、そうしてつり上げた価格で、各社が、クロス取引という架空の取引をでっちあげて含み益を実現させてきた。そうして計上した利益が実質を伴わないものであることは、多くの会計関係者は承知していたはずである。それにもかかわらず、学界からも会計士業界からも、批判らしい批判の声は挙がらなかった。それどころか、株価操作を公認するかのごとく、学界や会計士業界からは怒濤《どとう》のごとく時価主義の声が高まったのである。

時価主義は、こうした国を挙げての株価操作や経済界ぐるみの利益操作を公認して、みんなでつり上げた株価で時価評価しようとするのである。株価操作や利益操作を公認するような会計理論を作って、いったいどうする気なのであろうか。

会計ではしばしば「実質優先主義」とか「形式よりも実質」という考え方が支配しているといわれてきた。しかし、日本の企業会計を見る限り、その片鱗《へんりん》も感じられない。ルールを形式的に守ってさえいれば、ルールの趣旨が曲げられようと、詭弁《きべん》に近い解釈がなされようと、どうせ誰も文句をいわない、ということであろうか。

わが国では、残念ながら、会計学が粉飾や利益操作の抑止力として機能していないということを指摘しておきたい。

4　原価の情報力

会計の情報は、企業の収益力や支払能力を判断するための基礎的なデータである。ところが、原価をベースとした会計情報と時価をベースとした会計情報とでは、情報力・伝達する情報の内容に大きな相違がある。

原価をベースとした会計情報には、その企業の良き経験も悪《あ》しき経験も反映されるが、いまだ行われていないことや未決のことは反映されない。原価は、あくまでも、その企業に固有のデータであり、その企業が経験したことの履歴である。したがって、原価によって測定された収益力とかキャッシュ・フロー創出能力などは、その特定の企業に固有の能力を示しているのである。

ただし、原価は単に過去を物語るだけではなく、その企業の計画や意図、すなわち将来を物語ってもいるのである。トヨタの原価主義による財務諸表を見るとしよう。この財務諸表からは、トヨタの過去だけでなく、トヨタの将来が読めるのである。

原価をベースとした会計情報は、一種の履歴であり、履歴を知ることができれば将来を読むこともできる。歴史が意味をもつのは、それが現在を知る手がかりを与えてくれたり、あるいは、将来を照らし出したりする力があるからである。特定の企業が置かれている現状やその将来を洞察するには、何よりもその企業に関わるそれまでの歴史情報を読む必要がある。

少し具体的に述べる。たとえば、ある企業が期中にA社株を五〇〇円で取得し、期末までに六〇〇円になったけれども売却せずに保有を続けたとしよう。期末まで有価証券を保有したとすれば、それはその企業が期末までの価格では売却したくなかったからか、売りたくても希望する価格では売れなかったか、であろう。

企業が有価証券を売らずに期末まで保有しているというとき、原価主義では、その売らなかったという事実から、企業が利益政策・財務政策として何を考えているかを読みとることができるのである。

時価主義では、売っても売らなくても企業利益に変わりがない。売っても売らなくても同じなら、企業は売却という面倒なことはしない。これでは、企業がいかなる利益政策・財務政策を採っているかが読めないであろう。

歴史を学ぶたくさんの人たちがいる。歴史に関心を持つ多くの人たちは、単に過去の出来事を知りたいというのではなく、過去を知ることによって、現在の己《おのれ》を知り、さらに将来を洞察できると信じている。過去の情報が、現在を知り、かつ、将来を知る有力な手がかりになるからこそ、実生活において履歴書や過去の成績が重視されるのであろう。

もちろん、「現在の実力はいかほどか」といった現在情報・時価情報が役に立つことも否定できない。しかし、現在の実力が、低下傾向にあるのか上昇傾向にあるのか、あるいは、フロックなのかは、時価情報（現在の実力）だけではわからない。長期的な実力とか収益力を知るには、歴史情報・原価情報が必要である。

5 時価の情報力

すでに述べたように、原価情報は、財を所有している特定の企業に関する収益力やキャッシュ・フロー創出能力などを物語るものであった。それに対して、時価をベースとした会計情報は、特定の企業ではなく、平均的な企業を想定した一般的な収益力・キャッシュ・フロー創出能力を物語るに過ぎない。それも、今日明日といった、極めて短期的な可能性しか示さない。また、そこでは歴史のある会社も新設会社も同一の可能性を持つものとして扱われ、また意思決定済みのことも未決のこともすべて行為済みのものと仮定して、いわば経営者の意思が関与しない、中性的な扱いをうける。

たとえば、トヨタとまったく同じ財務構造の会社をもう一社作ることは可能である。資産の構成も負債の構成もまったく同じにし、同じだけの従業員を採用するとしよう。しかし、その模倣の会社がトヨタと同じ売上げと利益を計上する会社になれるであろうか。

もしそうしたことが可能であれば、トヨタ（総資産七兆二、三〇〇億円）に匹敵《ひってき》する会社（たとえば、日産と日立製作所を合併した会社。総資産七兆五、〇〇〇億円）を作れば、毎期の経常利益として五、〇〇〇億円や六、〇〇〇億円を稼ぎ出す会社ができるはずである。もちろん、そんなことができるわけがない。

時価主義では、資産や負債の評価や利益計算にあたって、その企業に固有の資金運用能力とか生産性などを考慮しない。そのために、この二つのトヨタ、コピーしたトヨタと本物のトヨタを時価評価すれば、まったく同じ財務諸表ができることになる。

二つのトヨタの財務諸表を見せられた投資者は、二つのトヨタの能力差をどうやって判断するのであろうか。コピーのトヨタが「トヨタ」になるかどうかは、時価情報からは伺《うかが》い知ることができないのである。過去の情報・原価情報を分析して初めて、その会社の個別の能力や将来性を知ることができるのである。

本を買うとき、だれでも「書名（タイトル）」を見、「筆者の名前」を見る。本の内容を知るには書名だけでよさそうなものであるが、誰もが「書いた人は誰か」を知ろうとする。なぜか。タイトルだけでは、その本の質がわからないからである。同じ「会計学」とか「財務会計」というタイトルの本がたくさん出版されているのに、売れる本とあまり売れない本に分かれるのは、タイトルが同じでも、書き手によって本の質が違うからであろう。

この場合、本のタイトルは、内容を表す時価情報ということができ、著者の名前は、本の質を表す原価情報であるといえよう。書名の中に「連結会計」の文字が入っていれば連結財務諸表を取り上げた本だということがわかる。この内容の本を書く人はたくさんいる。書名からは、この種の本の中身をおおよそ理解できる。つまり、書名は、一般的・平均的な情報を提供している。

著者の名前がわかれば、「あの作家が書いた本なら、きっと前著と同じようにすばらしいに違いない」とか「きっと、前著の続きであろう」といった判断ができる。たとえば、ランズバーグが書いたと聞けば、あの『ランチタイムの経済学』の著者ならきっと新作も「意外性のある主張に満ちているだろう」とか、高杉良と聞けば、「また、巨大企業の腐敗を暴《あば》くのだろうな」と、作品の内容とか質を、過去の経験・データから読みとることができる。無名の作家や無名の学者が書いた本に対しては、誰もが慎重になる。それは、書名（タイトル）という時価情報だけで本の質を判断しようとしてもできないからである。

会計に話を戻す。たとえば、ある企業が、期中に五〇〇円でA社株を取得し、期末まで売らずにいたら六〇〇円になっていたとしよう。時価主義では、貸借対照表価額を六〇〇円とし、差額の一〇〇円を利益とする。時価主義の意味するところは、誰でもA社株に投資していたら当期に一〇〇円の利益を計上できたはずである、といった平均的な収益力を示し、貸借対照表は、期末に売っていたら誰でも六〇〇円で売れたという一般的・平均的かつ当座的な投資能力を示す。その企業の経営者が努力すれば、七〇〇円とか八〇〇円で売れたかも知れないといった、個別企業の能力は表現されない。

6　時価主義は「たられば」の世界

井尻教授は、日本ファイナンス学会における特別招待講演で、原価主義と時価主義を将棋にたとえて、こうしたことを述べている（井尻雄士、一九九九年）。すなわち、原価主義は、将棋にたとえると、実際に棋士が指した手を報道するようなもので、時価主義は、棋士が実際に指した手の代わりに、この盤面でもっともポピュラーな手はこうであると報道するようなものである、と。

棋士が実際に指した手を見れば、棋士が何を考えているのか、その手は成功しそうか失敗しそうか、いろいろなことを理解できる。しかし、実際に棋士が指した手ではなく、平均的な棋士ならこういうふうに指すといったことを知らされても、その棋士の実力とか戦況は理解できないというのである。

ゴルフが好きな方は、「たらればば」というのをご存じであろう。打球が池に飛び込んだり白杭を越えてしまってOBになることもあれば、チョロで一メートルも飛ばないこともある。わずか三〇センチのパットでも入らないときは入らない。「たらればば」は、そんなときに、「もし、池に飛び込んでなかったら」、「仮に、まともに当たっていれば」とばかり、やり直しができるルールである。これほどインチキなものはないが、どういうわけか、わが国では人気が高い。時価主義はこのインチキを基準化しようというのである。時価主義は売るタイミングを逃しても売る気がなくても「期末に売っていたら」で利益を計算する。つまり、「たらればば」の世界なのである。

原価主義は本来、「たらればば」を認めない。期末までに売却していない商品・株式・土地などは、売っていないのであるから売ったかのように利益を出すことはしない。しかし、時価主義は、「たらればば」の世界であるから、「期末に売っていたら」「売れたと考えるとすれば」いくらの利益が出たかを計算して、これを計上するのである。その意味で、時価主義の財務諸表からは、企業がその有価証券を売ろうとしているのか売るつもりがないのか、企業が何を考えているのか読むことができない。

「たらればば」が許されるのであれば、どこの会社も値が上がったら売るようなことはしなくてもよい。そんなことに精を出さずに、決算日近くになったら、所有株(商品)と同じ銘柄の株

（商品）を高値で買えばよいのである。その値段が期末の時価となり、それまで所有していた株（商品）もその時価で再評価される。

わたしは今まで、商売の常道は高値で売ることかと思っていたが、時価主義では、高値で買うことが利益を出す手になるのである。時価主義による財務諸表を信じていたら、企業は必ず破綻《はたん》するはずである。

7 会計情報の主役は何か

原価主義と時価主義を論じるとき、しばしば、原価と時価を併記したらどうかとか、原価で財務諸表を作成し、時価情報を添付《てんぷ》する案とか、その逆に、時価で財務諸表を作成し、原価情報を添付する案、などが提案されてきた。これらを検討したい。

ここで重要なことは、会計に関する専門知識がなければ作成できない情報と、会計の知識がなくても、一定のデータを与えれば誰でも、あるいは、会計以外の専門家なら作成できる情報という、二種類の情報があることを理解することである。

ほとんどの時価情報は、一定のデータを与えれば、外部者でも作成できる。たとえば、所有する株式の銘柄と株数を与えれば、株式の時価総額は誰でも計算できる。また、商品の在庫一覧などのデータを与えれば、問屋とかメーカーに問い合わせるだけで、誰でも、時価を把握できる。ところが、それ以外の時価情報は、会計職業人では作成できない。そんなことをわたしがいうと摩擦の元になるので、ここでは井尻雄士教授に語ってもらおう。

井尻教授は、時価情報への需要が多いからといってそれをすぐに財務諸表の本体に入れるべきであると考えるのは間違いであるとして、「アカウンタントにそういう評価や予測をやる能力があるのか」「職業人としてのトレーニングのどこからそういう能力が生まれてくるのか」という疑問を発し、会計士に時価を算定させるのは、「内科の医者に手術をやらせるようなもの」だと手厳しく批判している(井尻雄士、一九九八年b、一九九頁)。

ここで井尻教授が危惧《きぐ》するのは、債券・長期負債・土地などの評価であろう。たとえば、外国債の時価などは証券会社の専門家でなければ数値が出せないし、証券会社によって時価とする金額が大きく違うという(田中　弘、一九九九年a、一三九－一四二頁)。長期の負債の時価などは、アクチュアリーの資格と経験を持たない者には手が出せない。土地の時価は、不動産鑑定士に頼るしかない(同、一四四、一四六－一四七頁)。

時価による財務諸表は、土地などを除けば、その情報の大部分をしろうとでも作成できるし、しろうとでも監査できる。残りの部分は会計専門家では信頼できる情報を作成することはできないし、監査もおぼつかない。となると、時価主義の世界では会計学や会計士の出番もないということになる。時価主義に移るということは、足し算と評価論に、会計という城を明け渡すということである。

要するに、原価主義の財務諸表は、「会計の専門家でしか出せない財務諸表」であり、時価主義の財務諸表は「会計の知識のない人でも作れる財務諸表」でしかない。そのいずれかを主たる財務諸表とするかを会計のサイドから検討するなどということは、自殺行為に近い。

原価による財務諸表においても時価情報を出すべきだとする主張には反対するつもりはないが、しかし、時価情報は会計のオリジナルなデータではないことを考えると、極端なことをいえば、財務諸表において時価情報を開示するのは、必ずしも会計の仕事であるわけではない(1)。

8　原点から見た会計の役割

最後に、会計の原点に立ち返り、原点からみた会計の役割・会計情報の意義を再認識し、二一世紀会計学のフレッシュ・スタートの地点としたい。ここで、会計の原点とは、第一に、わが身を知るための、わが身を映すための「(正直な)鏡としての会計」であり、第二に、鏡に映ったままのわが身を正直に関係者に伝える「メディアとしての会計」をいう。

友人の会計士が教えてくれたが、「粉飾はわが身から騙《だま》す」そうである。粉飾して利益を計上するときは事実無根の利益だと承知していても、次第次第に、報告した利益が本当の利益であったかのような気になるという。

その伝でいけば、時価主義も似たようなものである。売りもしない株を売ったことにして含み益を計上するのであるから、そのうちに、本当に評価益を実現できたかのように錯覚する。粉飾も時価主義も、経営者がまずわが身を騙し、監査人も投資家も騙されるということになりそうである。

二〇世紀後半の、わが国の会計（学）は、わが身を映したつもりで、実は、わが願望を映す鏡に成り下がっていたのではなかろうか（田中　弘、一九九九年b、二四七―二五四頁）。つまみ食いに目をつぶり、粉飾を黙認するような社会には、あだ花のような会計しか花を咲かせない。そのあだ花を見て会社の実態に迫ることなど、どだい無理な相談である。

二〇世紀の原価主義会計が担《にな》ってきたアカウンタビリティ（経営行動に対する説明責任）は二一世紀になっても変わらないであろう。しかし、そのアカウンタビリティを果たすためには、今、会計の原点に立ち返って、会計の使命を再確認し、「鏡としての会計」の機能を復活する必要がある。それを実行できるのは、個別企業の履歴を写す原価主義会計だけである。平均的・中性的で、かつ近視眼的な情報しか作れない時価主義ではそうしたアカウンタビリティを果たし得ないことは上述のとおりである。

補論　円卓討論にて

本章は、一九九九年九月に、京都学園大学で開催された日本会計研究学会第四八回大会における統一論題「原価主義会計・監査の系譜と二一世紀への期待」で報告したものである。報告の後、興津《おきつ》教授を座長として、円卓討論が行われた。その速記録（興津裕康他、二〇〇〇年）を読み直してみると、本章に盛り込んだほうがいいと思われる発言がいくつかされている。

本文中に取り込むことも考えたが、討論には討論のいきおいというものがあって、発言のままのほうがその場の雰囲気をよく伝えるので、以下、わたしの発言部分を採録する。ただし、発言の前後関係がわからなければ、何を議論しての発言なのかわかりにくいので、若干の補正と補足をしてある。

1　報告の要旨とその補足説明を求められて

①　原価主義会計の系譜

きのうは、この統一テーマになっている原価主義会計・監査の系譜について話す機会がありませんでした。果たしてわたしの経験が、非常に長い原価主義の歴史からみますと、系譜なんていえるかどうかわかりませんけど、わたしが大学院で会計学を学び始めてから、きょうまでの原価主義の系譜というのでしょうか、きょうはそれを簡単にご紹介しながら、系譜らしきことを少し話させていただきたいと思います。

大学院に入ってから、もうすぐ三五年になります。その間、三分の一世紀にわたって会計の動向を見てきたのですが、会計の世界が、時価の挑戦を受けたことが三回ありました。一回目は、わたしが大学院に入ったころ、一九六〇年代でした。クリーピング・インフレーション、つまり、世界が「忍び寄るインフレ」で苦しんだ時期です。

そのとき会計の世界はどうであったかといいますと、若い研究者の方々は時価主義を信奉していました。たとえば、取替原価を使ったエドワーズとベルが出てくる。売却時価を使ったチェンバースがでてくる。時価主義が会計学の世界では一番人気があったというか、一番盛んな時期だったのではないかと思います。

ところが、会計の業界、会計士の業界が支持してきたのは、時価主義ではなくて、インフレ会計だったのですね。インフレ会計はこの時期に非常に精緻《せいち》化された理論ができあがって、修正原価主義という非常に立派なモデルができあがっていました。にもかかわらず、非常に残念なことに、会計にとって残念ということですが、インフレが沈静化してしまって、そのモデルを使うチャンスを失ってしまいました。

インフレーションが沈静化すると同時に、インフレ会計が消えたのですが、ところが七〇年代の後半になってから、また世界中がインフレに見舞われました。世界中がというのはちょっと言い過ぎかもしれませんが、特に英語圏でインフレが極端に進行しました。

たとえば、イギリスの場合、一九七〇年代の後半から八〇年代にかけては年率三〇%を超えているのです。もうこれでは原価主義ではやっていけない、といって、世界中の、世界中のというより英語圏といったほうがいいかもしれませんけど、このインフレに対抗しようとしたのが、それまで理論的に形成してきた修正原価主義・インフレ会計でした。会計業界は、これを適用して何とかインフレの現象を財務諸表に表示しようとしたのですが、多くの国では、政府がそれを許しませんでした。

なぜ許さなかったかといいますと、年率三〇%以上でインフレが進行しているのですね。そのインフレを会計士協会が基準化して、利益の修正数値を出したり、貸借対照表を訂正させたりすると、政府は何をやっているのだ、といわれかねません。

インフレというのは、ある意味で政府の成績簿ですから、赤点がついている政府の成績簿を公認会計士協会、イギリスでは勅許会計士協会ですが、そうしたプライベートな団体がつけるとは何事かということで、インフレ会計は政府の力でつぶされてしまいました。そこで浮かび上がったのが、政府ご推奨の、「御用理論」というのでしょうか、「政府ご推奨の時価主義」、カレント・コスト会計だったのです。

SECの会計は、ご存じのように、そのずっと以前から、監督会計というのがねらいです。監督官庁というのはどこでもそうなのですが、原価でデータを出されても監督はできないのですね。会社が今倒れるのか倒れないのかは、原価を見てもわかりません。監督官庁は短期的なものの見方をまずします。少なくともこの会社は、あと一年間はやってゆけるかどうかを判断するのに、原価データを出されてもわかりませんから、時価情報というものを非常に重視します。それはSECでもそうですし、日本の大蔵省でもそうです。監督機関というのはそういう性格をもっているのですね。

八〇年代のインフレに対してアメリカがとったのは、やはり同じようにSECが企業に対して時価情報を提供させることでした。ところが、ご存じのように、三年もったかもたないかで、いわゆるカレント・コスト会計は消滅してしまいました。誰がどういったかではなく、自然消滅したのです。イギリスはそれに対して特別な手は打っていません。アメリカは、もう時価情報を出さなくてもいいよという声明を出しました。

三年もたなかった原因としていろいろいわれているのですけれど、作ったデータが全然利用されなかった、あるいは株価に何も影響しなかったじゃないかということもいわれています。このカレント・コスト会計が失敗してしばらくの間は、時価論的な主張というのは出てきませんでした。

つまり、第一回の六〇年代は、取得原価主義会計と時価主義会計という対比でいいますと、修正原価主義会計という手でもって原価主義会計が自分の陣営を守ったというところでしょうか。第二戦といいましょうか、カレント・コスト会計のところでは、時価情報は結局使われなかったじゃないかという意味で、消極的な理由かもしれませんけれど、原価主義会計が残った。

今、わたしが会計学を学び始めてから三回目の時価からの挑戦をうけているときだと思います。

② ワクチンを打たれたアメリカ基準

三回とも、それぞれ対象が違うのですね。一回目は、貸借対照表も損益計算書も全面的な対象にされました。二回目は、カレント・コスト会計が対象にしたのは、商品と償却性資産です。売上原価に影響するところだけをカレント・コスト会計で絞ってきたんですね。つまり、利益をインフレートさせない、表現を変えますと、売上原価を多く計上するということが目的であったわけです。

今回の時価主義は、金融商品に特化しています。動きは、金融商品でいけたらつぎは土地だというのはもう見え隠れしているのです。金融商品の時価評価を主張される人たちは、金融商品が他の資産と違って含み益の実現が容易にできることを強調されますが、日本の場合、金融商品で時価評価がオーケーなら、かならず土地の時価評価に手がつけられます。

金融商品を時価評価したときの影響なんていうのは、はっきりいって、土地を時価評価したときの影響から比べたら、微々たるものなのです。土地に手をつけるためのとっかかりとしては、金融商品であろうと思うのです。

バブルとその後は、金融商品を使った利益操作、損失操作というのが頻繁《ひんぱん》に行われたということもあって、金融商品に対する時価評価基準が出てきているわけです。ただ、その影響ということを考えますと、アメリカでは一般の事業会社や商業銀行は他の会社の株をほとんど持っていません。

日本の企業は、ご存じのように、時価で換算すると資産の三分の一くらいが金融商品なのですね。ほとんどは有価証券です。一般の事業会社が時価で換算して三分の一も金融商品を持っているということは、三分の一は、常にギャンブルをやっているということです。株式市場でギャンブルをやりながら、残り三分の二で本業をやっているわけです。

もしこれをアメリカの投資家が見たら、どう思うでしょうか。右手でギャンブルをやりながら、左手で本業をやっている、右手が失敗したら本業もだめ。本業でどれだけがんばっても、三月三一日の株価次第で本業の利益がぜんぶ飛んでしまう。そんな話が、アメリカの株主総会でとおるわけがありません。ですから、アメリカの事業会社が有価証券を持っているとすれば、全部自分の子会社、直系の子会社の株だけです。商業銀行も有価証券をほとんど持っていません。

そうした状況のアメリカで使われているのと同じ基準を、日本に持ってくるのです。アメリカの基準がどんなものかをよくも知らずに、免疫がもうあるとか、何かワクチンが打たれているのだから、日本に持ってきても大丈夫だというような、そんな感覚で日本に同じ基準を持ってくるということです。

日本では、事業会社が保有する資産のうち、時価に換算して三分の一が金融商品です。これでは、評価損益がものすごく大きく振れます。アメリカと同じような影響ということはとても考えられない。これから適用される時価評価は、おそらくアメリカの事業会社にはあまり影響はないでしょうが、日本の場合は、何年かこれを適用したら、予想もしなかった結果が出てくるのではないでしょうか。何も出てこなかったら、時価会計を取り入れた意味もないですけれど、予想外の事態になったら、これはとんでもないことになるのではないかという心配はあります。

③　時価主義はルーズソックス

わたしには、時価主義というのは、原価主義という大きな流れの中で、時々、ポツン、ポツンと顔を出してきては消えていくシャボン玉のように思えます。会計の歴史の中では、何かあるたびに、それじゃあ時価主義へというものではなかったでしょうか。学問の世界でいうと、何か学者のハシカみたいなものに思えます。表現があまりよくないので、時価主義を主張されている先生方にはお聞かせできませんが、ある意味では、高校生のルーズソックスかな、という気がします。今の時代、女の子がその年代になったら、ルーズソックスを履《は》かないと、女子高生というのは何となくそれらしくないじゃないですか。

今、時価主義というのは、そういうムードがあるのではないかなと思うのです。わたしも、この会場にいて話をしていなかったら、時価主義の会場にいって話を聞いていたかもしれません。ただ、やっぱりルーズソックスと同じで、三年くらいすると、履かなくなる。まさか大学生になってまでルーズソックスを履くことはありませんから。そういう意味では、今回の時価主義も三年くらい経ったら結果が出て、大人になっているのかもしれません。そういう意味ではハシカみたいなところがあって、きのうも、原価の意味については十分話させていただいたので感想みたいなことを申し上げているのですが、いずれ原価に戻ってくるのではないかと思います。

歳を取ってから、わたしのように、原価主義・原価主義といいだすと、なかなか時価主義を擁《よう》護《ご》するようなことはいいにくいのですが、でも、若い方々には、時価の立場からも原価の立場からも、どっちの立場からも研究して欲しいと思います。きょう、原価の立場で考えたら、明日は時価の立場に立って考えてもらいたいですね。持論を変えるというのは、若い人の特権だろうと思います。アメリカの会計学を興《おこ》した一人、ペイトン教授は、時価主義から原価主義へ、そしてまた時価主義へと、何回も揺れ動いています。あれが学者の正直な姿なのだと思うわけです。

2 原価・時価・来価について

① 時価は放棄した数値

「来価《らいか》」というのは井尻先生が作られた言葉ですけれど、原価・時価と対比して、わたしの理解を簡単に申し上げます。

「原価」というのは、その企業にとってみたら、経験した数値、その企業に固有の数値なのです。「時価」はその企業が放棄した数値です。時には、あきらめた数値ということもありますから、何らかの都合でその企業が使わなかった数値です。「来価」は、その企業が使おうと思っている数値ですから、意思がはっきりしているのですね。

これは使ったぞ、やったぞ、というのが「原価」で、うちはこれを使いません、というのが

「時価」です。

② 来価は経営者の意思表示

これはうちはやるぞというのが、「来価」です。井尻先生が盛んにこの来価を重視するのは、企業の固有の意思が反映されているという意味では、原価よりも、時価よりもはるかに意味がある、はるかに投資意思決定に使えるという、そういうことからであろうと思います。

翻《ひるがえ》って考えてみますと、今の財務諸表の中で「来価」を使っているケースというのはいっぱいあるのですね。たとえば、棚卸資産でいうと、低価法を適用するときに、正味実現可能価額というのを時価として使いますね。低価法そのものについての議論はまた別の機会にさせていただきたいと思いますが、なぜ低価法に正味実現可能価額、つまり将来の売価を使うのか、考えてみると、この将来の売価というのが、ここでいう来価なのだと思うのです。

あるいは、長期負債を現在価値に割り引いて評価するケースもあります。たとえば、生命保険会社の場合には、長期の負債として責任準備金というものを積みます。その責任準備金を計算するシステムというのがどうなっているかといいますと、生命保険ですから、今から三〇年後、四〇年後に支払う保険金を、ある利子率で現在価値に割り引いて、今いくらの資産を用意しなければならないかを計算して貸借対照表の負債の部に記載します。こうした計算は、確定給付制度をとるときの退職給付の債務も同じです。

満期保険金や退職給付のように、将来に支払う金額が決まっていて、それに対して、現在いくら用意しておかなければならないかを計算して貸借対照表価額とするのは、自分が経験する将来の金額を現在価値に割り引くのですから、「来価」といっていいのではないかと思います。井尻先生のお考えをわたしなりに解釈させていただくと、こういうことなのだろうと思います。

たしかに、原価、時価、来価といったときに、投資意思決定に最も意味があるのは、たぶん来価なのだろうけれども、それが出せないからといって時価に切り替えるのは、わたしは間違いだと思っています。「時価」は、ある意味では、「捨てた価額」ですから、時価は来価の代わりにはならないと思っております。

そういう意味で、わたし自身は、原価か、もし可能なら来価を使った会計報告が投資意思決定に役に立つと考えております。しかし、来価は出し方が非常に難しい。現在でも一部は使っているのですけれど、一般の商品やなんかまで適用範囲を広げていくというのは難しくて、とりあえずは原価、会計として出せるのはまずは原価からであろうと思います。もし出せるのであれば来価も出してみるといい、形としては予算なのでしょうけれども、それを出すというのも将来的には考えられるのかなと思います。

3　原価主義会計と不正防止

①　会計教育と時価評価――吉見　宏助教授の質問に答えて

北大の吉見先生はこの春（一九九九年四月）に、『企業不正と監査』（税務経理協会刊）と題するすばらしい本を出版しています。お読みになっていない方がいらっしゃいましたら、ぜひ読んでいただきたいと思います。

吉見先生に代わって宣伝するわけではないのですが、この本は、多くの報道に取り上げられた企業不正の事例を非常に詳細に分析されて、ある面では原価主義がどういう形で悪用されているか、あるいは経営者がどういうふうにして暴走したのか、あるいはきついことばになりますが、監査がどうして役に立たなかったのかという非常に多面的な分析をしています。わたしも読んで非常に感銘を受けたのですけれど、このことに関連して、わたしがきのう話をした公認会計士の監査について補足させてください。

公認会計士の受けた教育、わたしたちが受けた会計教育も「会計士会計学」ですから、同じなのですが、現在受けている会計教育、あるいは事務所内で受けている教育であってもいいのですが、その教育で、時価情報を作ることができるのかどうか、他人を説得できるような時価情報を作れるような教育を受けてきたかどうかです。

たとえば、きのうもちょっといいましたが、債券の評価一つ取り上げましても、評価の方法と結果が証券会社ごとに違うのですね。ある会社の社債について評価額を出してくれと頼むと、証券会社ごとにまったく違う金額が出ることがふつうだそうです。

なぜかといいますと、アナリストの方がそれぞれいうのですが、将来の金利動向一つとっても各社それぞれ違う動向予測をもっている、あるいは為替の動向についても各社の予想も違えばアナリスト一人一人の予想も違う。産業界の動向も、企業の将来動向もその評価額に織り込まなければならないわけです。となると、三年先、五年先の金利動向などをぜんぶ織り込んでいくと、同じ数値が出てくるわけがないというのですね。

これがその道のプロが算定した数字です。そのプロが算定した数字を、失礼ないい方ですけれど、その道のプロとしての教育を受けていない人がどうやってフォローするのか心配です。

証券会社の人に、「公認会計士の人に社債の評価ができますか」と聞きますと、「それは無理でしょうね。うちの会社に一〇年でも勤めてもらいましょうか」、そういういい方をされるのです(2)。

わたしは、しばらく前から、保険事業の経理問題を研究しているのですが、保険会社の負債側の一番大きいのは、先ほど紹介した責任準備金です。保険会社の総資産に対して、九〇%とか九五％に相当する負債が責任準備金です。日本生命の場合ですと、総資産が四二兆円（平成一一年三月、以下同じ）に対して、保険契約に係る準備金（そのほとんどが責任準備金）は九三％の三九兆円にも上ります。

この負債の評価は、三〇年も五〇年も先に支払うべき金額を現在の金額に割り引くのですから、これはもうしろうとには手が出ません。そうした計算を専門にするアクチュアリーという資格を持った人たちが必要になります。アクチュアリーの人たちは、金利変動、為替、株価、死亡率などを組み合わせて、何万本ものシナリオを組んで、それで計算して、統計的に処理します。アクチュアリーから、計算式とかデータ、その処理の結果などを実際に提示されたときに、会計士がこれをトレースすることができるのでしょうか。トレースするだけにとどまらず、さらにこれを客観的な数字として検証できるのかどうか、現在ではこれはできていないと思います。

わたしは、よく会計士の先生方に申し上げるのですが、どうぞアクチュアリーの資格を取ってください、アクチュアリー試験を受けてください、そうでなければ、事務所内にアクチュアリーを雇ってください。日本には独立のアクチュアリーがいません。外部のアクチュアリーはいないのです。アクチュアリーのみなさんは、ほとんどが生命保険会社とか信託銀行の社員として仕事をしています。

でも、保険会社を監査するときには、外部のアクチュアリーを探してきて、社員としてのアクチュアリーがやっていることを検証させるべきだと申し上げているのです。総資本の九〇％を超える負債の評価を計算するのに、外部の専門家ではなく、監査を受けている会社のスタッフというのでは、外部監査をしているとはいい難いのではないかと思うからです。

② アメリカの監査と日本の監査

いつもそんな話をするものですから会計士のみなさんから嫌われるのですが、企業不正とかいう前に、問題がまだまだあるように思うのです。企業不正として出てくるのは、報道されたもの、表に浮かび上がったものだけです。

経済学者の伊東光晴さんが、『「経済政策」はこれでよいか』（岩波書店刊）という本の中で、日本とアメリカの会計はスタートが違う、ということを書いています。

会計学者が、経済学者に会計のことを教えられるのは、ちょっと面目ない話ですが、たとえば、アメリカの監査は、原始伝票からスタートして、取引伝票も全部チェックする。日本の監査は、企業が起こした原始伝票を見ません。取引伝票も見ないそうです。会社が見せてくれないといったほうが、正しいかもしれませんが。日本の監査は、それらを企業側が集計して出してきたデータから始まります。

記録したものを集計して、報告された段階から監査がスタートするとなれば、もう最初の段階で加藤さん（龍谷大学）がいうような「記録と報告の分離」（これについては、興津裕康他、二〇〇〇年、一二四頁、加藤正浩発言を参照）が行われるわけです。分離が行われて、その数値がさらに時価に転換されると、二段階の分離が行われることになります。

アメリカでは、監査人は、原始伝票を一枚ずつめくっていってチェックするそうです。そのおかげで、ロッキード事件が見つかりました。アメリカの、アーサー・ヤングの会計士が伝票をめくってみていたら、ピーナツ一個数万ドルと書いた伝票が見つかったというのです。これは誰がみても不自然です。ピーナツ一個の領収書があることもおかしいですし、それが数万ドルというのも変な話です。これで初めてロッキード事件が発覚したのです。

日本の監査では発覚するはずがないようです。先ほど、会計士の方にも確かめたのですが、日本の監査はどうも最初のところ、つまり、原始伝票とか取引記録をチェックするところからスタートしていないのではないか。

これは、吉見先生が研究された、表にでてきた不正よりももっと根深い、氷山の下の方に潜《もぐ》っている部分という不正がいっぱいあってもノー・チェックになっている可能性が高いのではないでしょうか。ここから根絶やしにしていかなければ、本当の不正は防ぐことができないのではないかと思います。吉見先生には、是非、こうした面にもメスを入れて、不正の撲滅に尽力して頂きたいと期待しています。

4　原価主義会計と経営者の倫理観

①　人間は間違える動物である

最近、高杉良さんの『金融腐食列島』ですか、その『呪縛《じゅばく》』という作品が映画化されています。モデルは第一勧銀の不正事件、また、山崎豊子さんの『沈まぬ太陽』、これは日本航空の不正事件です。こちらはまず映画化されることはない、と出版元の新潮社がいっていますが。

どちらも描いているのは、経営者が暴走している話です。第一勧銀にしろ、日本航空にしろ、会社自体がブレーキのない車になっている状態を描いています。

どうも日本の経営というのは、裸の王様がブレーキのない車を運転しているようなものではないでしょうか。それは、我々の力でも止められないし、会計士だけでも止められない。これは何とかしなければいけないと思うわけです。

この春（一九九九年六月）に、『原点復帰の会計学』（税務経理協会刊）という本を出版したのですけれど、その中にも書きましたが、サイバネティックスの話をちょっと紹介させていただきます。第二次世界大戦のときの話でしょうか、アメリカでサイバネティックスという技術が生まれたときに、なにを目的としていたかといいますと、人間のミスを予防することでした。

前提は、人間は間違えるものだということです。操作を間違えるということもあるでしょう。あるいは、金銭的な間違いを犯す、気のゆるみから間違いを犯すということもありますし、単純なミスもするでしょう。

サイバネティックスは、最初のスタートが、人間は間違いを犯すものなのだ、ということです。そこからスタートすると、システムの中に、人間が間違えてもシステムが壊れないような工夫を組み込んでおかなければいけない。

フェール・セーフ（fail−safe）という考え方なのだそうですが、二重、三重に安全弁をつけておいて、誰かが一つ、ボタンを押し間違えて世界中が爆発するなんていうことのないように、ボタンを押し間違えたら、ボタンを押し間違えたということを警告する、なおかつ他人がそれを見て、「おまえ、間違えているよ。」ということを指摘できるようにする。いろいろと、何重にも安全弁を設けて、やっとシステムは安全に作動するのだということです。パソコンを使っていますと、こちらがちゃんと指示を出しても、「上書きしますか」とか、「消去してよいですか」と確認してきます。あれと同じです。

人間のやることは完全で、間違いがないのだということを前提にしてシステムを作ってしまうと、交通信号ではないですけれど、あっちこっちでもって十字路の中で事故が起きてしまうわけです。

そういったことから、サイバネティックスの考え方が、あるいは、フェール・セーフの考え方が、航空機、宇宙工学、コンピュータなどの世界に取り込まれてきました。この考え方が、いまでは、経営の中に取り込まれる必要があるわけです。

② 経営にサイバネティックスを

その点、京セラの稲盛さんが書いた『実学―経営と会計』(日本経済新聞社刊)という、あの薄っぺらい本ですけれど、実に含蓄があります。あの本の中で稲盛さんが「会計がわからんで経営ができるか」といっていますが、その会計というのは、ほんとに二つか三つくらいのことしかいってないのです。

でも、重要なことは、会計ではないのです。ダブル・チェックの原則といっていますけれど、一つのことをするのに、一人に任せておくと、その人が、ある意味で罪を犯してしまう。これは、人に優しくないシステムだというのです。

たとえば、自動販売機のお金を取り出すにしても、会社の中の公衆電話機から一〇円玉を回収するにしても、一人でやっていたのであれば、ポケットに入れるかもしれない、間違うかもしれない、他人が疑うかもしれない。それを常に二人で作業するようにするわけです。二人で電話機の前に行って、鍵を開けて、お金がいくら入っているかを計算して帳簿につける。常に、二人でやるわけです。

このやり方は人を信用していないようでいて、実はそうではなく、もっとも人間に優しいシステムだというのです。こうしたことを考える経営者がたくさん出てきますと、われわれは監査も信頼できるようになるのではないかと思います。

ですから、やはりこれは、まず第一には経営者の倫理観でしょうか。もちろん、経営者にだけ要求しても解決できることではありません。『金融腐食列島』や『沈まぬ太陽』なんかを読んでいますと、経営者だけではなく、国民的な問題としてとらえていかないと、やはりこの問題は解決できないようです。

ただ問題を嘆いているだけではなく、我々自身にいずれ跳ね返ってくる問題としてとらえないと、いつまでたっても、あの会社が悪い、この会計が悪い、では済まなくなると思います。

日本の経営者が一番いやがるのは、「恥をかく」ことです。その心理をうまく使って、不正をした企業の名前を風化させずに、ことあるごとに名指しすることです。経営者にとって、過去のこととはいえ、自分の会社の名前がいつまでもブラック・リストに載っているのは「恥」ですから、けっこう不正の抑止力としては効果があると思います。

5　原価主義会計の強化

会計を巡る不正事件が比較的少ない国々というのは、プロテスタントの倫理観が生きている国なんですね。では解決策は、我々の宗教を変える、改宗するということかといわれそうですが、それは無理なので、わたしたちにできることというと、そういうことではなく、作られた制度、できあがっているシステム、それを守る、強化するということなのだろうと思います。

それがとかく満点主義といいますか、システムとか制度は、完全でなければならないとばかり、ちょっとでも不完全なところや運用のミスがあると、批判・攻撃の対象にされてしまうのです。システムや制度は、作り上げられたその瞬間から批判されます。それは宿命みたいなところがあります。

現行の制度、たとえば、教育であっても、政治であっても、みなさん、いい出したらきりがないほど、一〇〇でも二〇〇でもクレームをつけられると思います。できあがった制度を批判するのは、誰でも、たいして考えなくても、簡単にできます。しかし、それを壊す方向でいったのでは、つぎに作った制度をまた壊さなければなりません。

原価主義を批判するのは、わたしでもできます。原価主義の欠陥を一〇〇あげよといわれたら、一〇〇どころか二〇〇でも指摘できます。でもその欠陥は、なにか別の制度と比較しての欠陥ではないのです。時価主義の欠陥については、一冊の本（『時価主義を考える』中央経済社刊）を書いたくらいですから、話せといわれたら、今日中には終わらないくらいの話はできます。

わたし自身、原価主義という制度は、とりあえず六〇点でもいいから、守っていって、できるだけ七〇点にしたい、七〇点になったら八〇点にしたいという、そういう積み上げ・強化の方式しかないと思います。制度は何であれ、最初から満点をねらっても無理でして、とりあえず六〇点なら合格、そこから改善・強化していくのが、社会科学の道であろうと思っています。このことは、『原点復帰の会計学』でも主張しましたので、参照いただければ幸いです。

原価主義は六〇点といいましたけれど、わたしは、制度としての原価主義は七〇点くらいの評価をしてもいいのではないかと思っています。わたしも、これが八〇点になるようにがんばりたいと思います。

注

(1) 時価情報を提供することと時価で貸借対照表に掲記しその損益を計上することは、まるで違う。時価情報は必ずしも会計のオリジナルな情報ではないのであるから、極端な話をすれば、時価情報を出すも出さないも、会計の関知することではないといってもよい。しかし、時価評価は、貸借対照表の金額を変え、損益を変えるのであるから、まさしく会計の話である。時価情報の提供と時価評価との間には、大きなギャップがあるのである。

ところが、わが国でもアメリカでも、時価情報の提供（投資の理論）と時価評価（会計の理論）の間にある大きなギャップを埋める努力もせずに、時価情報の提供から、一気に時価評価へとジャンプしてしまったのである。つまり、投資家が必要としているから時価情報を提供すべしという主張が、そのまま、投資家が必要としているから時価評価すべしという会計の主張に姿を変えているだけである。そこには、会計の論理がまるで働いていない。

(2) その後、知ったことであるが、証券各社は、毎日、日本証券業協会に、社債の流通価格（つまり、時価）を報告しているという。それが、たとえば、フジタ一三回債なら三八円から八七円までばらつき、ダイエー一五回債なら七八円から九六円までの開きが出ているという。

そんなにばらつくのは、原因が二つあるという。一つは、実際の取引がないこと、二つ目は、「経験が二―三年の担当者が、適当に価格を決めて報告している」からであるという（日本経済新聞、国際版（欧州）、二〇〇〇年七月二七日）。

第4章　会計制度改革と雇用破壊

――タイミングを間違えた会計ビッグバン

The Hidden Demerit of Accounting Big Bang――Employment Destroyed

就職難にあえぐ学生諸君も、悲運にしてリストラにあった人たちも、おおいに憤って欲しい。就職難もリストラも、あと先考えずに導入された会計ビッグバンのせいなのだ。

1　会計ビッグバンが雇用破壊を引き起こす

「フェア（公正な市場）、フリー（自由な市場）、グローバル（国際的な広がりをもった市場）」を謳《うた》い文句に、日本版ビッグバンがすすめられている。日本版ビッグバンは、「金融ビッグバン」とも呼ばれている。日本の金融市場を、「フェア、フリー、グローバル」な市場にしようというのである。

その金融ビッグバンの柱ともいうべきは、「規制緩和」と「自己責任の原則」といわれている。フェアで、フリーで、グローバルな市場を形成するのに、なぜ規制を緩和しなければならないのか。経団連の会長であった平岩外四氏を座長とする「経済改革研究会」は、その中間報告「規制緩和について」（一九九三年）の中で、つぎのように述べている。

「規制緩和によって、企業には新しいビジネス・チャンスが与えられ、雇用も拡大し、消費者には多様な商品・サービスの選択の幅を拡げる。内外価格差の縮小にも役立つ。同時に、それは内外を通じた自由競争を促進し、我が国経済社会の透明性を高め、国際的に調和のと

れたものとするであろう。」（一、2）

このレポートが発表されて以来、新聞・テレビなどの世論をリードするメディアが先頭を切って「規制緩和万能論」を展開した。閉塞《へいそく》状況にあった「日本経済を救う救世主」ともいうべき奉《たてまつ》りようであったのは記憶に新しい。

かつては、同じ金融界にあっても、銀行・証券・保険という三つの業種間に兼業を禁止する規制があり、生保と損保の兼業も禁止されていた。いまでは、銀行の子会社として証券会社を所有することも、生保の子会社として損保会社をもつこともその逆も認められている。

金融界以外でも、経済界の今後を左右する持株会社解禁から、電気・ガス料金の規制緩和、航空運賃・航路の規制緩和、セルフ・サービス方式のガソリンスタンドなど、身近な規制緩和まで多様な規制緩和政策が展開されている。

ところが、こうした規制緩和の大合唱の中で、会計の世界に限っていえば、むしろ、規制の大強化が進められているのである。連結財務諸表を主たる財務諸表とするディスクロージャー制度改革、金融商品の時価評価を求める会計基準、退職給付の会計基準など、いずれも会計規制の強化にほかならない。なぜ、規制緩和が叫ばれる時代に、会計だけが規制を強化されるのか。その答えが、ビッグバンのもう一つの柱とされる「自己責任の原則」である。

金融界・経済界等にある規制を大きく緩和するということと、その市場に参加する者に自己責任を問うということは、本当は両立しない。経済力も組織力もある大企業に大きな自由を与え、企業の行動を規制しないとなると、経済力も組織力もない投資者に投資の自己責任を問うわけにはいかない。

今回の制度改革では、企業に自由を与えると同時に、投資者が企業の行動や成績などを正しく判断できるように、いわば、投資者に自己責任を問う以上、それを担保しうるだけの情報が、市場に参加する人々に開示されることを要求しているのである。

今回の金融ビッグバンに伴う会計制度改革のねらいは、規制緩和を推進し、自己責任を問う金融の世界を実現する前提条件として、企業の実態を投資者に一層明瞭に開示させること、あるいは「ディスクロージャーの徹底」にある。「規制緩和」の大合唱の中で、会計の規制はむしろ強化されるのである。

ところでその会計制度改革であるが、中身は、露骨なくらい、アメリカ追随である。アメリカの制度はすでにかの国で検疫を受け、ワクチンが投与されているから安全だと考えているのであろうか。かの国の制度や基準がわが国の金融市場にも適合するかどうかといった検証は果たして十分になされているのであろうか。

本章は、今回の会計制度改革の柱ともいうべき、連結会計、時価評価、退職給付の三つの基準を取り上げ、アメリカ基準をわが国の企業に適用することがいかなる点でミスマッチであるか、そうしたミスマッチがわが国企業にいかなる悪影響を与えることになるか、とりわけ、これらの会計基準がわが国における雇用破壊－失業と就職難を生む重要な元凶《げんきょう》の一つとなっていることを明らかにするものである。

2 日本失業物語

リストラの時代、日本中のサラリーマンが解雇におびえ、学生が就職難に悩まされている。そんな中で、警察、自衛隊、税務署が喜んでいると聞く。大失業時代には、いい人材がとれるからであるという。

リストラとは、本来の意味は、企業が経済環境の変化に対応して、成長と収益力を維持・増進するために行う「事業の再構築（リストラクチャリング）」をいう。少し具体的にいうと、成長部門への資源の再配分、不採算部門からの撤退、組織の簡素化などをとおした、バランスシートの改善によって実施されるものである。

ところが、現在わが国で進行中のリストラは、ほぼ例外なく、人員整理である。それも、早期退職優遇制度などを活用するならともかく、誰彼かまわぬ解雇というのが実状に近い。肩たたきとか窓際族などという待遇には、まだ企業に優しさがあった時代の話である。

いま行われているのは、バラックの営業所を人里はなれた海岸沿いとか山頂に造ってそこに転勤命令を出したり（通勤不能）、窓も換気扇もない屋根裏部屋に執務室を作って勤務させたり（一日勤務すれば脱水状態）、いきなり社内のEメールで退職勧告を送ったり、出張から帰ると自分の机がなくなっていたり、パソナとかいう名前のついた「座敷牢」に詰め込んで来る日も来る日も反省文を書かせたりして、「自発的な（やけくそになっての）」退職に追い込むといった非人道的な解雇である。

解雇しきれなくなると、給与の引き下げである。永年勤続が給与と退職金の高騰を招くことから、正社員を解雇して契約社員・派遣社員・中途採用・嘱託社員で済ませるとか、定年を早めるとか、いったん解雇しておいて契約条件を変えて（給与水準を下げて）再雇用するとか、よくもこれだけ考えつくと感心するくらいのアイデアである。それもこれも、わが国を代表する名門企業が採用する人事政策である。

多くのアイデアは、今日の人件費（部下・同僚の）を削減することに向けられ、明日のわが身（が解雇される順番）を考えていない。ましてや、明日のわが社のことをどれだけ考えているのであろうか。

企業は、今日だけに生きるものではない。明日もあさっても、来年も活動を続ける。しかし、昨今のリストラでは、近視眼にも、ベンチャー部門、ミルク補給が必要な部門、研究開発部門、福利厚生部門など、当面（あるいはまったく）収益に貢献しないが、将来性や従業員の志気や健康維持を考えて投資している部門までも率先して切り捨てられている。

いまの日本では、解雇されたら再就職はきわめて難しい。給与が大幅に下がるか、勤務条件が悪くなるか、契約社員になるか、派遣社員になるか、選択肢はほとんどない。こんなときに、上司から、総会屋とか暴力団への利益供与・粉飾・利益操作などの不正なことをするようにいわれても、再就職が難しいこと、残ったローンのこと、子どもの教育費のこと、老後のこと、などを考えると、いくら正義感があろうとも、上司の命令を拒否するのは難しいであろう。

いま日本で失業したらどうなるか、それを考えると、いまの仕事にしがみつくしかない。いまのサラリーマンが「上司から総会屋への利益供与などの違法行為を命令された場合、どう対応するか」という問いに対しては、三人に一人が「引き受ける」と答えているという（調査結果は、「This is 読売」一九九八年五月号による）。実際にそうした命令を受けた場合、老後のことも、家族のことも、ローンのことも気にせずに、上司の命令に逆らうことができるとすれば、よほど財産に恵まれた人か、たぐいまれな正義感の持ち主であろう。

雇用破壊の原因としては、不況があげられるが、不況は何も初めての経験ではない。最近でも何度か経験してきたが、しかし、今回のような大規模な雇用破壊を伴うことはなかった。今回の雇用破壊は、不況を克服しようとして取られたリストラ策に原因がある。各社がリストラ策として採用したのが、人員整理・解雇・採用中止・採用形態の変更であった。では、なぜ、雇用破壊をリストラの中心に据えたのか、その答えが会計ビッグバンである。

3　いいことずくめの会計制度改革

「改革」というからには、改革すべき何かがなければならない。姜尚中教授と吉見俊哉助教授はいう。「『改革』は当然改革されるべき『悪者さがし』を前提にしている。その槍玉にあげられているのが、金融破綻であらわになった護送船団方式の規制・介入のメカニズムであり、終身雇用制を軸に企業を一種の共同体＝イエ社会とみなす『企業一家主義』である。」（姜　尚中・吉見俊哉、一九九九年、一四九頁）。

会計の世界で「悪者」とされたのが、商法の個別決算であり取得原価主義会計であった。前者も後者も、利益操作の元凶《げんきょう》とされ、しかも、国際的な動向に遅れたものとされたのである。国際的な動向は、連結決算であり、時価主義であるとして、会計ビッグバンが導入したのが、連結財務諸表、金融資産の時価評価、退職給付債務の計上であった。後の二者は、資産の時価評価と負債の時価評価である。

今回の会計制度改革は、解説によると、いいことずくめである。新しい連結財務諸表原則では、連結対象を決める基準が支配力基準になり、これまで連結対象から外していた関連会社に債務や損失を「疎開《そかい》」させるといった操作ができなくなると期待されている。有価証券などの金融商品を時価評価することで含み益を使った益だしや原価法による損失隠しができなくなると期待されている。

また、退職給付に係る債務についてもこれまでは十分な開示や処理がなされてこなかったが、退職金と年金に対する企業側の準備が充分かどうかを貸借対照表および損益計算書に表示されることになり、わが国企業の財政状態がいっそう明瞭に開示されるようになるものと期待されている。

会計ビッグバンは、こうした解説なり説明を読むと、まさに、いいことずくめである。プラスの効果だけを聞かされると、反論する余地はない。しかし、ものごとには、必ず、マイナスの面もある。今回の制度改革は、目的は正しくとも、その手段やタイミングが適切であったかどうか、以下、その点を検討したい。

4 「ワクチンを打たれた」アメリカ基準

(1) 「真の実力を示す連結財務諸表」

これまでわが国では、個々の企業が作成する個別財務諸表(「連結」に対して、「単体」ともいう)が重視され、利益の計算も、配当も、課税も、個別の企業を単位として行われてきた。法的実体を計算の単位としてきたのである。

いくつかの企業が集って一つのグループとして企業活動を行う企業集団の場合、個別の企業、特に親会社の「単独決算」は、しばしば「美化」されてきた。子会社や関係会社の財務諸表を犠牲にして、親会社の財務諸表がドレスアップされるのである。そうした操作を防止するためには、連結財務諸表が有効であるという。

ところが、英米の企業集団とわが国の企業集団では、集団の形成形態が違う。英米では、企業集団は、親会社がメーカーなら子会社は販社、孫会社はアフターサービスの会社というように、業務が垂直型であり、資本も、子会社の資本は親会社が、孫会社の資本は子会社が拠出するというように垂直型である(四九頁参照)。こうしたグループ構成を取る場合は、トップの会社がグループ全体を直接・間接に支配するのであるから、企業集団の経営成績や財政状態を示すには連結財務諸表が適している。

他方、わが国の場合、企業集団はハニカム（蜂の巣）構造とか蜘蛛《くも》の巣ネットワークなどと呼ばれるように、グループ内に中核会社がいくつもあって、企業集団を構成する各社が相互に株式を持ち合うことをとおして結びついている（詳しくは、田中　弘、一九九六年、一〇二－一〇三頁）。そこには親会社と呼ぶべき会社がないことも多い。

連結財務諸表は、英米流の垂直型企業集団を前提として考案されたもので、これをハニカム構造の企業集団に適用しても、グループの経営成績や財政状態を適切に表すことはないであろう(1)。

(2)「含み益経営を排する時価基準」

アメリカで金融商品の時価評価が行われるようになったのは、貯蓄信用組合（S&L）対策であった。S&Lは小規模な金融機関で、かつて、投資有価証券が原価で評価されることを利用して、投資有価証券のうち含み損のあるものは保有し続け、含み益のあるものだけを売却して利益を計上するというゲイン・トレーディング（益出し）を続けて、七〇〇社以上もが倒産した。S&Lの破綻原因の一つが原価主義という会計基準であったことから、金融危機を解決する方策の一つとして時価評価が注目されたのである（澤邉紀生、一九九五年、二四頁、田中　弘、一九九九九年a、二五八－二五九頁)。

アメリカの財務会計基準第一一五号は、こうした背景から設定された。設定に至る過程で、従来から時価主義による企業管理を目指していたSECが介入してきたことから、設定された基準は、金融機関に限らず一般の事業会社にも適用される形が取られた。

しかし、アメリカの事業会社は、他の会社の株式などを保有することはない。理由は三つある。一つは、英米の資本の論理からすれば、自社の株主から受託した資金を、他の会社の経営者に運用を委託するような行為は株主に対する背信行為になるということである。二つ目は、有価証券に投資するということは、いわばギャンブルであり、右手で本業をやりながら左手でギャンブルをするような経営者を株主が許さないということである。

最後の理由は、アメリカの経営者は、余剰資金が出たら、その資金を使って収益性の高い新しい事業を展開することが可能でない限り、資金を株主に返還し、株主資本利益率（ROE）を高めるのが務めであり、間違っても、有価証券への投資に振り向ける資金など持たないということである（詳しくは、田中　弘、一九九九年a、二四六頁)。

財務会計基準第一一五号は、こうしたことから考えると、一般の事業会社や商業銀行を想定した基準ではなく、S&Lや保険事業などをターゲットにしたものだということがわかろう。

わが国の金融商品に関する時価評価基準は、財務会計基準第一一五号とほとんど同じ内容である。S&Lの暴走を食い止めるために作られた基準を、わが国の事業会社・銀行等に適用するのである。いくらアメリカの基準がワクチンを投与されているからといって、違う病気に対する免疫ができているのであろうか。

(3) 「隠れ債務をあばく退職給付基準」

退職給付の会計基準が適用されると、わが国の大手企業（資本金一億円以上。金融業を除く）だけで、およそ四五兆円もの年金・退職手当の積み立て不足をオンバランスしなければならなくなるという（長銀総研ほか、いくつかの試算では、積み立て不足は四〇兆円から八〇兆円という）。

個々の企業でいうと、トヨタ自動車で六、〇〇〇億円、日産で五、八〇〇億円、富士通で四、〇〇〇億円（いずれも連結ベース）、東芝は五、七三八億円、三菱電機は五、三九一億円（いずれも米国基準の連結ベース）が積み立て不足であるという。

これらの金額は、将来の支払い額を現在価値に割り引くための割引率を何％にするか、年金資産の期待運用利回りを何％とするか、従業員の残存勤務年数を何年とするか、などといった基礎率の設定しだいで大きく変わる。退職給付の額は、わが国が採用する「確定給付制度」（退職時、および、その後にいくら支払うかを、あらかじめ決めてある支給方式）を採用する限り、金利・

為替・資産運用・雇用条件など、さまざまな将来要因によって左右され、一意には決まらない。

退職給付の基準では、一時的に巨額の債務を計上することになることを避けるために、制度を導入した時に積み立て不足であった金額を、一五年以内で償却する経過措置が認められた。それでも、たとえば、四五兆円の積み立て不足を一五年間で均等に償却すると、毎年三兆円の負担増となる。新制度導入による毎期の費用増加分（長銀総研の推定で、五・三兆円）を加算すると、経常利益の過半が消えてなくなる計算である。

この基準も、アメリカ基準の焼き直しである。わが国の実状にあうとか、わが国がアメリカと同じ環境にあるということから導入されたわけではない。アメリカの基準は、同国の年金制度が「確定拠出制度」であることを前提にしている。すなわち、アメリカでは、企業が負担する金額は、退職給付に関する拠出額だけであり、その拠出額を運用するのは個々の従業員である。企業が資金運用の面倒をみることはしない。

日本の代表的な退職給付制度は、「確定給付制度」といって、将来いくら給付するかを規定しておいて、年金資産は企業の責任で運用するものである。この制度では、給付額は年金資産の運用実績とは関係なく決められるために、退職者に約束した給付を実現するために必要な資金の額は、金利水準や株価変動などを反映して毎年変化する。実際の運用利回りが当初の予定利回りを下回って利差損が発生したならば、企業が現金などを追加拠出しなければならない。そのため、一五年後には、積立不足が解消されているかもしれないし、さらに巨額の積み立てをしなければならないかもしれないのである。

つまり、アメリカの制度では、企業は積みきりなのに対して、現行の日本の制度では、企業がいくら積み立てても、これで安心という金額はない。退職給付の基準は、この金額をオンバランスしようというのである。

5　改革強行の透視図

アメリカの基準は、すでにワクチンを打たれ、免疫ができているかのごとくに、わが国にそのまま導入されてきた。しかし、アメリカ基準は、本当に、免疫済みなのであろうか。その点を、以下、連結、時価主義そして退職給付の三つの基準について検討する。

【連結】　連結会計が主流になるということから、日本の企業はこぞって、不採算部門や厚生施設とそのスタッフの切り捨て、高齢者の首切り、新卒者の不採用など、リストラに走り出した。リストラとはいえ、内実は人件費を減らせることならなんでも、なりふり構わず断行し始めたというところである。

連結経営といっても、経営の実態が変わったわけではない。そのまま実態を財務諸表に表せば、実態の悪さが表に出て、格付けが下がるなどの弊害が生じるおそれがある。各企業は格付けの低下をおそれて、何が何でも、財務諸表に写るわが身をきれいにしたいと、あがいている。

損益計算書でいうと、収益は変えられない。ならば、費用の側を変えるしかない。費用といっても、減価償却の方法を変え、棚卸資産の評価方法を変え、繰延資産を計上すれば、後は、手がない。かくして、聖域であったはずの人件費に手を出したのが、いまの日本の企業である。それも、過激に、現有スタッフの解雇と新人の不採用である。

【時価主義】 時価主義が雇用破壊を引き起こすことは、前から指摘されていた。たとえば、中小企業法という新しい研究分野を構築している大野正道教授は、時価主義の導入が雇用破壊を引き起こすとして、つぎのように危惧《きぐ》していた。
「もしアメリカのように時価主義を採用すると、景気のいいときは儲かり従業員を雇える。けれども、景気の悪いときは赤字となって、レイオフとか解雇が増える。取得原価主義をとっていれば、いままでは含み経営だとして批判されてきたけれども、赤字になったからといって急に解雇するということはなかった。場合によっては含み資産を売ればいいということだった。ところが、もし国際会計基準を採用し、時価主義（時価変動会計）が導入された場合、解雇は容易に起こりうる。」（内橋克人、一九九七年、一一〇頁）

大野教授の危惧は、二年もしないうちに現実のものとなった。時価主義の影におびえた経営者たちは、とりあえず損失を計上しないですむように、できれば利益を計上したくて、コストを切り下げようと必死である。人件費の削減がそのターゲットとなっている。

【退職給付】 退職給付の基準が公表された後、一部の大手企業は、損失計上覚悟で累積した積み立て不足を二―三年のうちに解消しようとしているが、ほとんどの企業は積み立て不足を埋める原資がないばかりか、リストラで解雇した退職者に支払う金額がかさんで、身動きがとれないでいる。かくして、最近急に浮上してきたのが、年金・退職金の減額である。

日立製作所、新日本製鐵、日本航空、日産自動車、住友化学工業、東京電力、松下電器産業など、わが国を代表する有力企業が続々と、厚生年金基金や適格退職年金の給付額を引き下げたり、引き下げの検討に入っているという。企業年金危機を給付の削減でかわそうというのである。

かつては従業員の待遇悪化に対しては敢然《かんぜん》と戦う姿勢を示してきた労働組合も、今回の年金危機をうまく乗り切らないとわが身が危なくなることから、退職金や年金の条件を改定してでも雇用維持を最優先せざるをえなくなってきた。各企業は、そうした組合の足下《あしもと》をみるように、解雇、出向、派遣社員・契約社員との交代など、退職金・年金が不要な人員への入れ替えを進めている。

6　やさしさの回復——ソフトランディングを探る

不況期のリストラは、固定費の削減が主体となることが多く、行き着くところは人件費の削減である。今は、これに追い打ちをかけるように、連結財務諸表の美化のために、時価評価による損失計上に備えるために、そして、退職給付債務を削減するために、さらなる人件費の削減、雇用破壊が進められている。

人件費の削減は、コスト減少で一時的には収益（利益）の改善になるが、スタッフの減少、残業の減少、専門知識のない派遣社員などによる人数あわせが原因となって、長期的には、収益の悪化要因となる。マクロ的にも、雇用が破壊され、消費が鈍化するため、マクロ経済の回復を遅らせる。伊東光晴教授はいう、現在進行中の規制緩和や金融ビッグバンの実態は「不況強化政策」である、と（伊東光晴、一九九九年、九七頁）。

会計に関していえば、今、日本の企業が取っている会計ビッグバン対策は、「財務諸表のお化粧」策でしかない。貸借対照表には巨額の債務が計上されないように、損益計算書には損失が計上されないように、数字あわせのごとく、社員やその給与をいじくり回しているのである。こんなことを続けていると、いずれ日本は、連結や時価会計を使って不実を報告しているとして外から批判されるであろう。

(1) best use と full use

学生時代に受けた経済学の講義で、限りある資源を best use するという考え方と full use するという考え方があることを知った。限られた資源をフルに活用する（full use）という考えから、もっとも効率的に使おう（best use）という考えに移ってきたという内容であったように記憶している。企業が使う資源も、雇用する労働者も、作り出す製品も、すべて社会における希少資源である。これを無駄に使うことは、社会的な損失である。

しかし、労働力が不足している時期はそれでよいとしても、現在のように失業者が巷《ちまた》にあふれている時期には、労働力は full use でなければならない。佐和隆光教授はいう、「資源に限りがあるときには、資源の有効利用すなわち効率化が求められるのはよくわかる。しかし、労働という資源が過剰な――失業者が巷にたむろする――ときに、なぜ企業は人減らしによるコスト削減に励まなければならないのだろうか。」（佐和隆光、一九九九年、一二頁）と。

労働力というのは、仕事に就きたいと思う者が全員仕事に就いて（full use）、初めて、適材適所（best use）といったことが考えられるのであって、失業者が世にあふれている状態の時には、まず、full use を考えるべきなのである。

(2) ミクロの不経済、マクロの経済

なぜこれまで日本の失業率が低かったか。佐和教授はつぎのように分析する。「日本の社会にビルトインされているさまざまなムダと『非合理』が、相当量の雇用を生み出していたからである。規制、内外価格差、公共事業の大盤振る舞い、中元歳暮、接待、豪華な結婚披露宴等々」（佐和隆光、同上、一三二頁）。

賀状、忘年会、新年会、社員旅行なども忘れてはなるまい。みんなが旅行を止《や》めると、まず、旅行会社がつぶれ、バス会社がつぶれ、つぎに観光地の旅館がつぶれる。スキーもゴルフも金がかかるといってみんなが止めると、スポーツショップがつぶれ、スキー場もスキー場の旅館も、ゴルフのコースも練習場もつぶれる。

日本の経済は、これまで、個人とか会社（ミクロ）のレベルでは不経済・不採算・過度な贅沢《ぜいたく》を繰り返し、その結果、国全体（マクロ）のレベルでの経済・採算・効率を保ってきたのではないであろうか。いまそれを、突然のごとく、「市場原理主義」を錦の御旗《みはた》に、ミクロの経済性・

ミクロの効率を追求し始めたのである。

日本経済が強さを保ってきたのは、誰もが個人（ミクロ）のレベルで少し贅沢をし、物価の高さを甘受して、雇用の安定を図ってきたからである。西欧の目から見れば、あるいは、短期的な見方をすれば、ミクロの不経済をマクロの経済性・効率性に置き換えてきたのである。

佐和隆光教授が指摘するように、これまでわが国では、「市場経済が有効に機能するほどまでには、民主主義、自由主義、個人主義といった近代西欧の社会思想が、……根付くことはなかった」（佐和隆光、一九九九年、二〇三頁）のである。それなのに、日本は今、「市場の解法」にすべてを委ねようというのである。

今度は、マクロの経済があやしくなりだす。マクロ経済あってのミクロ経済であることを考えると、このさい、ミクロの不経済を甘受して、雇用を再生する必要があるのではなかろうか。

(3) 会計の問題解決力

景気が回復しても、雇用破壊は回復しないであろう。なぜなら、上に述べたような会計制度改革が足を引っ張るからである。景気の回復や雇用の再生を図るには、現在進行中の会計ビッグバンをソフトランディングさせるしかない。

連結が、企業集団の実態を表さない制度であることはすでに述べた。このことを内外に周知させて、日本の企業集団は、連結という英米会計の物差しでは測れないことを知ってもらう必要がある。

わが国では、事業の売買がほとんど行われないことから、パイロット的な事業や研究開発部門を企業集団内に抱えておかなければならない。いきおい、英米的な資本の効率尺度でみると、日本企業の効率は低くなる。

しかし、企業集団のトータルな安定性・社会貢献・先見性などという観点から見れば、資本の効率尺度では測れないよさがあるのである。そのことを、内外の投資家に知ってもらうよう努力すべきである(2)。

退職給付の基準を適用するには、条件整備が先であろう。わが国でもやっと「確定拠出制度」をスタートさせる準備を始めたところである。この制度が定着すれば、金利・為替・資産運用・雇用条件などといった将来要素によって積み立てるべき額が変わることもなく、企業が毎年拠出する額を積み立てれば済む。

ただし、確定拠出制度に切り替えればすべてがハッピー・エンドというわけではない。ロンドン大学のジョン・グレイ教授が指摘するように、英語圏の各国が確定拠出制度を採るのは、「年金積立の責任を個人に移すといった方法で」「従業員の社会的コストを切りつめ」(J.Gray, 1998. 石塚訳、一〇二頁)るためである。決して従業員のためだけを考えて採用しているわけではない。

退職給付の基準に関しては、もう一つ、わが国に固有の問題がある。それは、企業が年金資金を従業員に先渡ししても、わが国の場合、個々の従業員がその年金資金を運用する場がほとんどないことである。

わが国の証券市場は、見かけほどは大きくない。広い範囲で株式の相互持ち合いが行われていて、発行済みの株式のうち三割程度しか市場で取引されていない。見かけの（発行済み）株式数と実際に取り引きされる株式数に大きな開きがあるために、しばしば株価は実力以上に高くなり、しかも、その株価が必要以上に大きく振れる。

これでは、個人が「老後の蓄え」を託すにはリスクが大きすぎる。確定拠出制度に変わっても、市場が変わらなければ、個々の従業員が自力で資産運用することは難しいであろう。

たとえ、日本の年金が確定拠出に変わり、日本版四〇一kがスタートしたとしても、外国人投資家に年金資金を「盗まれる」危険があるという。広瀬隆氏の警告するところでは、最近、外国人投資家が東京市場に巨額の資金を投入しているが、それは、日本人が持っている一、三〇〇兆円の個人資産を狙《ねら》っているからであるとして、つぎのようにいう。

「彼らは何を考えているのか分からない。最悪のシナリオは、打ちのめされている日本の証券業界に、株価上昇で希望を抱かせる。そうして、サラリーマンの資産が確定拠出型年金(日本版四〇一k)によって兜町に投入される時期を待つ。膨大な年金が積み上げられたところで、どっと資金を引き上げる。今度は、日本人が持っている一、三〇〇兆円の個人金融資産を狙っているのである。日本の大蔵官僚や政治家をその夜道に誘導するのは、赤児の手をひねるより簡単である。」(広瀬　隆、一九九九年、五三頁)

山一證券や北海道拓殖銀行が倒産したときに、「借り株」を使って莫大《ばくだい》な暴利を手にしたのも、外国人投資家であった。伊東光晴教授によれば、山一や拓銀の経営が先行き思わしくないとみたとき、外国人投資家は、その会社の株をどこかから借りてきて売る、つまり、空《から》売《う》りするのである。売り浴びせると株価は暴落するので、暴落して倒産した後に株を買い戻して借り株を返済する。山一や拓銀は、こうした手で、外国人投資家によって「死亡宣告」され、逆に、アメリカの証券会社などの投機筋が巨額の暴利をむさぼったのである(伊東光晴、一九九九年、一一－一二頁)。

時価基準は、不適用・基準撤回しかない。さもなくば、日本企業がこぞって、金融商品から手を引くことである。持ち合いを実質的に解消できるのであれば、また、余裕資金を使って株式投資などをせずに、アメリカの企業のように、株主に返還してＲＯＥを高めるという経営が行われるのであれば、時価基準を適用する余地も少なくなる。そうした状況になるまでは、時価基準を凍結するのが、基準設定者・為政者の仕事ではなかろうか。

広瀬義州《よしくに》教授はしばしば会計政策的判断が必要であることを指摘されてきた。教授は、「中立性を理念として無菌状態のなかで会計基準を設定することは不可能」(広瀬義州、一九九五年、二二五頁)であるとしたうえで、「ある会計基準が設定されると、企業利益が激減するとか、産業界全体の存続基盤を危うくさせるとか、外国企業よりも競争上の不利益を被ることになる」(同、二三九頁)など、結果的に一国のマクロ経済に悪影響を及ぼすこともあることを指摘され、基準の設定にあたってはその経済的影響について十分な配慮が必要であることを示唆されている。「企業の会計」は、こうした意味では「日本国の会計」でもあるのである。

金融商品の時価評価基準を設定するにあたっても、国を挙げての株価操作、巨額の欠損計上、失業問題、債務超過、新たな利益操作、ＢＩＳ基準不達成、倒産などなどの社会的・経済的影響を熟慮する必要があったはずである。しかし、残念なことに、時価主義を主張される諸論者がそうした面での「自説の帰結に関する検証」の労を執った形跡はほとんどないに等しいのではなかろうか。

仄聞《そくぶん》するところでは、基準を設定するに当たっても、大蔵省や関係者が時価評価導入の影響を試算したのは、わずか一社だけであったという。マクロの影響どころか、ミクロレベルでの影響さえもろくに把握せずに、基準を作ったのである。その点では、連結基準も退職給付基準も変わらない。

アメリカの基準をカーボンコピーすれば、すべてハッピーエンドとする日本人のノー天気さがよくわかる。基準の設定に関与する官僚や学者は、企業の経営者でもないし投資者でもないし、民間企業に雇用されているわけでもないから、自分が被害を受けることはないであろう。しかし、前後の見境もなく導入されたアメリカ基準のおかげで失業した多数の人たちにとっては、ハッピーエンドではない。寺島実郎氏はいう。いったんアメリカ基準を受容すれば、その基準によって規制され、逆襲される、と（寺島実郎、一九九八年、四八頁）。今の日本は、その状況にある(3)。

経済学の佐和隆光教授は、日本の資本主義を、「漂流する資本主義」と名付けたが、日本の会計も「根無し草」で、この国を前提にした基準を作るという努力よりも、依然として、アメリカ基準の輸入に終始している。その結果がこの雇用破壊であることを考えると、しばらくの間、アメリカ基準の適用を見合わせることが第一の解法であろう。

注

(1) 英米流の連結財務諸表は、もともとわが国の企業集団のようなグループを想定していない。ここでは、とりあえず、公正取引委員会経済部企画課長の、つぎの言葉を紹介しておこう。「国際比較をする場合には、それぞれの経済の実態を踏まえて比較しなければなりません。アメリカにもヨーロッパにも、財閥も企業集団もありません。企業間取引の実態を見ても、基本的には系列もありません。欧米と日本では背景が違いすぎます。」(内橋克人とグループ二〇〇一、一九九五年、一二四頁から引用)

(2) では、わが国の企業集団にはどういう形の財務諸表が適しているのかと問われても、いまのところ答えを持っているわけではない。参考になると思われるのは、かつてイギリス会社法が採用していたグループ計算書と、最近、韓国が採用した「結合財務諸表」であろうか。前者は、企業集団の財務諸表として連結財務諸表以外の財務諸表体系を認めるもので、後者は、第2章で紹介したように、財閥を一つの企業とする財務諸表であるという。どちらについても詳細については不勉強なので、別の機会に紹介・検討したい。

(3) 西部　邁氏はいう。「日本人はこの半世紀間、アメリカというものをきちんと見つめ、分析、解釈する努力をいささかならず怠ってきました。それどころか、敗戦のトラウマがあったとは思うのですが、アメリカは問う必要のない当たり前の前提であり、自然的な『環境』

として日本に与えられているかのように思いなしてきました。……この世紀末の10年間、日本は大激変、大混乱、大混迷の様相を深めています。そしてこの困難のほとんどすべてが、アメリカのイニシアチブに日本人が屈するというかたちの、いわゆる改革運動のせいで生じているのです。」（佐伯啓思他、一九九八年、四三頁、西部発言）。

西部氏はまた、近著『国民の道徳』の中でも、「そのアメリカが、平成の時代が始まる頃から、日本に対してははっきりと敵対的になっている。日本人の生き方が、日本の集団の生き方が、日本の集団の作り方が、日本の政府の運営の仕方などのすべてが間違っていると、アメリカが非難し始めた」（二〇〇〇年、八〇頁）ことを指摘している。

第5章 確定決算主義における六つの大罪

――努力する企業が報われる税制へ

Which is the Master ―― Financial Accounting or Tax Accounting?

わが国では、税金をごまかすことは、スピード違反と変わらない。いやそれ以上に軽く見られているかもしれない。こうした意識を国民に植え付けたのは、消費税であり、法人税・所得税である。

いずれの税制も、収める税金は納税者が自由に決められる余地があるからである。

1　現代イソップ・ズル物語

少年には夢があった。街角のプラモ店で売っている二両連結の電車を手に入れることである。少年は、朝早起きして、新聞受けから朝刊を父親の枕元へ届け、幼い弟の面倒を見て、夕方には母親の代わりにおつかいに出かけ、一日に三〇円とか五〇円のごほうびをもらって貯《た》めてきた。一年もがんばったのである。やっとプラモを買えるだけのお金が貯まったので、少年は顔を上気させながらプラモ店にいき、宝物を手に入れた。

家に帰ってプラモを組み立てようとしていると、そこに、役人風のおじさんがやってきて、二両連結の電車の半分を、「となり街に、電車を持っていない子がいるので、もらっていくよ」といって取り上げてしまった。

少年は何が何だかわからなかったが、自分がなにか悪いことをしたのかと思い、それ以来、朝起きもやめ、おつかいもお手伝いも、弟の世話もやめて、夕方も友達と遊ぶことに時間を費やすことにした。また一生懸命におつかいやお手伝いをしてお金を貯めても、好きなプラモを買った途端に、どこかのおじさんに取り上げられてしまいそうだったからである。

部屋に残っていた片割れの電車も、連結する相棒もないので、ある日、思い切ってゴミ箱に捨ててしまった。すると、どうしたことか、あの役人風のおじさんがまたやってきて別のおもちゃをくれるではないか。おじさんに聞くと、となり街の「よい子」がお小遣いをためて買ったおもちゃの一つだという。

少年はそれを聞いて、「となり街のよい子」には悪いことをしたと思いつつも、世の中の仕組みがすこしわかってきた。がんばってお金を貯めて、それでおもちゃを買うと、何か悪いことでもしたかのように、買ったおもちゃの半分は取り上げられ、別の子どもに渡さなければならない。でも、おつかいもお手伝いも弟の世話もしないでいると、となり街のよい子たちが買ったおもちゃを一つか二つ、もらえるのである。

そこに気がついた少年は、がんばることはやめた。たまに親がくれるお小遣いでプラモを買うときも、必ず幼い弟を一緒に連れていくことにした。二両連結の電車を買っても、自分が一台、弟が一台買ったことにすれば、あの役人風のおじさんはおもちゃを取り上げには来ないからだ。

そしてこの少年は、長じてどういう大人になったであろうか。

今日の、わが国法人税制が抱える多くの問題点は、すべてこのエピソードの中に含意されている。

現在の法人税や事業税の課税方式は、確定決算主義・確定決算基準と呼ばれる方式を採用している。そこでは、商法の規定にしたがって行う決算の結果が株主総会で承認され、利益額が確定し、その利益額に必要な調整を行って課税所得を計算する。この課税所得をベースとして法人税や事業税が課されるのである。これが確定決算主義である。

ただし、法人税は、法人の所得に対して課す国税であり、事業税は、その所得金額を課税標準として課す地方税という違いがある。

法人税や事業税の課税方式は、いわば、担税能力のある企業、支払能力のある企業から税を取ろうとするものであり、確実に税を徴収できるというメリットがある。税収の確保という面からみると一応の合理性があるのである。しかし、見方を変えると、この課税方式は、上のエピソードが物語るように、つぎのような重大な欠陥を内包している。

① 税収の減少を招く
② 無駄遣いしたほうがアメをもらえる
③ 努力する者が報われない
④ 社会的損失を招く
⑤ 粉飾決算を誘導する
⑥ 闇の世界へ資金を供給する

これらの弊害は、法人税の課税方式が確定決算主義と結びついているために生じるものである。あえてこれを、確定決算主義における六つの大罪とでも呼びたい。すべて、結果としてか誘因としてかは別にして、脱税に結びついている。

2 税収確保の困難

税には、二つの大原則がある。第一の原則は、税収の確保であり、第二の原則は、税負担の公平である。

税負担がいくら公平になされても、必要な税収が確保されなければ、課税の目的が達成されない。逆に、税収が十分に確保される課税方式であっても、それが著しく不公平な負担を強いる制度であれば、国民の支持を得ることはできない。税収の確保と課税の公平は、税という車の両輪といってもよい。

税について無知な人は、しばしば、税の公平だけを考えがちであるが、税の公平だけが確保されても、一定の税収が確保できなければ課税の目的は達成されない。大人も子どもも、勤労者も無職者も、すべて一人年間一円を納めるというのであれば、課税は公平といえるし、納税者は誰もクレームをつけないであろう。

しかし、わが国において、年間一億数千万円しか税金が集まらなければ、国も地方公共団体も、何もできないことは明白である。税には、まず、必要な税収を確保することが重要であり、その上での公平性が追求されるべきである。

確定決算主義の弊害の一つは、景気の動向によって税収が大きく振れることである。とくに、最近のように景気が後退する時期は税収の落ち込みが大きく、国家や地方自治体の財政に支障が出る。この欠陥は、バブル崩壊後に顕在化してきた。特に地方財政の悪化の原因が事業税収入の減少にあることから、最近では、事業税収入を確保するために、外形標準による課税方式が検討されている。

外形標準による課税とは、利益額だけを課税標準とするのではなく、たとえば、売上高、生産高、総資本、従業員数など、誰がみてもはっきりわかる数値を課税の基準の一つとするものである。比較的操作されにくいことから、売上総利益（売上高マイナス売上原価）も指標の一つとされることがある。この方式は、わが国では、現在のところ、事業税の課税方式として検討されているが、法人税の減収を防ぐ手段としても有効である。

現在の法人税が国際的にみて高率だということから、タックスヘイブンの国・地域に営業の拠点を移す動きもあり、これも法人税が減少する原因となってきた。寺島実郎氏はいう。「現在の日本の税体系を前提とする限り、水が低きに流れるごとく、グローバルに有利な納税を行う動きが強まり、法人・個人所得税ともに日本の歳入が相対的に減少することになろう」と（寺島実郎、一九九八年、七六頁）。

いま、所得税も法人税も税率を一〇％程度にすれば、高額所得の会社や個人は、もっと働き、もっと稼ごうとするであろう。また、誰もがもっと正直に確定申告するであろう。大蔵省高官の試算によれば、みんなが所得税を収めるなら七％の税率で国費をまかなえるという（加藤寛・渡部昇一、一九九九年、一六三―一六四頁）。そうなれば、後述するような節税や脱税のための浪費やズルもしなくなるであろう。

法人税が国を支えてゆくのに本当に必要な税なら、経済の好・不況や企業の黒字・赤字による税収の大きなぶれは好ましくない。ましてや、合法的な節税や脱税（詳しくは後述）が自由自在にできる税制というのは、国の財政を左右する税のあり方としては失格である。

3　不公平感の増幅

税を負担する能力（担税能力）に応じて税金を支払ってもらうという考えが典型的に採られて

いるのは、法人税であり、所得税である。企業も個人も所得（企業は純利益、個人は純収入）がなければ課税されない。

法人税については、国のサービスに対する対価であるとか、「営業活動を行う特権」に対する課税であるとか、「利益稼得の特権」に対する課税であると説明されている（武田隆二、一九九八年、六頁）。

法人税が国のサービスに対する対価とすれば、受益者負担が原則である。赤字会社といえども、たとえば、国家から営業免許を受けて（これで他者が事業を営むことを排除している）いたり、道路、港湾、橋などの公共設備を使用している。同じ、国のサービスを受けながら、そのサービスに対する対価を支払う企業とただ乗りする企業があるのは不公平ではないだろうか。

国や地方自治体のサービスというとわかりにくいかもしれないが、たとえば、道路や橋、港湾、交通信号、街灯、気象予報、ゴミの収集、消防、警察などなど身の回りにいくらでもある。道路や橋の建設財源として法人税や所得税の一部が充当されているとすれば、極端な話、利益を出し税を払っている企業や個人が建設費を負担し、それを赤字企業がただで利用していることになる。赤字企業は、黒字の企業や個人にただ乗りしていることになりはしないだろうか。

わが国の場合、企業決算があまり正直に行われているとはいいがたく、しかも、脱税と節税との区別があいまいともいわれ、正直な決算・正直な納税をしている企業・者からみると、赤字決算をしている企業が本当に赤字企業なのかどうかさえ疑わしい。黒字を報告した企業・個人だけが税を負担し、その税で国や地方自治体が維持され、そのサービスは税を負担しない赤字企業（本当に赤字かどうか不明な）も受益するというのは、税を負担する企業や個人からみると不合理であり、不公平感を増幅させる。

また、法人税が「営業活動を行う特権」あるいは「利益稼得の特権」に対する課税であるとすれば、利益を上げたかどうかに関係なく、営業を行っているという事実または営利事業を営んでいるという事実に対して課税するのが筋である。この意味では、法人税はもうけようとする者が負担するコストであるべきであって、もうけた者が負担するコストではない。

もちろん、そうはいっても、残念なことに、いかにアンフェアであっても、金持ちや支払能力のある者にしか税を課すことはできない。いくら税を負担すべき者であっても、「無い袖《そで》は振れない」のである。これが、公平課税の限界であろう。

4　労働意欲の喪失

法人課税も外形標準課税になれば、経営者にとっては「回避できないコスト」となり、このコストを吸収できるような収益、コストに見合った収益、このコストを吸収した利益を出そうと努力するであろう。しかし、今の税制では、そうしたモチベーションは働かない。

今の中小企業は、一定の収益が出ると、それ以上は仕事をしないといわれる。小売商も、キリスト教徒でもないのに、稼《かせ》ぎ時の日曜日を休業にする。みんなが休んでいるときに働くことはないからだ。税の軽減の恩恵を最大限に受けているといわれる医者でさえも、週に二日は休みを取る。働けば働くほど過酷な税が課せられるからである。

現在の法人税法では、売上高至上主義を生みやすい。売上高の質を問題にする必要がないからである。売上高を課税標準とすれば、質のいい売り上げを確保しようと努力するであろうが、売上高に課税されるわけではないので、マーケット・シェアと売上高だけが経営目標となりがちである。効率的な経営とか資源の効率的利用などということは目標になりにくい。

所得税も、働けば働くほど過酷な税が課せられる。老後のために、あるいは病気の家族のために、あるいはすこしでも楽になりたくて、夜に日を継いで働きずくめで収入を増やしたとする。でも、働けば働くほど税金は、加速度で増える。あたかも、働くのは犯罪であるかのごとくである。

余談ながら、生活保護の話をする。所管の厚生省（現・厚生労働省）では、生活保護費を支給するときに、保護受給者が預貯金をもっているとそれを資産として認定し、保護費を減額することにしているという（朝日新聞、一九九九年三月二〇日）。

ところが、保護受給者の多くは、生活保護を受けるに至る前の段階で、なんとか自力で生計をたてようとして「最低限度以下」の生活に甘んじて、わずかばかりでも預貯金を蓄える。ところが、この自立のための、血がにじむような努力が仇《あだ》になるのである。

他人に迷惑を掛けまい、他人のお世話にはなるまい、と自助努力すればするほど、その努力が評価されず、逆に、生活保護費の削減という形でムチが待っている(1)。保護を受ける前に、預貯金を贅沢《ぜいたく》な食事で使い果たしても、罰はなく、褒美《ほうび》のごとく保護費が全額、支給される。どこか、不合理を感じるのはわたしだけではないであろう。

「最低限度以下の生活」に甘んじ、「自立のための血のにじむような努力」をして、老後のための固定資産を取得しても同じである。つつましい生活を続けてやっとの思いで住居を手に入れても、まってましたとばかりに固定資産税がかかってくる。努力を余裕と誤解するのだ。

5　社会的損失

世の中の資源には限りがある。前章でも紹介したように、学生時代に受けた経済学の講義で、

best use と full use という考えがあることを知った。限られた資源をフルに活用するという考えから、もっとも効率的に活用しようという考えに移ってきたという内容であったように記憶している。

企業が使う資源も、雇用する従業員も、作り出す製品も、すべて社会における希少資源である。これを無駄使いすることは、社会的な損失である。金の力に任せて資源を買いまくり、不使用のまま放置したり、朽《く》ちさせたりすることは、今の社会では悪とされる。

ところが、限られた資源を使っていながら、その資源を有効に活用し、資源の無駄を極力省いている企業（利益の大きい企業）には罰のごとく課税が待ちかまえており、国民から預かった資源を湯水のごとく浪費して損失を垂《た》れ流している企業（赤字企業）には何らのおとがめもない。それどころか、ときには、税の還付というアメまで与えている。

不採算な事業は、企業にとっての損失というだけでなく、社会にとっての損失でもある。このことを税制でも認識する必要がある。採算のとれない、だらだら資源を無駄遣いする企業は、市場から退場してもらうためにも、外形標準課税は効果的である。もとより、そうはいっても、ベンチャー・ビジネスや当面はミルク補給をして育てなければならない事業もある。こうした事業には、しばらくの間、税制面での踏み台を与える必要があることは、否定しない。

法人税制に外形標準課税を導入すれば、ここでいう社会的な損失を防ぐことができそうである。

たとえば、企業が社会的な資源をどれだけ使用・拘束したかを課税標準の一つとすれば、企業は資源の無駄遣いを止め、経営に不要な資源（たとえば、遊休地など）を持たないようにするであろう。

それにとどまらず、効率的な経営をした者には褒美《ほうび》としての利益があるということになれば、企業はもっと資源の有効利用や経営のスリム化にエネルギーを使うであろう。

6 粉飾経理への誘導

会計方法を変えれば企業利益が変わる。会計方法の選択という企業の意思次第で税金の額が変わるのである。そのために、現行の法人税法では租税回避的な会計処理が選択される。それだけで済むのであれば、まだよい。現行税制は、とかく費用の水増しを誘導しがちで、その結果浮いたお金が闇の世界に流れるという構図を作り出している。

企業が利益操作を行う責任の一端は、税制にある。また、企業が闇の世界に資金を流している責任の一端も、現行の税制にある。

もうけをごまかして課税を免れることは、犯罪である。もちろん、経費をごまかして課税を回避することも犯罪である。しかし、経費を無駄に使ったり、浪費したりすることは犯罪にはならない。わが国で、脱税と節税の区別があいまいだといわれるのは、こうした面にも現れている(2)。そこで、税金を少なくしたいと思う者は、経費を無駄に使い、浪費する。

何もせずに決算を迎えると、一〇〇万円の利益には五〇万円の税が課せられる。それなら、その一〇〇万円で、得意先にお中元やお歳暮として高級品を贈ったり、取引先をゴルフや料亭で接待して使ったほうが、税として収めるより支出の効果は大きい。六〇万円を接待や改装に使えば、利益は四〇万円になり、税金はその半分の二〇万円で済む。費用として六〇万円を使えば、六〇万円の支出効果とともに、三〇万円の節税ができるのである。

税金で取られるくらいなら、不要であっても店内の改装を行い、とりあえず夜食の弁当が出るまで残業し、当座は不要な消耗品を購入し、近くのところへもタクシーを使う。もうけの出ているときは、経営者も浪費を奨励する。

古田精司教授はいう、「日本の企業はいくら稼いでも、利益の半分は税金でもっていかれる。それなら、使った方がまし、と経営者は考える。そうではなく、利益の大半が会社に残るとなれば別の使いようがある。少なくとも、経費をあぶく銭のように使うことはなくなるだろう」と(武田昌輔、一九九五年、三－四頁)。

それでも、金が企業経営のために実際に使われているのであればまだよい。無駄遣いであろうが浪費であろうが、贅沢な社員旅行であろうが、ゴルフや高級料亭での接待であろうが、金が現実に使われているうちは、マクロ経済からみて、経済効果を期待できる。佐和教授はいう、「中元歳暮、接待、豪華な結婚披露宴等々」「日本の社会にビルトインされている様々なムダと『非合理』が、相当量の雇用を生み出していた」と（佐和隆光、一九九九年、一三二頁）。

7　闇の世界への資金供給

しかし、現実には、上述したように、経費の水増しが行われ、そうして浮いたお金が闇の世界に流れるのである。テレホンカードやオレンジカードを購入して通信費・交通費の領収書をもらい、そのカードを売却して現金を手に入れるのは、おおかたの企業でやっている。駅前の金券ショップにゆけば、金額の小さいものならビール券、テレカ、ハイウェー・カード、少し高額なら、得意先や取引先にお中元・お歳暮として届けることを名目にして購入したギフト券・商品券が大量に出回っている。もうすこし大がかりには、社用を名目にして新幹線のチケット・航空券を大量に購入し、金券ショップで現金化している。

さらにエスカレートして、領収書集めや領収書作りにまで手を染め、果ては、領収書屋の暗躍を招いている。町のハンコ屋には、判読できないように作った商店名や会社名の印鑑を注文する客が後を絶たず、街角のあやしげな店では、住所や電話番号がはっきり書いてない領収書や、金額も日付も空白のままの、大手企業の名前が入った領収書が売買されている。

まとも（と見える）な領収書がそろっていても、あやしいことも多いのである。そんな領収書なら公認会計士の監査で引っかかると思われるのであるが、日本の監査は、「第一次伝票を見ない」（伊東光晴、一九九九年、三〇―三一頁）ために、「ピーナツ一個　五〇〇万円」という領収書でも見逃されてしまう(3)。

こうした費用作りは、脱税という犯罪に終わらず、裏金でつぎの犯罪を引き起こす。税制が、結果的に、企業と闇の世界を結ぶ役割を果たしているのである。

8　新しい税制への提言

現行税制における六つの弊害について述べてきたが、この税制の大罪ともいうべきことは、国民に、「納めるべき税の額は自分で決められる」といった、間違った認識を広く植え付けてしまったことである。

消費税が多くのあいまいさ（取ったり取らなかったり、益税が事業者のふところに入ったり）を残していることから、小さな子供たちにまで、「税は取られ損」「税は納めなくてもいいもの」といった感覚が蔓延《まんえん》してきた。税に対する国民の意識を正常化しない限り、いつまでたっても健全な税制を確立できない。税に対する国民の意識を正常化するには、税のシステムを変える必要がある。

一気に税制改革を行うことを主張しているのではない。まずは、現行の確定決算基準による法人課税が重大な欠陥を抱えていること、この課税方式を続けるにはもう限界であること、などを理解して、新しい課税方式のありかたを議論するたたき台としてほしいのである。

そうしたたたき台の一つとして、現在、事業税について議論されている、「外形標準課税」を法人税に適用してはどうかという案、また、もう一つのたたき台として、「支出のタイミングで課税する方式」を考えてみたい(4)。

前者は、すでに言及したように、誰が見てもはっきりわかるような基準、たとえば、売上高、生産高、総資産、従業員数などを課税標準の一つとして法人税を課そうとするもので、利益の素になるものに課税しようという考え方である。人を雇い、資源を使って、製品を作ろうとする企業に、その雇用量、資源量、製造高に応じて負担させるのである。

この税制は、国民経済の視点から見ると、企業が社会から受託している資源の量、企業が社会で活動する量、資源や労働力の消費量、あるいは企業が拘束している社会資源の量などを課税基準の一つとするものである。

「支出のタイミングで課税する方式」の趣旨は、これまでは利益・所得の生じた時、つまり、インフローがあったときに課税するものであったが、これを、一部、アウトフロー、つまり、お金を使う時に課税するのである。

実際に所得を手にしたタイミングで課税すると、最初に紹介したエピソードにあるように、一生懸命に働いて手に入れた二両連結の電車を、まだ一度も遊んでいないうちに取り上げられてしまうことになる。労働や努力、機知やひらめきを活かして、やっと手に入れてもそれを楽しむことさえ許されない税制なら、誰も汗水ながしたり、ひらめきを求めてうんうんうなったりはしなくなる。

「今使ってしまう人」からは今しか税をとれない。しかし、「今使わずに、後で使う人」は後からでもとれるし、それが当人の希望ともあう。なぜ稼ぐのかを考えると、稼いだお金を今使わずに、後で使いたいからである。

そこで、使うタイミング、支出のタイミングに合わせて課税するのである。もとよりこの方式ですべての税を課すわけにはいかない。税収が遅れがちになったり安定しないからである。外形標準課税などの制度と組み合わせて、税の一部を「支出のタイミング」で課すのがよいのではなかろうか。

注

(1) 預貯金を資産と認定して保護費が削られたケースで、一九九三年、秋田地裁が「最低限度の生活を下回る生活をすることで蓄えた預貯金の分の保護費を減額することは本来的になじまない」として、福祉事務所の処分を取り消した判決が確定している。ただし、厚生省（現・厚生労働省）は、預貯金を資産として認定する方針を変えていないという。朝日新聞、一九九九年三月二〇日。

(2) 中田謙司氏はいう、「日本人は節税（合法）と脱税（違法）の区別もよく分からないが、違法の意味の重大さもよく分かっていない」と。中田謙司、一九九九年、二〇頁。

(3) ロッキード事件は、アメリカのアーサー・ヤング会計事務所の会計士が、「ピーナツ」と書かれた伝票を発見したことに始まったという。伊東光晴、一九九九年、三一頁による。

(4) 法人課税の基準を、「外形」、つまり、企業の外から見てもわかる姿形に求めるのではなく、「企業会計上の利益」に求めるべしとする案もある。たとえば、武田昌輔氏は、現在の法人課税が商法会計をベースとしていることが間違いだとして、つぎのように述べている。「商法はそれ自体政策立法であることから、純粋の企業会計の立場は歪められているといってよい。したがって、税法として本来課税所得の算定という立場から、本来は企業会計を出発点とすべきであって、商法会計を出発点とすべきではない。」武田昌輔、一九九五年、七七頁。

課税所得の計算を商法から切り離して、会計上の利益を課税ベースとすべしという案は、会計学者にとってはうれしい提案である。しかし、残念なことに、この案を実行しても、本章で明らかにした「六つの弊害」を取り除くことはできない。

第6章 企業会計原則の再評価

The Main Role of Financial Accounting Standards

最近、企業会計原則を読んだことがあるだろうか。ときどきでも読んでいるという人は、学者か国家試験の受験者くらいであろう。現場の会計士は、企業会計原則など実務に役に立たないという。企業会計原則は、もう「ご用済み」なのであろうか。

1　企業会計原則はバイブル

わたしの学生時代は、会計学の講義といえば、ほとんど、企業会計原則に関する話であった。恩師・佐藤孝一先生の「会計学」は、教卓に流れ落ちる汗を拭《ぬぐ》おうともせずの熱演で、企業会計原則の設定にまつわる苦労話から裏話をまじえて、つきることのない「企業会計原則（愛情）物語」を聞くことができた。

青木茂男先生の講義では原価計算基準を、染谷恭次郎先生の講義では企業会計原則の考え方を、日下部余市先生の講義では監査基準を、新井清光先生からは企業会計原則における資本観を、聞くことができた。企業会計原則の設定や改正に携《たずさ》わってきた先生方がみな物故《ぶっこ》されてしまったことは、わが国会計界にとって大きな損失である。

ほとんどの先生が、企業会計原則・原価計算基準・監査基準などの設定や修正に関与されていたこともあって、講義は非常に内容豊かで、教室では他大学の先生方や大学院生も必死になってノートを取っていたことを覚えている。

企業会計原則では、しばしば、「区別」という表現と「区分」という表現を使っている。二つは似たようなことばであるが、企業会計原則では、「区別」というのは会計処理において使い、「区分」は表示に関して使っている。資本取引と損益取引は「区別」するのであって「区分」するのではない。しかし、貸借対照表では剰余金を「区別」するのではなく、「区分（表示）」するのである。こんなことも、大学の講義で教えられた。

わたしの世代の会計学者は、企業会計原則を子守歌のようにして育ったのである。何の疑いもなく、「企業会計は、企業の財政状態及び経営成績に関して、真実な報告を提供するものでなければならない」（真実性の原則）という文言《もんごん》を、会計学の扉を開く呪文のごとく、暗記・暗唱してきた。今から思えば、これほど奇妙きてれつな文言はないのだが、当時は、舶来の会計学を拓く、「神聖なる呪文《じゅもん》」であった。

ところが、いまでは、企業会計原則は、税理士試験や会計士試験の受験者しか読まなくなってしまっている。ある中堅の会計士がいうには、三次試験を終えてから、これまで三〇年近く、企業会計原則を読んだことがないそうだ。もちろん、企業会計原則を補充するために設定された基準、たとえば、連結財務諸表原則、中間財務諸表基準、リース基準などは、日常の業務においてしばしば参照しているであろう。しかし、会計のバイブルともいうべき企業会計原則は、実務上、一顧《いっこ》だにされないのである。

2　企業会計原則の役割

では、現在、企業会計原則は、どういう役割を課されているのであろうか。また、企業会計原則は、ルールブックとして、法的にはどういう地位が与えられているのであろうか。

企業会計原則が設定されたのは、「読者へのメッセージ」でも述べたように戦後の日本経済を再建するための経済政策の一環として、企業会計制度を改善・統一することを目的としていた（公表当時の前文。昭和二四年）。とりわけ、アメリカ等の先進諸国からの資金を導入するために、わが国の会計制度を欧米の制度と同様のものとする必要があり、わが国における会計制度の核となるものとして、企業会計原則が設定されている。

会計規範として、最初に企業会計のルールブックを作り、それをベースとして、旧来の商法、税法などを改正し、また、新規に証券取引法を設定しようとしたのである。

そうした経緯から、設定後しばらくの間は、企業会計原則が商法、証券取引法、税法の会計規定に対して「指導的地位」を持っていた。各法律は、企業会計原則の精神に沿うように、会計規定を整備・改善してきたのである。当時は、企業会計原則に、各法の会計規定に対する「指導規範的役割」が課されていたし、法制度上の地位も高かった。

3　企業会計原則の法的地位

企業会計原則は、主として英米の会計基準を翻訳して成文化したものであり、法令ではない。英米のようなコモン・ローの世界では、成文化された会計規定（たとえば、会社法）もあるが、多くは慣習として成立しているルールが法的な効力を持っている。会計基準の多くは、そうした慣習・慣行として規範性を認められており、成文法の中に取り込まれることは少ない。

しかし、慣習としての会計基準は、コモン・ローの世界で法的な効力を認められているにしても、大陸法の世界では法的な地位が不確かである。現に、わが国においても、企業会計原則が法令ではないことから、次第に、法的な地位が軽くなってきた。大陸法の世界では、法令ではないものに法的効力を認めることはまれで、企業会計原則も、それ自体には法的な効力が認められなくなってきたのである。

企業会計原則の地位は、現在では、どのように解釈されているのであろうか。いくつかの解釈があるが、一般的な理解としては、「商法規定の解釈指針」という地位であろう。

商法は、総則第五章「商業帳簿」において、商人が商業帳簿（会計帳簿と貸借対照表）を作成する場合に、「商業帳簿ノ作成ニ関スル規定ノ解釈ニ付テハ公正ナル会計慣行ヲ斟酌スベシ」という、いわゆる斟酌《しんしゃく》規定を置いている。現在、企業会計原則は、この斟酌すべき会計慣行の一つと解釈されている。企業会計原則の法的な地位は、このレベルなのである。

もう少しかみ砕いていうと、商人が商業帳簿を作成するには商法の規定があるが、その規定を解釈するときには、企業会計原則などの公正な会計慣行を「斟酌」しなさい、というのである。

ここで「斟酌」とは、どういう意味であろうか。手元の『広辞苑（第四版）』によれば、原義は「水または飲料などをくみわける意」とのことで、その意から、二つの意味があるという。一つは、「あれこれ照らし合せて取捨すること。参酌《さんしゃく》」で、もう一つは、「その時の事情や相手の心情などを十分に考慮して、程よくとりはからうこと。手加減すること」とある。

商法がいう「斟酌」は、まず間違いなく、前者の意味で使われているといってよい。とすると、商人が、商法に従って会計帳簿や貸借対照表を作成するときには、企業会計原則を参照して、取るべきは取り、捨てるべきは捨てることを指示していることになる。けっして、企業会計原則に準拠せよとか、企業会計原則を尊重せよ、といっているわけではない。

先に紹介したように、公認会計士が監査にあたって、企業会計原則を一顧だにしなくなった理由はここにある。企業会計原則を子守歌のごとくに聞きながら育った会計学徒の一人としては、なんともやりきれない話ではあるが、現実である。

4 企業会計原則は公正な会計慣行か

右に述べたように、企業会計原則は、商法の商業帳簿に関する規定を解釈するときに斟酌すべき「公正ナル会計慣行」の一つ、と解釈されている。会計学者なら誰しも、企業会計原則をもって「公正ナル」会計ルール集と考えたいところである。

しかし、法律学者の中には、そうは考えない人もいる。つまり、企業会計原則をもって、公正な会計慣行の集合物とは見ない見解である。

一つは、企業会計原則が初めて制定された当時、わが国には会計慣行と呼ぶべきものが存在しなかったことを理由に、企業会計原則を作文と見る見解である。

設定当時はそうであっても、現在は違う、と反論したいところではあるが、第1章で紹介したように、わが国では新しく基準を設定するにしても、「基準の素《もと》」というべき実務の経験がなく、いきおい欧米の基準を輸入するしかない。輸入された基準は、わが国の会計慣行を文章化したものとはいえず、口悪くいえば「作文」である。作文たる企業会計原則は、公正なる会計慣行とはいえない、というのである。

もう一つは、企業会計原則における規定は、必ずしもそのすべてが、商法第三二条第二項（斟酌規定）でいう、「公正ナル会計慣行」に含まれるわけではない、とする見解である。

商法の田中誠二教授によれば、企業会計原則に規定されているもののなかには、公正な会計慣行と認められないものも含まれるので、公正な会計慣行と認められるものだけを選んで法解釈の指針とする必要があるという。こうした取捨選択の必要があるため、商法では公正なる会計慣行を「斟酌」すべしという表現を使ったというのである（田中誠二、一九七六年、三一一－三一二頁、番場嘉一郎、一九七三年、一七一頁参照）。

こうした理解の背景には、

① 企業会計原則をもって公正なる会計慣行を成文化したものと見る解釈

② 企業会計原則をそのまま全面的に認めることは、実質的な法の改廃権を、企業会計審議会という、蔵相の一諮問《しもん》機関に与えることになり妥当ではない、という主張

が未整理のまま混在している。

最初の解釈は、主に、会計サイドの主張であろう。②の解釈は、商法サイドの主張に間違いない。企業会計原則イコール「公正ナル会計慣行」ということになれば、企業会計原則を全面的に認めることになり、しかも、その後にあるはずの修正もすべて「公正ナル会計慣行」になるので

ある。だから、もし、「公正ナル会計慣行ニ準拠セヨ」とでも規定すると、法の改廃権限を会計サイドに与えてしまうことになる、とおそれたのであろう。そこで工夫されたのが、「斟酌」という、日常ではまず使われることのない言葉であった。商法学者もこの言葉にたどり着くまでずいぶん苦労したようである。

ここでもう一度、考えてみたい。なぜ、商法サイドが「斟酌」という表現にこだわったのか。田中誠二教授のいうように、もし、企業会計原則がイコール「公正ナル会計慣行」ではない、とすると、右のような心配は要らない。企業会計原則がイコール「公正ナル会計慣行」でないならば、商法の規定は、「公正ナル会計慣行ニ準拠セヨ」でも「依拠セヨ」でもよかった。

企業会計原則の存在を無視して、あるいは、企業会計原則が「公正ナル会計慣行」に非ずとして商法規定を作るとすれば、「斟酌」などという非日常語を探し出すこともなかった。商法サイドも、企業会計原則を「公正ナル会計慣行」と見ていた（あるいは、そう見ざるをえなかった）からこそ、②の理由で、「斟酌」すべしとなったのである。

おそらく会計サイドから、強く、企業会計原則を公正なる会計慣行として売り込んだのである。そんな会計学者の姿勢を嫌ったのか、会計を嫌ったのかはわからないが、いったん「公正ナル会計慣行」といって、会計にも「公正ナルもの」があることを認めておいてから、ただし、企業会計原則がすべて「公正」とは限らない、と釘をさしたのではなかろうか。会計が、商法のイジメに遭《あ》ったようなものである。

「公正ナル」という限定詞をつけなければ、田中誠二教授の主張は筋が通るものであった。ただの「会計慣行」なら、法の立場から見て公正とみなせないものがあってもおかしくない。しかし、「公正ナル」といってしまえば、これを否定することは法律学者といえども難しい。このとき法律学者の頭には、「公正ナル会計慣行」ではなく、単なる「会計慣行」、それも「輸入した会計慣行」しかなかったのではなかろうか。

思えばわが国の商法は、昭和三七年に、「企業会計原則を大幅に取り入れ」(企業会計原則、前文、昭和三八年)て改正されたが、商法改正に関与した多くの商法学者は、当時の「輸入会計学」「翻訳会計学」に対して、胡散臭《うさんくさ》さを感じていたのではなかろうか。何せ、会計原則に書いてあることと実際に行われている会計実務がまるで違うのである。今でも商法学者の中には、会計学を軽く見る人が少なくないようであるが、当時はもっとひどかったであろう。

理論的な枠組みもほとんどない(英米の会計思考には、もともとそんなものはない)ような会計を、「伝統も理念もある」商法の中に取り込むことに強い抵抗があってもおかしくはない。しかし、会計の近代化、商法・税法への近代会計の導入は、国の施策であり、これを拒むことはできない。

商法学者は、ジレンマの末、一応は、「公正ナル会計慣行」といっておいて、会計の存在を表向き認めながらも、心情においてこれを拒否したのではなかろうか。

　こういうことに思い当たったのは、わたしがまだ、大学院生の頃であった。周りにいた研究者仲間に話してみても、わたしの話には説得力がないのか、聞いてはくれるが同意してくれる人はいなかった。当然といえば当然かも知れない。わが国を代表する商法学者と会計学者が、切った張ったの議論の末に出てきた結論である。わたしごときが、異論をはさむべきことではなかった。

　大学の教員になってからも、何も知らないゼミ生を相手に、斟酌《しんしゃく》規定の「新・解釈」を語ったことも記憶している。わが国の大学教員（会計に限らないようであるが）は、ゼミでは自説を展開し、学会では通説を語るのだそうであるが、迷惑なのはゼミ生である。

　助教授になりたてのころ、どうせ教授になれるのは遠い先のことでもあったので、院生のころに考えていたことを、少しずつ、論文としてまとめる作業をした。

　考えていたことはたくさんあったが、実際に原稿にまでたどり着いたのは、つぎのようなテーマであった。

- 後入先出法の会計思考（時価主義の評価）
- 真実性の原則の解釈（通説の誤り）
- 経理自由の原則（経理は不自由）
- 保有利得と操業利潤の区別（区別は不可能）

・情報会計の限界（情報会計には論理不要）

後から考えると、わたしの会計観というか、会計学の守備範囲は、院生の時に決まっていたようである。つまり、院生の時に関心を持ったことは、教員になってからも感心を持ち続けることができたが、教員になってから選んだ研究テーマは、イギリスの会計以外、ほとんど花を咲かせることなく、しぼんでしまっている。

わたしは、他人の話や書いたものをいつも疑ってかかる癖があるようで、学生時代の関心事もほとんどが通説や通論に対する疑問であった。右に掲げたテーマは、学生時代に、生意気にも、著名な学者の書いたものを読んで、「チョット変だぞ」と感じ、その後、小さな疑問が次第に大きな疑問になり、そのうちに、それぞれのテーマについて批判的（多少は、建設的）な論文に結びついたものである。

思えば、会計の世界では、学生時代に選んだ研究テーマを、生涯のテーマとして研究する人が少なくない。ペイトン研究、リトルトン研究、シュマーレンバッハ研究、あるいは、資産評価研究、資金会計研究、外国の会計研究、そうしたテーマを探究しながら学者としての生涯を過ごすことができれば、それはそれで学者としての本務を果たしている。

大学教員にとって、いかに自分が受けた大学院教育が重要であるかが、これでわかる。恩師の研究範囲が狭いと、弟子がその狭い範囲で研究テーマを探さなければならないという苦労がある。恩師の研究テーマが広いと、それをフォローできないつらさがある。恩師が狭量であると、研究テーマがオーバーラップすることなど、もってのほかであるし、論文を公表するにも許可が必要であったり、著書を出版することなど「一〇年早い」といわれかねない。会計の世界は、それほどウエットなのである。

二〇年ほど昔、大学の紀要に、「真実性の原則の役割」と題する一文を載せた。わが国では、真実性の原則を間違って解釈しているのではないかという大胆な疑問を提示したものであった。どうせ誰も読まないと思って、自分の考えていることをストレートに書かせてもらった。その中で、右のような「斟酌《しんしゃく》規定」の解釈を紹介した。

二〇年たった今でも、わたしの解釈は変わらないのであるが、この解釈を読まれた皆さんを説得できたであろうか。

5　企業会計原則の将来――存続か、廃止か

企業会計原則は昭和五七年（一九八二年）に改正されて以来、一八年間、手を加えられていない。この間、セグメント情報、先物・オプション、リース取引、連結、中間連結、研究開発費、退職給付、税効果、金融商品などに関する意見書が公表され、わが国の企業会計は大きな変革を迎えることになったが、企業会計のバイブルともいうべき企業会計原則は、何らの修正も加えられていない。このことは、国家試験の受験者にとっては幸いなことかもしれないが、わが国の会計にとっては決して歓迎すべきことではない。

企業会計原則が時代にマッチしていないことはしばしば指摘されているが、ではどうすればよいかということになると、暗中模索の状態である。企業会計原則を解体して、英米のような意見書方式に全面的に移行するという案もあれば、企業会計原則は歴史的な遺産として残し、新しい意見書によって部分的に修正・補足していくという案もある。また、企業会計原則はその使命を終えたので、これを廃止し、まったく新しい構想の下に、新・企業会計原則を設定するという案もある。企業会計の基本的なルールは国際会計基準になるのだから、わが国には企業会計原則の

ような会計原則・会計基準は不要になる、という説もある。

企業会計のルールを設定したり、国内化した国際会計基準の細則・実施基準を設定する権限を、パブリック・セクターからプライベート・セクターに移管するという案が急浮上している。報道によれば、わが国にも、二〇〇一年四月にはプライベート・セクターの基準設定機関が誕生するという。

本書が世に出ている時期には、そうした機関が動き始めているかも知れない。しかし、新しい機関は、どちらかといえば、国際会計基準を国内基準化する作業とか、その細則・適用指針・解釈指針などといった、実務的なルールを作ることが仕事となるであろうと予想される。したがって、新しくスタートする機関が企業会計原則の見直しなどという、会計の根幹に関わる作業に手をつけるとは考えられない。したがって、企業会計原則が将来、どういう扱いを受けるのかは、依然として不明である。

6 自己完結型の企業会計原則

すでに書いたように、企業会計原則は、いまでは、受験者用の「バイブル」になってしまっている。ということは、依然として、国家試験ではきわめて重要な文書だということである。

企業会計原則が、商法や税法などの会計規定と違う点は、前にも書いたように、企業会計原則だけで経理・決算ができるように作られていることである。実際には、企業会計原則に書いていないことがたくさんあって、連結原則、リース基準、外貨換算基準などが設定されているが、企業会計原則自体には、「この原則に規定がないときには、○○を参照すべし」とか「○○に準拠すべし」といったことは書いてない。企業会計原則は、その設定当時から、自己完結型のルールブックとして作られているのである。

もう一つの違いは、商法にも税法にも、規定に違反したときの罰則があるが、企業会計原則には、そうした規定がないことである。そこで、企業会計原則に違反したときには、どういうペナルティーが課されるのか、課されないのか、が問題となる。

右にも書いたが、企業会計原則の地位は、商法規定の解釈指針である。商法が要求しているのは、会計帳簿や貸借対照表の作成に関する規定を解釈するときは、企業会計原則を「斟酌《しんしゃく》」することであった。その場合の「斟酌」とは、いろいろ考えて企業会計原則を採用すべき時は採用し、そうでないときは採用しない、という意味であった。

商法には違反した場合の罰則がある。企業会計原則に関していえば、商法規定の解釈に際してこれを斟酌しなければ罰則が適用されるのである。しかし、企業会計原則を斟酌したかどうかを、当人以外の誰が判断できるであろうか。

企業会計原則自体には罰則がない。商法には罰則があるが、これを適用するには当人が企業会計原則を斟酌しなかったと自己申告するしかない。スピード違反や駐車違反を自己申告する者がいないのと同様に、斟酌規定違反を自己申告して商法の罰を受けようなどとする者もいない。

したがって、企業会計原則は、かりに違反しても、無視しても、制度上の罰はないことになる。だから、会計士の試験に合格した後は、これを二度と読む必要はないと考える会計士が出てきてもおかしくはない。

7　一般原則は御用済みか

企業会計原則は、会計のルールブックである。そのルールブックの冒頭に、基本原則とでも呼ぶべき一般原則が七つ書いてある。ドイツ系の法律では、こうした書き方はしないようである。商法は債権者保護を目的としているといっても、そんなことは法文には書いていない。

英米法系の法律には、最初に「法律の目的」が書かれていることが多い。企業会計原則には、基本的な大原則が、その冒頭に麗々《れいれい》しく書いてある。ここが、コモン・ローに由来する企業会計原則の特徴でもある。

七つの一般原則で多少の意味があるのは、継続性の原則と保守主義の原則くらいである。真実性の原則は、企業会計が真実を追求すべきことを指示しているというが、それでは意味がない。「ウソを書け」と指示しているなら書くだけの意味があるが、真実を書くのはあまりにも当たり前すぎて、原則としての意味はない（詳しいことは、小著『原点復帰の会計学』税務経理協会刊、を読まれたい）。

明瞭性の原則も同じである。「不明瞭に表示しろ」というのであれば書く意味があるが、「明瞭に表示しなさい」では、幼稚園児に「おとなしく、いうことを聞きなさい」というのと同じで、原則とかルールとして書くだけの値打ちはない。

剰余金区分の原則は、損益計算書原則で損益取引の扱いが規定され、貸借対照表原則において剰余金の区分表示が指示されている。一般原則として書く必要はない。単一性の原則は、「裏帳簿を作るな」という趣旨であるというが、そんなことを書けば「裏帳簿」のメリットを宣伝しているようなものである。

継続性の原則も、その企業にとって最適な方法を採用する限り、その方法が「結果として」継続適用されるのであり、採用している方法よりもベターな方法があればそれに変更するのが当然である。この原則は、今採用している方法がベストかどうか、ベターな方法があるかどうか不明なときにしか適用の余地はない。原則と呼べるほどの内容を持つものではない（このことも、前記の小著で詳しく書いた）。

保守主義の原則は、すでに、企業会計原則の中に、具体的に指示されている。たとえば、収益の計上に関する実現主義、原価主義の原則、棚卸資産や有価証券に対する低価法の適用、などなどである。一般原則として掲げる意味は小さい。

8　一般原則——もう一つの解釈

小著『原点復帰の会計学』において、「真実性の原則は誤解されていないか」と題する一文と「継続性の原則は会計のアキレス腱か」と題する小論を載せた。

結論的に述べたことは、これらの原則には一般原則としての存在価値はない、ということであった。一つの章では、企業会計原則における一般原則の第一原則、通常「真実性の原則」と呼んでいるものを、「会計原則」として見たときに、原則としての価値があるかどうかを問題にした。もう一つの章では、会計が継続性を要求するのは、会計の理論が未熟だからではないか、という趣旨のことを書いた。

しかし、別の見方をすると、一般原則は、「原則」として見ないほうがよいかもしれない。ここでは、企業会計原則の一般原則を、現在の通説（一般原則は、損益計算書と貸借対照表に共通する会計原則と見る解釈）から離れて、設定当時の状況から判断して、もう一つ、別の解釈がありうることを示したい。

企業会計原則が設定された当時（昭和二四年）、わが国の産業界・会計界は、英米の会計観（損益計算中心の動態的会計観）についての知識が乏しく、ルールブックを作るにしても、そのルールの趣旨・目的・効果などについても周知させる必要があった。企業会計原則では、そうした啓もう的・教育的な意図から、近代的な会計観がどういうものであるかを、簡潔に、一般「原則」として示したのである。

本来は、「原則」などといった性格のものではない。「これからの会計の考え方（ドクトリン）」か、「近代会計の目標」といった程度のものであったのではなかろうか。それを、威厳を込めて「原則」と名付けてしまったことが、その後、えんえんと解釈論争を引き起こす元となったのである。

たとえば、一般原則は、しばしば、貸借対照表原則と損益計算書原則に共通する原則を抽出《ちゅうしゅつ》したものであるといった説明がなされる。そうだとすれば、各原則は貸借対照表原則や損益計算書原則の中で具体的に指示されているのであるから、あえて、二重に示すこともない。また、たとえば、単一性の原則（裏帳簿を作るな）や正規の簿記の原則（複式簿記を使え）はいったい、どの貸借対照表原則とどの損益計算書原則に共通する原則なのか、説明が難しい。

会計のルールは、貸借対照表だけのルールとか、損益計算書にだけ適用されるルールというのは、あまり多くはない。実現主義の原則にしても、これを適用して利益を計上すれば、貸借対照表の金額も増える。実現主義は損益計算書だけに影響する原則ではない。資産を原価配分すれば、貸借対照表の資産価額が減少すると同時に、損益計算書にも費用が計上される。原価配分は貸借対照表だけの規定ではないのである。

わたしの理解では、一般原則は、現代会計の基本的な考え方を、簡潔に、箇条書きで示すために書かれたものである。そう理解すれば、一般原則の中に、「正規の簿記の原則」のような据《す》わりの悪いものが紛《まぎ》れ込んでいるのも、真実性の原則という、シンボリックなものが麗々しく書かれているのも、単一性の原則という、裏帳簿や会計操作を排除する倫理的なことが書かれているのも、わかる。

一般原則が近代会計の目的やねらいを広く世間に広めることを意図して書かれたとすれば、すでに、その目的は達成されているといえる。ただし、それは産業界や実務界における話であって、会計学を学ぶ学生や国家試験を受けようとする人たちに対する教育的な意義は失われていない。

9 「明瞭性の原則」は誤訳・誤解

企業会計原則の一般原則に、ディスクロージャーの原則というのがある。いわく、「企業会計は、財務諸表によって、利害関係者に対し必要な会計情報を明瞭に表示し、企業の状況に関する判断を誤らせないようにしなければならない」と。

これを、明瞭性の原則とか、明瞭表示の原則、公開性の原則と呼んでいる。ディスクロージャーの原則とも呼ばれている。一般原則の四番目に掲げられていることから、正式には、第四原則というのだそうである。通説では、この第四原則は、第一原則である真実性の原則をヨリ具体的に表現したもの、あるいは、会計の真実性を確保するための一つの要件であるといわれている。

つまり、企業会計原則は、第一原則として真実性を掲げているが、そこでいう真実性は、他の六つの一般原則、あるいは、貸借対照表原則・損益計算書原則を含めたすべての他の原則を順守することによって初めて、確保されるものである、と。(詳しくは、田中、一九九九年b、第二章)

こうした理解の下では、この原則は、総額主義、区分表示、会計方針の開示、補足情報の開示、注記などを要請するものであるといわれている。

わたしは、真実性の原則よりも、こちらの原則のほうが、はるかに重要な原則ではないか、と考えている。真実性の原則が要求するところは、一言でいえば、「本当のことをいいましょう」か「ウソはつくな」あたりである。いまどき、小学校の標語にだってこんなことは書いてない。

ウソをつかなければ、後は何でもいいのであろうか。わが国では、truthもhalf-truthも同じ「真実」に入ってしまうので、真実性の原則が「本当のことを書きなさい」と指示しても、half-truthがまかり通ってしまう。真実の一部だけを報告して、後は口を拭《ぬぐ》ってしまっても、真実を語ったことになってしまう。

もう一度、第四原則を読んでみよう。「企業会計は……必要な会計事実を明瞭に表示し、企業に関する判断を誤らせないようにしなければならない」。

わたしが思うには、この一文の中に、近代会計、近代英米会計の神髄が、すべて盛り込まれている。この原則さえ守られれば、真実を報告することも当たり前であり、事情が変わらない限り、毎期、同じ原則・同じ手続きを継続適用することも当然であり、資本取引と損益取引を区別することも、裏帳簿を作らないことも、当たり前である。

この第四原則は、決して、明瞭性の原則とか、明瞭表示の原則などといった、矮小《わいしょう》な原則ではない。真実性の原則よりも、はるかに、近代会計の本質をついた考え方を表明したものである。

他人のお金を預かって、それを運用した結果を報告するのが会計である。その会計にとっては、full disclosure（包み隠さず報告すること）と、timely disclosure（情報を適時に提供すること）という二つのことが最も大事である。

どれだけ真実を語ろうとも、一面の真実であったり、真実の一部であったり、提供すべきタイミングを逃してしまったのでは、役に立たない。

この第四原則は、必要な情報をフルに、タイミングよく、誤解を招かない方法で関係者に伝達することを要求している。本来、この原則こそ、企業会計原則一般原則の冒頭を飾るべきものであった。

しかし、当時、わが国における会計学界の力関係は、ドイツ会計学が勝《まさ》っており、いかに、戦後のこととはいえ、企業会計原則の冒頭に英米会計のスピリッツたるディスクロージャーの原則を掲げることができなかった、ということであろう。

一般原則は、後述するように、ドイツ会計学者の意地で、第一、第二原則でドイツ流の原則を、そして、やっと第三、第四の原則として英米の原則を掲げることができたのではなかろうか。

わが国の企業会計原則がモデルとしたのは、アメリカの「ＳＨＭ会計原則」であったといわれる。一部の関係者は、このことを否定しているが、それは、模倣だといわれることを嫌ってのことか、あるいは、ドイツ会計学者の意地の表明なのかもしれない。しかし、企業会計原則の設定に関与した多くの学者は、企業会計原則がSHM会計原則の焼き直しであることを、正直に認めている。

その、SHM会計原則であるが、アメリカで会計原則が盛んに議論されるようになった時期（一九三〇年代中頃）、ハスキンズ・アンド・セルズ財団の委嘱で、サンダース、ハットフィールズ、ムーアという三名の教授が、その当時の会計実務、会計文献、会計規制などを調査して、その中から、公正妥当と考えられるものをピックアップして編集したものであった。

この、SHM会計原則の第六部が「一般原則」にあてられており、その冒頭において、「企業会計は、企業の財政状態および経営成績に関する、すべての重要な財務情報を提供しなければならない」として、いわゆる、ディスクロージャーの原則を掲げているのである。まさしく、これこそ、近代英米会計の神髄を、簡潔に表明したものにほかならない。

しかし、ドイツ会計学者からは、「そんなものは、原則と呼ぶに値しない」といった扱いであったのではなかろうか。

SHM会計原則では、これを第一原則に、資本と利益の区別の原則を第二原則に掲げているが、企業会計原則では、わざわざ、両者を入れ替えて、先に、資本と利益の区別の原則、後に、英米会計の神髄たるディスクロージャーの原則をおいている。これも、当時のドイツ会計学者が執拗《しつよう》にアメリカ会計学に抵抗した証《あかし》、あるいは英米会計の神髄を理解できていなかった証であろう。

10 重要性の原則

以下、数頁は、余談である。読み飛ばしていただいても、かまわない。

重要性の原則というのがある。企業会計原則注解・注1に、この原則の適用方法が指示されている。ただし、この原則は、明瞭性の原則や正規の簿記の原則に対する例外的な取り扱いや簡便な処理を「許容」するものであって、積極的に例外処理や簡便法を適用することを「要求」するものではない。

この原則は、明瞭性の原則と正規の簿記の原則に対する例外規定であることから、七つの一般原則とは同列に扱うことはできない。そのために、注解において適用指針が示されているのである。そういう意味からすると、これは、「原則」というより、「重要性の判断指針」程度のものである。

細かいことではあるが、重要性の原則に関する注解は、「重要性の原則について」ではなく、「重要性の原則の適用について」となっている。こうした表現は、注解六「実現主義の適用について」がある。これは、その注解においては、重要性や実現の定義を示さず、あくまでも、「適用方法」とか「適用条件」を述べるという趣旨から、「の適用について」としたのであるという。

11　ドイツ会計学の影響

余談が続くが、企業会計原則は、戦後、日本経済を再建するために、アメリカの会計制度を取り込む必要から設定されたものである。アメリカの会計制度や会計観には、真実性とか正規の簿記といったものはない。アメリカの会計観を支配しているのは、fair という考え方であろう。関係者すべてに対してfairであるためには、具体的には、右に見たような full disclosure とか timely disclosure が必要になると考えるのであろう。SHM会計原則では、fair の原則などは書いてないが、ヨリ具体的な原則として、ディスクロージャーの原則が掲げられたのではなかろうか。

真実性という考え方はイギリスとドイツにある。イギリスでは、真実かつ公正（true and fair）という考え方が会計を支配している。しかし、イギリスでいう true and fair は、会計を支配する最高原則であるとともに、かりに、個々の規則を順守しても財務諸表が true and fairを示さない場合には、その規則から離脱することまでも要求する最優先原則（これをTrue and Fair Overrideという）である。しかも、真実だけではなく、公正であることも要求している。

わが国の企業会計原則にはそうしたフェアという考えも、離脱を要求する規定もないので、真実性の原則とはいえ、イギリスの原則をまねたものではなさそうである。

ドイツには、真実性の原則も正規の簿記の原則もある。ドイツ語で、前者をGrundsatz der Wahrheit、後者をGrundsatz ordnungsmäßiger Buchführungという。わが国の会計学辞典によれば、この二つの原則はドイツ会計をルーツとしている。では、どうして、わが国がアメリカの会計制度・会計観を輸入しようとしているときに、その中にドイツの会計観が紛《まぎ》れ込んできたのであろうか。

ここからは、聞いた話である。右にも紹介したが、わたしの学生時代は、会計学といえば企業会計原則の話であった。なぜ、企業会計原則を設定するときに、アメリカの原則だけではなく、ドイツの原則が紛れ込んだのか、ということにも話は及んだ。どの先生の話であったかは忘れたが、話の内容は、しっかり記憶している。

戦前の会計研究は、日独伊の三国が軍事同盟を結んでいたこともあってか、ドイツの会計を研究することが中心であった。それは、会計だけではなく、法律も同じであったという。日本の多くの大学、特に東大を初めとする国立大学では、ドイツ会計学、ドイツ商法が研究されていた。イギリスやアメリカの研究は、早稲田大学をはじめとする、少数の私学が取り組んでいただけであった。英米法の研究も同じであった。

戦後、アメリカの会計制度を取り入れることになったとき、ドイツ会計学の研究者たちは、自分たちがこれまで研究・蓄積してきたものを、新しい制度の中に盛り込もうとして必死であったという。いままで精魂つめて研究してきたドイツ会計学が制度の中に取り込まれないならば、自分の研究が全否定されるかのごとく考えたのかもしれない。

そんな事情から、アメリカ会計にもイギリス会計にもない、真実性の原則とか正規の簿記の原則とかが、一般原則に入り込んできたのである。しかも、その冒頭に、である。そういう意味で、企業会計原則はアメリカの会計にドイツの会計を接ぎ木したかのごとき一面がある。それだけに、企業会計原則を理論的に一貫して説明することは難しい。

ただし、それは、一般原則の話であって、貸借対照表原則や損益計算書原則には、ドイツ会計特有のものが数多く入り込んでいるようには見えない。企業会計原則全体としては、英米会計を輸入したものとなっているといってよい。

さらに余談であるが、「企業会計」は、財務会計と管理会計の両者を含む概念であると、一般に理解されている。しかし、わが国の企業会計原則は財務会計に関する基準を述べたものにすぎない。そうした意味では、「企業会計原則」ではなく「財務会計原則」、最近の用語法に従えば、「財務会計基準」というのが正しい。

第7章 会計学の静態化

From Calculating Profits to Valuing Assets —— the Influence of Supervisory Accounting

会計は、財産の有り高を計算するものではない。そんな計算なら、足し算と掛け算ができれば誰にでもできる。

しかし、このところ、アメリカをはじめとして、各国の会計が財産の計算に軸足を移し始めた。ねらいは政府の立場から企業と産業界をモニタリング（監督）することにある。企業の会計は、今、こうした監督会計に支配され始めている。

1　会計とは何か

「会計って何をするものなのですか。」

専門外の人からこう真っ正面から尋《たず》ねられると、答えに窮《きゅう》してしまう。こんな簡単な問いに適切に答えることが、実は大変に難しいのだ。

ある会計学者は、会計とは財産の変動とその現状を明らかにするシステムであるという。また、ある会計学者は、会計は利益を計算するシステムであるという。この二つの説明は、まるで違う。こんなに違う会計の定義が、今、二つとも、世界中の会計界で、堂々とまかり通っているのである。

会計をもって財産の変動とその現状を明らかにする技術であると考える人たちは、比較的素朴《そぼく》な会計観を持っている人たちが多く、会計をもってストック（財産の有り高）を計算するシステムと考えている。

会計をもって利益を計算するシステムであると考えている人たちは、かなり会計に関する知識のある人たちで、会計をもってフロー（財産が変化する量）の計算システムと考えているのであ

「静止した状態」を示すことから、こうした財産計算を目的とした会計を、「静態論」とか「静的観」というのである。

ところが、この静態論には、会計学から見て、重大な欠陥が二つある。一つは、静態的貸借対照表を作成するには、会計の専門的知識も複式簿記による継続的な記録も要らない、ということである。会計学が要らないのである。期首と期末に、財産を棚卸し（在庫調べ）すれば貸借対照表ができるのであるから、「門前の小僧」ではないが、しろうとでも財産計算ができる。

在庫の数を数えてそれに単価を掛けるだけのことである。これは「学問」とは呼べない。「会計学」と「静態論」とは、両立しないのである。換言すれば、足し算と掛け算だけの静態論では、「学」と呼べるほどのものにはなりえない。

もう一つの欠陥は、静態論にとって致命的である。それは、静態的貸借対照表からは企業の収益力が読めない、ということである。

アメリカの経済は、一九三〇年代以降、急速に証券の民主化（数多くの国民が有価証券に投資するようになること）が進み、会計に、こうした一般投資家に企業の収益力情報を知らせる役割が課されるようになってきた。

企業の収益力は、損益計算書によって表示される。損益計算書は、期首から期末までの期間の、収益の流れと費用の流れを比較表示して、その期間の成果（収益力）を示すものである。期中における活動量（フロー）を示すところから、損益計算書を重視した会計を、そのダイナミズムを含意して「動態論」とか「動的観」と呼んでいる。

静態論が、企業財産のスチール写真（静止画像）を見せようとするのに対して、動態論は、企業活動を映したムービー（動画）を見せようとするものである。

今日の会計は、動態論に立脚している。そうした証拠は、たとえば、損益計算の側では、不動産の評価益を計上しないこと、収益・費用の計上に実現主義・発生主義を適用していること、貸借対照表の側では、のれんや繰延資産を計上すること、資産を原価で評価すること、固定資産を定額法等の方法で減価償却したり、棚卸資産の原価を先入先出法などの方法で期間配分していることなど、枚挙《まいきょ》にいとまがない。

3　アメリカ会計の静態化――ギャンブラーのための会計報告

専門的な論文を読むと、最近のアメリカ会計が「静態化」してきたということが書かれている。ここで「静態化」とは、会計の中心が、「損益計算書から貸借対照表へ」、会計の課題が「利益の算定」から「財産の表示」へと、移行してきたことをいっている。会計観が、動態論から静態論へ逆戻りを始めたのである。

なぜ、アメリカの会計が静態化してきたのか。

その理由は、一つには、アメリカの企業が、四半期《しはんき》（三か月）ごとの短期的目標によって経営され、成果も四半期ごとに計算・報告されることにある。

いや、その逆が正しいのかもしれない。つまり、アメリカの企業は、四半期ごとに成果を計算・報告しなければならないため、企業経営も四半期ごとに何らかの成果を報告できるように、短期的な経営が行われるようになってきたのである。

鶏と卵のような話であるが、投資家は、投資の意思決定に必要な会計情報を、半年後、一年後ではなく、もっとタイムリーに手に入れたいとして、企業にもっと頻繁《ひんぱん》に情報を開示するように求める。企業はその求めに応じて、現在、三か月ごとに会計報告をするようになった。その結果、投資家は四半期ごとの会計情報を使って投資の決定をするようになり、企業は、四半期ごとに経営成果を出そうとして、わずか三か月間で成果の出る事業を好むようになる。M＆Aが盛んに行われるのもデリバティブに手を出すのも、短期的に利益を出せるからである。

かくして、投資の意思決定も、三か月後、半年後に企業がどうなっているか、を重視するようになり、会計の役割も、四半期後、半年後の企業を評価できるような情報を提供することに高い比重がおかれてきた。

これまでの期間損益計算を重視した会計は、中・長期（一年から数年）的な企業評価には役に立ったが、短期の評価には向かないと考えられるようになってきたのである。

アメリカの経営者は、かくして四半期ごとにその業績が評価される。投資家は、四半期ごとの会計数値を見て、株を買ったり売ったりする。アメリカの投資家は、次第に短期的な投資観しか持たなくなり、アメリカの経営者は、そうした短期的な投資家の情報ニーズに合わせた会計報告をするようになってきた。

三か月かそこらでは、経常利益の額が大きく変動することはない。短期的に変わるとすれば、財産の金額、とくに、価格変動にさらされている金融商品やデリバティブの価値である。かくして、アメリカの四半期報告でもっとも重視されるのは、金融商品の時価、つまり、静態的情報である。アメリカの会計は、こうした事情から、「中長期の投資家」とか「健全な投資家」のための会計報告から、「ギャンブラーのための会計報告」と化してきたのである。

アメリカの会計と経営が、短期的な視点から行われていることは、同国の財務報告においてキャッシュ・フロー計算書が重視されていることからも知られる。この計算書はキャッシュという、極めて浮動性の高い資産の動きに注目するものであり、それだけに短期的・当座的な企業業績のものさしとみなされている（詳しくは、桜井久勝、二〇〇一年を参照）。

4　アメリカ会計の政治的背景――SECとFASB

アメリカ会計が静態化・近視眼化してきたのには、政治的な理由もある。その話に入る前に、アメリカ会計がいかなる政治的背景を持っているかを書いておきたい。

アメリカの企業行動をモニタリングしてきたのは、この国の証券取引委員会（SEC）である。ただし、SECは企業の経理については直接的に介入することはせず、財務会計基準審議会（FASB）に任せている(1)。任せられているからといって、FASBが自由に会計基準を設定できるわけではない。常に、SECの意向を受けて、SECの掌《てのひら》の中で、基準作りをしているのである。

その意味で、FASBは、表向き、プライベート・セクターであるが、実質は、「プライベート・セクター」の皮を被《かぶ》ったパブリック・セクターといってもよい。少し意地悪くいえば、FASBは、どんな基準を作るときでも、親分（SEC）の意向に従わざるをえない。

FASBにシビアなことをいっているのではない。イギリスの基準設定機関（ASB）にしろ、わが国がこれからスタートさせようとしている民間の基準設定機関にしろ、プライベート・セクターが基準の設定をするとなると、おかみ（FASBにとってはSEC、ASBにとっては通商産業省（DTI）、日本の機関にとっては金融庁）の意向または掌の中で基準作りをするしかない。

法や政府機関の後ろ盾がなければ、プライベート・セクターが拘束力のある基準を作ることなどできない。プライベート・セクターが多少とも拘束力のあるルールを作りうるとすれば、法か政府機関の後ろ盾が必要なのである。そのことを知っておいてもらいたいのである。

過去のアメリカやイギリスの歴史を見ると、プライベート・セクターが、政府の意向と異なる基準を設定すれば、決まって、政府が介入してくるか、政府の圧力がかかった。

政府が介入した例を示そう。一九八〇年代の前半に、イギリスやアメリカを初めとして、英語圏の各国が時価主義会計（カレント・コスト会計）を採用したのは、各国政府の強い圧力があったからであった。このときは、英語圏の各国でインフレが進行し、各国の会計士団体はいずれもインフレを指数化した価格水準変動会計を採用しようとした。しかし、各国政府は、インフレを指数化して会計数値を手直しするのは、政府の経済政策を採点するようなものだとして許さず、これに代えて、個別価格の変動を反映するカレント・コスト会計を制度化するように圧力をかけたのである（詳しくは、田中、一九九一年、第九章参照）。

プライベート・セクターが設定する会計基準に、各国政府がこれだけあからさまな介入をしたのは、これまでにないことであったかもしれない。

ＳＥＣは、会計のルール作りに関しては、めったに表には出ないが、時には、会計連続通牒（ＡＳＲ）を公表までして会計基準の設定に介入することもある。ＳＥＣは、ＡＳＲによって、プライベート・セクターが設定した基準（会計処理）と違う基準（会計処理）を採用することで、暗に、プライベート・セクターの基準を改正するようにプレッシャーをかけるのである。

ここでは、ＡＩＣＰＡの会計原則審議会（ＡＰＢ）が会計基準を設定していた時代におけるＳＥＣの介入と、ＦＡＳＢが基準設定主体となってからのＳＥＣの介入を、それぞれ紹介しよう。いずれも有名な話である。

どこの国でもすることであるが、企業の設備投資を奨励して、特定の設備を購入したり更新したりした企業に対して、税金の一部を免除するという産業振興政策が取られる。たとえば、エネルギー需要構造を改革するための設備購入とか、電子機器利用施設への投資など、特定の投資をすると、投資額の一定割合に相当する金額を、その企業の納付すべき法人税から控除してやるのである。これを、投資税額控除という。

ＡＰＢは、投資税額控除（Investment Tax Credit : ITC）の会計処理について、ＡＰＢ意見書第二号を基準として公表していた。この基準では、取得した固定資産の原価から投資税額控除を差し引くか、貸借対照表に繰延税額控除として計上することを要求していた。前者によれば、耐用年数にわたって減価償却費が軽減され、その分だけ各期の利益が増える。後者によれば、固定資産の耐用年数にわたって、投資税額控除が利益として期間配分される。どちらの方法をとっても、損益に与える影響は同じである。

ところが、一部の規制機関や通信業界などから、税額控除を全額、当期の利益に算入する処理を求める声があがったのである。公益産業を規制する側としてみれば、税金を軽くしてもらったのだから、その分だけ利益が増えるはずであり、利益が増加した分だけ公共料金の引き下げに回してもらいたい、ということであったろう。

他方で、規制を受ける公益事業からは、当期の利益に計上する処理に反対する声があがった。投資税額控除を当期の利益に計上すれば、利益が膨張し、公共料金の引き下げを要求されることは目に見えていたからである。

こうした状況のときに、SECはASR第九六号を公表して、投資税額控除を当期の利益として計上する処理方法も認めたのである。これによって、規制を受ける公益事業会社は、規制機関の意向を受けて、投資税額控除を利益として計上するしか道がなくなったのである。

SECがASR第九六号を公表したために、APBは、意見書第二号を撤回せざるをえなくなった。新たに設定された意見書第四号では、第二号の処理を推奨しながらも、投資税額控除を当期の利益に算入処理する方法も許容することにしたのである。APBは、意見書第二号が、一般に公正妥当と認められた会計原則（ＧＡＡＰ）の下で採用すべき唯一の方法として十分な一般的承認を受けていなかったことを理由に、基準の変更を正当化したという。

スコットはいう。「会計基準設定主体が負けたのである。……この事件によって、会計基準は真空状態で設定できるものではないこと、会計基準がもたらす経済的帰結によっては、政治の仕組みにも影響を及ぼすこともある、ということが明らかになった」と（William R.Scott, 1997, p.205.）。

ＦＡＳＢは、財務会計基準（ＳＦＡＳ）第一九号によって、オイル・ガス事業を営む会社が試掘費用（exploration costs）を支出した場合について、試掘が成功裏《り》に終わった場合にのみ、資産計上を求めていた。ところが、ＳＥＣは、一九七八年のＡＳＲ第二五三号によって、試掘費用の全額を計上してもよいし、成功部分だけを計上してもよいとし、さらに、将来収入の現在割引価値を使うこと（当初は、補足情報として）をも提案した。

成功部分だけを資産計上する方法は、全額資産計上する方法にくらべると、純利益を少なく報告することになる。特に活発に試掘を行っている場合はそうである。中小の試掘会社は、計上する利益が少なくなり資金の調達が困難になるであろうし、競争も減少し、さらに悪いことには、試掘そのものが少なくなってしまう。ＳＥＣは、こうした事態を招くのを嫌ったのである。それは、私企業の論理を超えた、国策といってもよい。

SECの介入があったことから、FASBは、一九七八年、SFAS第二五号を公表し、いずれの方法も認めることにしている。

会計基準が私企業の決算の手段にとどまらず、ときには、一国の産業政策やら国際関係をも左右するしろものであることが次第に判明してきた。そういう意味で、会計を、政治・経済のコントロールの手段として使ったときの効果を見抜いたのは、おそらくアメリカ政府が初めてであり、そうした考えが、アングロ・サクソン社会に次第に広まっていった。いまでは、アングロ・サクソンの世界では常識となっているといってもよい。

SECの最強の圧力は、プライベート・セクターが基準作りに失敗すれば、基準設定の権限を剝奪《はくだつ》し、SEC自らが基準を設定するぞ、という脅《おど》かしである。イギリスの通商産業省も、同じである。

アメリカの基準設定主体が、アメリカ公認会計士協会の会計原則審議会（APB）からFASBに変わった背景には、一九六〇年代に吹き出した会計原則に対する批判と会計原則からの離脱が多発した事情がある。いわゆる「嵐の六〇年代（Stormy '60）」である。プライベート・セクターが、各方面から寄せられる基準批判をかわし、強力な基準を設定できなければ、会計基準の設定にSECが乗り出してくる可能性があった。

SECが乗り出してくるようなことになれば、会計プロフェッションにとってこれ以上の屈辱はない。かくして、SECの直接介入を避けるために、それまでの会計士を中心としたAPBから、会計士業界からも産業界からも一定の距離を置いた機関としてFASBを設定し、そこに会計基準の設定をゆだねることにしたのである。

イギリスでも、一九八〇年代の後半、会計士が中心となって設定してきた会計基準からの離脱が頻発するようになり、追い打ちをかけるように、会計基準（SSAP）第一六号「カレント・コスト会計」の強制適用に失敗した。政府をはじめ、各界から、会計士を中心とした会計基準委員会（ASC）の基準設定能力を疑われ、このままでは会計基準の設定に政府が直接介入してくることも予想された。

会計の基準を会計プロフェッションが作ることができず、政府に取って代わられることは、会計プロフェッションにとって屈辱である。かくして、イギリスでも、政府の直接的な介入を避けるために、ASC体制から財務報告審議会（FRC）・会計基準審議会（ASB）体制に移行することになったのである。

以上、アメリカ会計が静態化してきた政治的理由を明らかにするために、アメリカ会計の政治的背景を述べた。本題に戻って、アメリカ会計が静態化してきた政治的理由について述べることにしよう。

5　アメリカ会計の静態化――「監督会計」

ＳＥＣにしろ、日本の金融庁にしろ、監督官庁であるから、企業を監督する道具として会計を使う。そうした目的で行われる会計を、「監督会計」という。「企業会計」とは違うのだ。

わが国でいえば、銀行が銀行法という法律の下に「銀行会計」を行うのも、保険会社が保険業法という法律の下で「保険会計」を行うのも、監督官庁に報告するための会計、つまり、監督会計なのである。この他にも、公益事業を営む企業を監督するための、鉄道業会計、航空運送業会計、建設業会計、電気通信事業会計、自動車運送業の会計、海運業会計、電力・ガス事業会計などがある。

監督官庁は、企業活動をモニタリングするとき、マクロ経済への影響を見るのは当然であるが、それも、かなり短期的な見方をする。この企業は、あと一年もつかどうか、半年以内に倒れることはないかどうか、そういうことに関心を持つ。わが国の金融庁でも、一番の関心事は、モニタリングしている証券会社、銀行、保険会社が、この先、半年、一年、やってゆけるかどうかである。まともと見える決算報告をしていながら、その数か月後に破綻する保険会社や銀行が相次げば、こうした短期的なモニタリングがいかに重要かはよくわかる。

あと半年もつか一年もつかどうかは、企業の原価データを見てもわからない。原価データは、企業の中長期的な収益性や安定性を読むには適しているが、短期の企業評価には向かない。つまり、動態論の財務諸表では、短期のモニタリングができないと考えられている。

そうしたことから、SECは、企業に対して時価情報、つまり、企業の静態的情報を出させることに熱心なのである。それも、「投資家は、投資意思決定のために時価情報を必要としている」という大義名分の下に、「監督会計」としての情報要求であることを秘して、時価情報を出させようとしてきた。

こうした下心《したごころ》の下に、一九八〇年代のインフレ時代、SECは盛んに時価情報を要求した。先に紹介した、カレント・コスト会計である。しかし、SEC主導の下に行われたカレント・コスト会計は、三年もつかもたないかで、産業界が拒否してしまい、結局、SECは敗北宣言を出さざるをえなかった。時価情報が、投資意思決定にほとんど使われなかったのである。

それ以降、SECは表面に出ることを嫌い、FASBを使って企業の時価情報、静態的情報を入手しようとしてきた。SECは、監督会計を行う必要から、短期的な情報、つまり、時価情報が必要と考えている。そうしたSECの意向を受けて、FASBは、投資意思決定情報の提供ということを表立った理由に、企業に対して、時価情報、現在情報を要求しているのである。

アメリカの会計、いやＦＡＳＢの会計は、こうしたＳＥＣの監督会計をもう一つの背景に、次第に静態化してきたのである。

ところで、動態論が支配的な時代に、時価情報などの静態的情報を企業に出させるには、それなりの理屈が必要である。ＳＥＣを表に出すわけにはゆかない。ＦＡＳＢは、かくして静態論的な立場から理論武装する必要があった。

その理屈に使われたのが、「投資家の意思決定に必要な会計情報の提供」という「会計機能」であった。かくして、ＦＡＳＢが志向する会計は、その目的・仕事を「投資意思決定情報の提供」にあるとしたのである。

これがいかに大きな過ちであるか、また、こうした誤解がどれだけ正しい会計基準の設定を妨げているか、これについては、エピローグで詳しく述べる。

6 「学」の放棄

会計が静態化するということは、貸借対照表が復権するということであり、損益計算書の役割よりも、財産計算が重視されるということである。

現在の貸借対照表を考えてみてみよう。資産は、取得原価主義が採られていることから、貸借対照表の価額が現在の価値を示すとは限らない。有価証券のように時価の変動が激しい資産の場合や土地のように保有が長期に及ぶ資産は、貸借対照表の価額は時価から大きく離れるのがふつうである。その結果、時価が上昇すれば、保有する資産に含み益が発生し、時価が下落すれば含み損が発生する。

含み損や含み益は、企業が資産を売却すれば実現するので、いつでも都合のいいときに損益計算書に計上できることから、利益操作の道具として使われる。このため、動態論をベースとする原価主義会計は、利益操作の宝庫と見られた。

こうした利益操作を排除するために、有価証券などの市場性のある資産については、時価で貸借対照表に掲記するのがよいとされた。部分時価主義である。会計の静態化は、こうして有価証券から始まり、金融商品全体へ、そして負債項目へ、さらに土地などの不動産へと拡大する傾向にある。

アメリカの会計が静態化してきたのは、以上に述べたような背景がある。会計の静態化は、決して、会計の理論が進化した結果ではない。むしろ、会計が政治の力に屈して、自らの仕事を放棄した結果だといってもよい。そうした意味で、「会計」が、力関係から「静態化」することはやむを得ない一面があるとしても、「会計学」までもが静態化するのは、「学としての会計」が

「実務としての会計」の僕《しもべ》と成り下がったのか、「学」たることを放棄した結果であろう。

わが国には、四半期ごとの報告もないし、一般企業の経営活動を日常的にモニタリングする政府機関もない。わが国の会計が静態化するとすれば、そうした事情からではなく、単に、アメリカが静態化したから日本も「右に倣《なら》え」という、アメリカ崇拝《すうはい》というか、アメリカへの属国精神のせいではなかろうか。

アメリカの会計も、日本の会計も、次第に静態化する傾向を強めており、いずれ、中長期の投資家、健全な投資家にとって必要な情報がなおざりにされ、今日明日の時価変動に賭けるギャンブラーのための会計に成り下がっていくような気がしてならない。監督会計としては役割を果たせても、企業会計としての役割はどうなるのであろうか。

7　イギリスの静的動態論

ところで、アメリカの会計は静態化してきたといわれるが、イギリスの会計についてはそういうことがいわれない。なぜであろうか。

動態論と静態論は、会計の考え方の違いでもあるが、その国の経済力と非常に密接なつながりがある。そこを考えずして、静態論だ動態論だと議論しても、空論に終わってしまう。

イギリスは、純粋な動態論の国でもなければ、純粋に静態論の国でもない。静的動態論が支配する国といってもよい。それは、この国がかつて世界中の富を手にしていたこと、現在でも豊かな社会資本を維持していることと、関係している。

以下、イギリスを例に取りながら、一国の経済力が、その国の会計観の形成とどう結びついているかを考えたい。

その日暮らしをしている民族（会社でも家庭でも）には、ストック（土地建物、貯金などの蓄《たくわ》え）というものはない。ストックがあればその日暮らしに決別できる。ストックがない時代には、経済的に見て意味があるのはフロー（収入や所得）だけである。

日本人の大多数は、ストックなき民族で、フローにのみ頼って生活している。ストックがあれば、たとえ失業しても困らないが、フローしか頼るものがない者は、失業した途端、路頭に迷うことになる。

アメリカがストックを持ち始めたのは、第一次大戦以後であった。わが国に至っては、バブル経済の下で初めてストック（土地などの不動産）の意味や重要性が理解されたといってよい。

わが国の場合、地震があり、台風がある。コンクリートによる建築物が木造建築よりも寿命が長いという保証もない。わが国では、建築物が何年もつか、不明なのである。新築したばかりのビルが地震で倒壊することも、珍しくはない。土地は、一九七〇年代末あたりまでは、大きな時価の変動もなく、また、流動性も小さかった。つまり、わが国では、最近まで、土地も建物も、ストックとしての価値は大きくはなかったのである。

フローしかない時代（民族）にとっては、会計の対象もフローである。ストックがないのであるから、それを対象として認識することはできない。第一次大戦前のドイツ・アメリカや、最近までの日本にはストックと呼べるようなものはほとんどなかった。フローしかない世界であるから、そこには動態論が支配する下地がある。

しかし、イギリスのように、ストックの蓄えのあった国では、フローだけではなく、ストックにも目が向けられていた。イギリスが、純粋動態論の国でもなく、純粋静態論の国でもないのは、かってこの国が世界中の富を手にしていたことと無縁ではない。

この国では、鉄道業やガス事業のような、巨額の固定設備を必要とした会社において、「複会計制度」というシステムが採用されていた時期がある。この会計システムでは、線路、車両、駅舎などの設備を永久資産、つまり、ストックとして扱い、償却しないのである。

他方で、ストックの維持費用を含めて、フローを集計して損益の計算を行う。ストック（固定資産・固定資本）の計算とフロー（収益費用）を切り離すという思考は、巨額のストックが存在して初めて出てくるものである。こういう国では、純粋の静態論でも企業経済を説明しきれないし、純粋動態論でも説明しきれない。ここに、静的動態論が顔を出すのである。

複会計制度は、多くの固定資産が半永久的な寿命をもっていることから考え出されたものである。ほとんどの建築物が煉瓦《れんが》造りか石造りのうえ、地震も台風もない。この国では、築後六〇〇年とか七〇〇年を経て、いまだに現役として使われているビルや住居は珍しくない。ヒースロー空港の滑走路は、耐用年数が二〇〇年だという。必要なメンテナンスを行えば、多くの固定資産は、その価値を半永久的に維持できるのである。複会計制度は、こうした事情から成立したものである。

こうした複会計制度の考え方は、イギリス会計に特有のものであったが、決して過去のものではなく、現在でも顔を出すことがある。

たとえば、後の第10章で紹介するブランドの会計で述べるように、この国では、ブランドという無形資産について、「償却不要」とする考えが根強くある。この考えは、必要なメンテナンスさえ行えば資産価値を維持できる場合には、「(複会計制度にならって)償却しない」とするものである。

ブランドは、それ自体に価値があるが、放っておいたら価値が減少するおそれがある。それは鉄道の線路や駅舎も同じである。しかし、ブランドにしろ線路にしろ、企業は、それらの価値を維持しようとして、毎期、多額のコストを負担している。これらは、損益計算書に維持費とか営業費として計上される。こうした費用が支払われる限り、資産として計上されたブランドや線路・駅舎などは、減価しない、償却も不要と考えるのである。

イギリスでは、現在でも、動態論と静態論を場面によって使い分けている。この国では、損益計算は伝統的な原価主義（動態論）で行うが、そうすると貸借対照表は現状をうまく表現することができないために、一部の資産を時価で再評価（静態論）するということを平気でする。損益計算書は動態論・原価主義、貸借対照表は静態論・時価主義なのである。しかし、それを論理的でないとか、合算不能な数字を足しているなどと批判する者は、この国にはいない。

わが国やアメリカの会計を学んできた者には奇異に感じたり、非論理的に思えるかもしれないが、利益の計算には実現主義を適用して配当可能利益を計算し、財政状態を表示する貸借対照表は時価で資産の実態を表示するのは、会計を利用する者のニーズにぴったり合っているのかもしれない。

つぎはぎ細工を伝統とするイギリスでは、わが国と違って、理路整然とした体系とか論理的に美しいシステムといったものにはあまり価値をおかないようである。そうした完全めいたものに「まやかし」を感じるのかもしれない。むしろ、つぎはぎのように、都合が悪いところだけを手直しして、あとは現状で満足するという国である。

イギリスでは、法律を作るときも同じである。何か問題が生じなければ法律などを作る必要がない。イギリスに憲法がないのも、同じ事情からである。体系だった憲法を、ついに必要とすることがなかったのである。

イギリスの会計を研究していて教えられたことは、会計には「えらそうな理論」とか、一部の人にしかわからないような「高等理論」などは必要ない、ということであった。

会計は、多国籍企業やコングロマリットのような巨大で複雑な企業を対象としているだけでなく、隣のパン屋さんや向かいの八百屋さんでも使うものである。いかに理路整然としていても、どれだけ理論的に精緻でも、パン屋さんや八百屋さんが使えないような理論では役に立たない。しかし、そうはいっても、誰でも使えるくらい簡単だからといって、在庫の数を数えて、それに単価を掛けるだけのものでは、経営者の道具ともなりえないし、投資家の意思決定にも役立たない。

思えば、会計が会計であるためには、一五世紀に考案された複式簿記の枠組みをはずれるわけにはいかないのである。簿記の技術は、五〇〇年も前に発明され、その後はほとんど骨格が変わっていない。そうした簿記の枠組みを前提にすれば、会計にはどれほどの科学性・論理性をもちうるであろうか。イギリスの会計は、そうした疑問に実にシンプルで明快な答えを示しているようである。

注

(1) SECの会計連続通牒第一五〇号は、「SECは、FASBが公表する原則、基準および実務をもって実質的な権威のある支持を有するものと考え、FASBの公表物に反するものはそうした支持を有しないものと考える」と述べ、FASBの公表物に法的な裏付けを与えている。

また、アメリカ公認会計士協会（AICPA）も、「当協会は、FASBをもって、会計原則を設置する機関に指名する」（倫理規定二〇三）として、FASBに基準の設定を委任している。なお、SECもAICPAも、FASBが決める会計基準から離脱すべきケースがあることを認めている。詳しくは、第11章で述べる。

第8章 「外国で学ぶ」と「外国に学ぶ」

'Studying abroad' and 'Learning from abroad'

一九八四―五年と、二〇〇〇―一年の二度、在外研究の機会を得た。いずれもロンドン大学経済学研究科（LSE）にお世話になった。LSEは、イギリス会計界、いや、ヨーロッパ会計界の頂点に立つ大学で、会計・財務部門のスタッフだけで、四〇名近い。本章は、わたしの在外研究雑感である。「ご用とお急ぎでない方」以外は、先の章へ進んでいただきたい。

1　思い上がり

初めてイギリスに留学したのは、一五年前（一九八四－一九八五年）で、わたしは、当時、愛知学院大学の助教授であった。年齢による序列の厳しい大学で、先任の教員が留学しないと、後任の教員はなかなか留学することができなかった。助教授になるのも、教授に昇任するのも、すべて、先輩次第であった。いまでも同じかどうかは知らない。

今回の在外研究は、二度目なので、同じ大学に勤めていたら認められなかったであろう。幸いにして、神奈川大学に転じたことから、在外研究の機会が与えられた。しかも、五〇歳を過ぎてからの在外研究である。前の大学では、長期（一年）の在外研究は、五〇歳までと決まっていたので、海外に出るのはもう短期しかないと、なかばあきらめていた。しかし、うれしいことに、神奈川大学では、六〇歳代でも海外研究が認められるし、サバティカルの制度もある。サバティカルというのは、大学教員に与えられる研究休暇（sabbatical year とか sabbatical leave という）のことで、英米では七年ごとに半年とか一年の休みが与えられる。わが国でも、ごく一部の大学が認めているが、チャンスは生涯に一度かぎりである。

初めてイギリスに留学したときも、今回も、不遜《ふそん》なことに、これだけ通信手段が発達し、雑誌や書籍も簡単に入手できる時代なのだから、外国のことを学ぶのは日本にいても十分にできると考えていた。

一五年前には、その考えが間違っていることに気づくのに三か月ほどかかった。日本にいては決して気づくことのなかったイギリス会計（アメリカもオーストラリアもカナダも事情は同じであったが）の政治的側面をつぶさに観察することができたのである。

この話は、雑誌「會計」に「イギリス・インフレーション会計の政治的背景(1)、(2)」（田中、一九八六年a、b）と題して公表した。また、小著『イギリスの会計基準―形成と課題』（中央経済社刊、一九九一年）に再録したので、関心のある方はご一読いただきたい。

このときの経験がなかったら、小著『時価主義を考える』（中央経済社刊、一九九八年、第二版、一九九九年a）は書けなかったと思う。イギリスに留学した当時は、イギリスの会計事情、とくに、イギリスをはじめ、アメリカ、カナダなど英語圏の諸国がカレント・コスト会計（時価主義）を、政府の強引な主導の下に制度化した事情を紹介するのが精一杯であった。

しかし、これは、その後、ことあるごとに時価主義を考えるきっかけとなったのである。『時価主義を考える』は、そういう意味で、帰国後一三年も経ってからではあるが、「イギリスで学んだ」成果である。

2　カースバーグ教授

一五年前のことを忘れて、今回も、「外国に学ぶ」のは、日本にいてもできると思い上がって、ロンドン大学の経済学研究科（LSE）を訪ねた。話は、すこし本筋から離れる。

一五年前に留学したときの受け入れ教授は、今をときめく、IASC事務局長のカースバーグ（B.Carsberg）教授（当時）であった。カースバーグ教授は、LSEの生え抜きで、当時、British Telecom（日本でいうNTT）の民営化に携《たずさ》わっていて多忙を極めていた。いまでこそカースバーグ氏の立場が時価主義であることはよく知られているが、当時は、時価主義を主張した論文もなく、どういう立場の人か、よくわからなかった。ただ、*Accountancy* 誌などの記事から、FASBの仕事を好んでしていることはわかっていた。

わたしが留学したのが、一九八四年から八五年であったので、イギリスの会計界はインフレ会計か時価主義かで大もめにもめたあと、政府が強引に時価主義を制度化した直後であった。そのとき、時価主義の理論的バックボーンを提供した一人が、カースバーグだったのである。留学中に、「エドワーズとベル」で有名な、ベル教授を招いた講演がロンドン大学で開かれたが、彼を招いたのも、カースバーグであった。

その当時すでに時価主義に懐疑的であったわたしは、カースバーグの講義を聴いても、次第に不信を抱くようになってきた。いまでも思うのであるが、カースバーグの時価主義は、理論的な帰結というよりも、彼の信念、信仰に近い。彼の顔立ちや名前からしても、アングロ・サクソン系というよりは、オランダ系ではないかと思われる（確信はないが）。オランダといえば、イギリスよりも時価主義に傾倒している国である。彼の主張の素性がわかるような気がする。

3 ブロムウィッチ教授

前の留学から一五年後のことに話をもどしたい。一五年前も、今回も、出かけるときは、「外国のことは日本にいても研究できる」と考えていた。一五年前には、それが誤りだと気づくのに三か月かかったという話をした。

そんなことも忘れて、今回も、イギリスのことは日本にいても研究できる、と思っていた。これだけインターネットが発達している時代である。会計士協会のホームページや会計基準審議会（Accounting Standards Board）のホームページを開けば、公表されたドキュメントを読むことができるし、丸善や日本書籍などの出版案内もある。特別、イギリスまで出かけていって研究するまでもないのではないか、という気持ちであった。

それでは、なぜ、おまえはイギリスにわざわざ出かけたのか、と聞かれるかもしれない。めぐるしい日本をしばらくはなれて、考えをまとめてみたいという気持ちもあったし、一五年来の友人たちに再会したいという気持ちもあった。

ロンドン大学にはいくつもの学部・大学院があるが、会計部門は、London School of Economics and Political Science にある。通常、LSEという略語でとおっている。イギリス会計学の、いやヨーロッパ会計学の頂点に立つ大学である。IASCのロンドン・オフィスがすぐ近くにある。

一五年前に出かけた気安さもあったし、マイケル・ブロムウィッチ（M.Bromwich）教授とは面識もあった。ASBが公表する「財務報告基準（FRS）」の翻訳許可もブロムウィッチ教授に仲介してもらった。そんなこともあって、二度目の在外研究もLSEに申請した。LSEからは、客員教授（visiting professor）として招聘《しょうへい》していただいた。一五年前は、与えられた研究室はなんの設備もなかったが、今回のオフィスは広い。スペインからきている財務論の助教授（Anna Arbussa）とオフィスをシェアしたが、普通の研究室の二倍から三倍の広さで、しかも、パソコン、コピー機、電話、FAX、冷蔵庫、冷水器、コーヒー・メーカー、何でもそろっていた。近くの研究室の教員がしょっちゅう、お茶を飲みに顔をだすので、わたしにとっては情報収集の場でもあったし、英会話の無料レッスンの場でもあった。

そのＬＳＥにブロムウィッチ教授を訪ねた日、大学の中にある書店（Economists' Bookshop）で気になる書名の本をみつけた。題して、*Ethical Issues in Accounting* という。論文集のような本である。

編者の一人は、John Blake といい、イギリスの会計基準を紹介する本も書いているので名前は知っていた。目次にざっと目を通したときに、課税と倫理の問題とか、監査人の倫理の問題などが目につき、面白そうなので、一四ポンド九九ペンス、投資した。

ブロムウィッチ教授とは、その日、学内のレストランで昼食をともにしながら、わたしの研究計画を聞いてもらい、貴重なアドバイスをもらった。教授は、管理会計を専門としながらも、財務会計についても造詣《ぞうけい》が深く、しかも、日本やアメリカの財務会計についても豊富な知識を持っている。教授の研究室を訪ねるたびに、また、毎週水曜日に開かれる研究会で顔を合わせるたびに、マイケルのユーモアたっぷりの話を聞くことができた。イギリスでは、ふつう、初対面でもファースト・ネームで呼び合う。だから、ＬＳＥでは、若い教員もセクレタリーも、誰もがブロムウィッチ教授のことをマイケルと呼ぶ。

4 Creative Accounting

翌日、同じ書店で、棚の隅のほうに、*Creative Accounting and the Cross-eyed Javelin Thrower* と題する本があるのに気が付いた。Creative Accounting という表現は、日本ではけっしてなじみ深いものではない。定着した訳語もない。中央経済社から出版されている「英和和英会計経理用語辞典」では、creative accounting を、つぎのように解説している。ちなみに、解説を書いたのは、わたしである。

「creative accounting 創作的会計、創造的会計操作［粉飾経理（window dressing）のこと。資産測定および利益の算定には多くの主観的な要素が入り込むため、法律やGAAPに準拠しつつ恣意《しい》的な利益額をcreateする会計操作。］」

自分でこの一文を書いたこともあって、この本に興味を持った。ただし、表題の Javelin Thrower とは何かがわからなかったので、ポケットに忍ばせてあった Sony の Digital Data

Viewer（DD−IC70）でチェックしてみた。この辞書はいい。DATA Discman のように立ち上げに時間がかかることもない。瞬時に立ち上がる。スペルをいいかげんに押しても、途中までしか押さなくても、求める言葉がみつかる。

5 「やぶにらみ」が槍を投げたらどうなるか

Javelin Thrower とは、やり投げの選手のことだという。Cross−eyed はやぶにらみのことであるから、やぶにらみのやり投げの選手と Creative Accounting とどういう関係があるのか、最初に関心を持ったのは、この表題であった。その点で、この書名は成功している。

立ち読みしてわかったことは、Creative Accounting をターゲットにしてやりを投げても、その選手がやぶにらみだったら、的にあたるかどうかわからない、しかし観客は、――イギリス人の賭け事好きを想起されたい――一〇ペンスか二〇ペンスを賭けながら、結果を見守っているはずだ、ということである。

Creative Accounting を退治しようとして、会計基準審議会（ASB）、財務報告違反審査会（FRRP）、緊急課題処理委員会（UITF）などが、たくさんのやりを投げているが、それらの機関がやぶにらみであったら、あたるかどうかわからない、——そんなことが書いてあるのではないかという気がして、一九・九九ポンドを投資することにした。

この本は、一頁目から面白かった。最初から吸い込まれるように、時間を忘れて読んだ。推理小説でもないのに、である。ただし、この本は、誰が読んでも面白いという本ではない。わたしがイギリス会計の研究者であり、かつ、この三〇年間ほどにわたるイギリス会計界の動向について、ある程度の知識があるから、とりわけ面白く感じたのであろう。

とまれ、この本は、日本でも手に入ったはずである。すでに書いたが、丸善や日本書籍からは最新の出版案内が届けられる。日本でも十分に出版情報が手に入るのである。しかし、予算があり余っているのであれば別だが、限られた予算の中で本を発注するというとき、この *Creative Accounting and the Cross-eyed Javelin Thrower* という題の本を選択するであろうか。わたしなら、たぶん、発注しなかったと思う。書名からは、何の本かな、という疑問は生じても、上記のような内容まではわからないからである。

実は、この本を読んでいる途中で、偶然に、*Accounting for Growth* というペーパーバックをみつけた。わたしは経営分析の本も書いているので、この本はきっと、「会社を成長させるために、いかに会計情報を活用するか」といった内容だと勝手に解釈したが、手にしてから副題がついていることに気が付いた。題して、*Stripping the Camouflage from Company*

Accounts とある。「財務諸表の化けの皮をはがす」とは、おだやかではない。この本は Creative Accounting を批判する警世《けいせい》の書であった。書名だけでは本の内容を誤解する、いい例かもしれない。

二、三頁立ち読みしてびっくりした。この本は、出版前に妨害にあっているではないか。Creative Accounting を指摘された会社から、そして、Creative Accounting に甘いと指摘された会計事務所から、度重なる出版妨害を受けているのである。

わたしも、似たような経験を持っているので、急にこの本に親しみを覚えた。日本でもイギリスでも、現在の制度や社会あるいは国の施策を批判的に分析する者は嫌われるようである。たとえ、それがごみ処理であれ、教育であれ、会計であれ、ともかく、現行制度も国の施策もすべて正しいものとして筆を運ぶ人が好まれるのである。

6 「外国で学ぶ」

ところで、Creative Accounting という表現をタイトルに使った本は、これまでにも何冊か目にしてきた。ただ、あまり興味が湧《わ》かず、読むまでにはいたらなかった。今回は違った。なぜ、急に興味が湧いたのか。それは、いままで、イギリスでは会計基準や会社法からの離脱は少なく、たとえそれがあっても、それは真実かつ公正な概観（ＴＦＶ）を確保するために必要だからである、と信じていた。日本のように、利益操作や決算操作がほとんどすべての企業で日常化しているようなことはない、と。

しかし、何冊かの本や雑誌を読んだり、マイケルやＬＳＥの若い教員の話を聞いたり、勅許会計士協会（ＩＣＡＥＷ）のライブラリーにいる専門スタッフから資料をもらって読んだりするうちに、イギリスでも、一九八〇年代に入ってからは、けっこう利益を操作したり、貸借対照表を美化するような会計が行われてきたことを知った。

また、それを阻止しようとして、先に上げた会計基準審議会（ＡＳＢ）、財務報告違反審査会（ＦＲＲＰ）、緊急課題処理委員会（ＵＩＴＦ）などが、いろいろな工夫をこらし、時には、企業とフレンドリーな関係を保ちつつアドバイスを与え、時には、企業に強く改善を求め、さらには、訴訟を起こしてでも決算内容や開示内容を変えさせようとしてきたこともわかった。

最初に買った *Ethical Issues in Accounting* を改めて開いてみると、ここでも、Creative Accounting という一章があった。しかも、内容豊かな一章であった。

イギリスの大学は、六月に年度末試験がある。非常に厳しい試験で、五月に入ったころから、学生は教員を捕《つか》まえて質問しようと躍起である。七月にはいると、教員も夏休みに入る。ＬＳＥ

の会計・財務部門では、大学の近くを流れるテムズ川に浮かぶ船上レストランで、年度末のSummer Boat Partyを開いた。

会計と財務だけで、スタッフが四〇名近くもいるのである。セクレタリーも参加していたので、実に愉快なパーティであったが、開会のあいさつも、何のスピーチもない。夕方六時に始まって、終わったのが夜中の一時過ぎである。ロンドンは、一時を過ぎると地下鉄や電車も止まるので、始発までの時間は、ナイトバスが走っている。ロンドンの中心部（トラファルガー広場）から、わが家の前を通るバスが、なんと、夜の一時から朝の五時まで、二〇分おきに出ているのである。ちなみに、料金は、一ポンド（約一七〇円）。飲んべえと夜遊び隊には、この上なくいい街である。

大学が休みに入ると、LSEでは、Summer Schoolが開かれる。他大学の学生や社会人を相手にしたビジネス・スクールである。アーレンス（Dr. Thomas Ahrens）という、若い会計学者がいうには、サマースクールで教えると金になるそうである。彼はそういいながら、「ぼくは金より、時間のほうがいい」といって笑っていた。結局、LSEのサマースクールは、多数の非常勤講師が講義を担当しているようであった。

サマースクールが始まると、自分の教室が近いのか、ギリシャ人の会計学者(Dr. V. P. Filios)が、わたしのオフィスに来るようになった。先にも紹介したが、わたしのオフィスは、お茶も飲めるしコピー機もある。FAXも冷水器もある。暑い日(そんな日は、ロンドンにはめったにないが)には、冷たいミネラル・ウオーターを飲みに来るスタッフが多い。ドクター・フィリオスも、講義の合間に、よくお茶や水を飲みに来た。

彼は忙しい。講義の合間に来るのであるから、来たと思ったら、いなくなる。ある時、講義がなかったのか、今風にいうと、チャットする時間ができた。当然ながら、わたしの研究計画とかわたしの関心事に話しが及んだ。今回、ロンドン大学に在外研究の申し込みをしたとき、その目的を「会計基準の設定とその順守状況に関する調査」としてあった。日本の会計実務が利益操作や粉飾に汚染されていて、会計のルールからの離脱・違反がはなはだしいのに対して、イギリスの企業が、「離脱規定」や「実質優先原則」がありながら、なぜ利益操作や粉飾まみれにならないのかを、調査する予定であった。

しかし、すでに、二か月の調査で、イギリスも一九八〇年代はCreative Accountingに汚染されていたことを知っていたし、それに対して、ASBやUITF、FRRPなどが、いろいろな対策を立て、これを実行してきたことも知っていた。自分の研究経過を話していると、彼は、こともなげに、「ASBなどの施策は、あまり効果がない」という。それまでに何人かのイギリス人から聞いた話よりもかなりシビアなことをいう。外国のことだからシビアにいうのかと思っていたら、ギリシャも同じだという。けっこう公平なのだ。

彼が、「あれを読んだか」といって、わがオフィスの棚に並んでいる雑誌を指さした。わがオフィスに並んでいるのは、バクスターの名著など、かなり古い時代の会計文献か、LSEのカレンダー（日本でいう、履修要覧）で、新しいものはほとんどなかった。しかし、彼にいわれて手にした雑誌は、比較的最近のもので、誌名が、*Company Reporting–a monthly review of financial reporting practice* とあった。出版しているのは、Company Reporting Limited というエジンバラにある出版社であった。Monthly ということから逆算すると、まだ Creative Accounting が盛んであった一九八九年に創刊された雑誌である。自分が使っていたオフィスに、そんな雑誌があることさえ気が付かなかった。

彼にいわれて、その雑誌を何冊か開いてみた。そのときまで、「親切な人」に過ぎなかったフィリオスが、「会ってよかったフィリオス」になった。なぜなら、この雑誌は、Creative Accounting を調べるには絶好の雑誌だったからである。

イギリスに来て、すでに三か月経っていた。最初の一か月は、住居を探したり、子供たちの学校を探したり（イギリスでは、定員に空きがないと、公立校でも入学を認めてくれないので、あちこち探さなければならない）、住居が決まっても、冷蔵庫と冷凍庫をいっぱいにするのに何日もかかるし、トイレット・ペーパーだの洗剤だの、子供の学用品だの、テレビだのＦＡＸだの、ビールだのワインだの、ともかく、生活をスタートするのに、一か月はかかる。それから、自分の研究生活を始めたわけであるが、それでも、すでに二か月経過していた。その間、自分なりに、Creative Accounting の実例をいろいろ探していたが、どの本・雑誌論文も、ほぼ同じ会社を取り上げていて、事例を探すのに苦労していた。ところが、この雑誌は、まさに、Creative Accounting の事例集ともいうべき内容であった。

この雑誌は、毎号、三〇頁か四〇頁のもので、四つのパートに分かれている。最初の「Review」は、その号の案内みたいなもので、つぎの「Issue of the Month」は、毎号、「不動産の再評価」とか、「キャッシュ・フロー計算書」とかの特集を組んで、会社の開示実務を紹介している。

第三部の「Monitor」は、A review of recent changes of reporting practice made by companies という副題が付いているように、会社が会計方針を変更した事例が紹介されている。毎号、三〇社か四〇社くらいが取り上げられている。

最後のパートは、Extractsで、副題が、A selection of texts of recent changes of reporting practice となっている。最近のディスクロージャーの傾向を紹介しているパートといえようか。

わたしにとって、重要だったのは、Monitorのパートであった。ここでは、各社が会計方針を変更した状況とか、その開示が紹介されている。

二つほど紹介しよう。いずれも、一九九六年五月号（通算第七一号）において取り上げられた事例である。

×　×　×

・BARCLAYS PLC

決算日：　九五年一二月三一日（九四年一二月三一日）

公表日：　九六年二月二六日（九五年四月四日）

決算日から公表日までの日数：　八六日（九五日）

売上高：　該当せず（該当せず）

税引き前利益（百万ポンド）：　二〇八三（一八五九）

従業員数：　九二、四〇〇名（九五、七〇〇名）

監査事務所：　プライス・ウオーターハウス（ロンドン）

産業グループ：　銀行

業種：　銀行業、金融および関連事業

上場形態：　FT－SE100

キーポイント：　従来は、のれんを積立金と相殺してきたが、これを資産計上することにしている。

のれん：　一九九五年度は、資産計上。
　　　　　一九九四年度は、資産計上せず。

ICI社やGlaxo Wellcome社が、のれんを特定積立金として資産計上することを決めたのと同様に、Barclays銀行も、一定の状況の時に、のれんを資産化することにしている。会計方針に関する注記では、「新しい方針は、戦略的に企業取得を行う場合には、のれんを資産計上するほうが適していることもあるという考えを反映したものである」と説明している。一九九五年度の財務諸表には、企業取得から生じたのれん二億二、九〇〇万ポンドが資産計上されており、二〇年以上にわたって償却することになっている。過年度の企業取得に係るのれんで、期末に積立金と相殺された額は、四億八、六〇〇万ポンドである。

×　×　×

- BRITISH AEROSPACE PLC

決算日：　九五年一二月三一日（九四年一二月三一日）
公表日：　九六年四月六日（九五年四月六日）
決算日から公表日までの日数：　九七日（九六日）
売上高（百万ポンド）：　五七四一（七一五三）
税引き前利益（百万ポンド）：　二三四（二一一）

従業員数：　四五、二〇〇名（五六、四〇〇名）
監査事務所：　KPMG、ロンドン
産業グループ：　エンジニアリング
業種：　軍用機および商用機
上場形態：　FT–SE 100
キーポイント：　開発用の不動産については、利子を原価算入してきたが、これを止める。
開発用不動産：　一九九五年　利子の原価算入を止める。
　　　　　　　一九九四年　開発用不動産に係る借入金の利子を原価に算入。

British Aerospace社は、これまで、開発用不動産に係る借入金の利子を原価に算入してきた。取締役によれば、この処理はもはや最善の実務とはいえず、したがって、過年度から繰り越してきた額を償却する。前年の数値は、棚卸資産、留保利益および繰延税金に対する修正を行ったうえで、再表示している。「財務に関する概観」の欄においては、この変更によって、一九九五年度は、利益が二〇〇万ポンド、株主資本が三、五〇〇万ポンド減少したことが開示されている。

×　×　×

紹介されている事例には、会計報告の形式、精粗、内容などが変更されたケースも含まれており、ディスクロージャーの改善が見られるケースも改悪が見られるケースもある。会計処理が変更されたケースでも、会計基準の変更に合わせたものもあれば、会計基準に準拠すると経営の実態（TFV）を示せないとして離脱するケースもある。取り上げられたケースは多様で、すべてCreative Accountingというわけではないにしても、イギリスの会計実務をつぶさに知る絶好の刊行物であることは間違いない。

そのころ、気が付いたのであるが、LSEの若手は、ほとんどが管理会計の研究者で、財務会計の研究者は、少なくとも、わたしの周りにはいなかった。そんなこともあって、LSEに二か月も滞在していながら、この雑誌の存在にさえ気が付かなかったのである。

収穫であった。なぜなら、日本では、Window Dressingであろうが Creative Accountingであろうが、野放しに近く、企業の会計監査を担当する公認会計士や監査法人にしろ、会計基準を設定する立場の大蔵省にしろ、株主でさえも、何もいわない。広告収入が減るのを嫌ってか、経済新聞も書きたがらない。

一部の雑誌は、粉飾や利益操作を糾弾する記事をトップ記事として載せることもあるが、その後、糾弾した会社からの広告が入ると、とたんに矛先《ほこさき》がにぶってしまう。日本を代表する経済新聞が、度重なる日本航空の不祥事を記事にしないのも、広告収入の減少をおそれてのことだといわれている。日本のマスコミは、広告主には弱いのである。

あえていえば、日本では、決算は企業の思うように行われてきた。景気が常に上昇傾向にあった時期は、それでも、何も起こらなかった。まれに、信じられないような経理を続けた会社、たとえば、ミシンのリッカー、山陽特殊鋼、不二サッシなどの倒産騒ぎはあったが、ほとんどの会社は、多少の利益操作（損失隠しや利益の過大計上）をしても、一期か二期後には、好景気によって埋め合わせができたのである。

しかし、バブル崩壊後も、多くの企業は決算操作を繰り返してきた。景気の後退期に決算操作をすると、あとで埋め合わせようにも埋め合わせるものがない。バブル崩壊後、金融機関や不動産会社などが数多く倒産したが、ほとんどすべての会社において決算操作が行われていたことが判明している。しかし、会計士にも、経済社会やジャーナリストにも、投資家にも、そして、学者にも、企業の不正を阻止しようとする意欲も力もなかった。

7 「外国に学ぶ」

イギリスでは、一九八〇年代に入って Creative Accounting が流行し始めると、会計規制機関がこれを阻止しようとして、奮闘している。イギリスでは、こうした Creative Accounting を放置しておけば、会計に対する信頼が大きく後退することを危惧《きぐ》するのである。

イギリスは直接金融が支配的な国である。企業は、必要な資金を、株式を公開して、直接、株主から調達する。そういう社会では、資金を提供する株主から信頼されないかぎり、新株を発行しても資金を集めることができない。

もし、Creative Accounting が野放しになれば、企業が公表する財務数値が信用されなくなり、ひいては、企業が資金を調達しようにも投資家が動かなくなってしまう。直接金融の国々では、会計が資金調達のかぎを握っているといってもよい。つまりは、会計がちゃんと機能しないと経済界が沈没してしまうのである。

わが国では、個人が銀行や保険会社といった金融機関に資金を預け、金融機関はその資金を事業会社に貸し付けるといった間接金融が支配的である。こうした間接金融の国では、企業は資金を銀行などから借りて調達するので、銀行との信頼関係を保つことが一番重要なことで、企業のオーナーであるはずの株主はあまり重視されない。重視されないどころか、なおざりにされてきたといってよい。

株主の側にも、そうした企業の態度、つまり、株主軽視の態度を是認、あるいは、意に介さずにきたところがある。わが国の場合、個人の株主は、多くの場合、投資家というより投機家で、会計数値を使って企業の収益性とか安全性などを分析したうえで購入する株式をきめるのではなく、短期日に株価が上昇すると見込まれる株式に投資し、キャピタル・ゲイン（株式の売却益）を手に入れようとする。そうした投機的な意図で株式を売買する者は、利益の配当などは期待しない。したがって、会社がどういう決算をするか、いくらの配当をするかには、ほとんど関心がない。

くわえて、わが国では、企業集団内での持ち合いが一般化している。それも、上場している株式の七〇％にも及ぶという。上場している企業は、自社が発行する株式のうち、七〇％を仲間の企業群に保有してもらい、そのお返しに、仲間の企業が発行する株式を保有するのである。

持ち合いが一般化しているということは、二つの意味がある。一つは、経営者が、会社の真のオーナーは、個人の株主ではなく、仲間の企業群だと考えることである。つまり、決算報告においても、個人の株主を重視する必要はないのである。

もう一つは、株式を発行しても、発行価額の七〇％は同じ集団のなかで買われるのであるから、結局、企業グループに入る資金は、発行価額の三〇％にしかならない、ということである。新株の七〇％を買ってくれる仲間の企業群が重要で、三〇％の個人株主等（わが国の投資信託、外国人投資家・外国の機関投資家を含む）は軽視される。

ある企業で一〇〇億円必要というときは、発行価額で三〇〇－四〇〇億円の新株を発行しないと、必要な資金がその企業に入ってこないのである。差額の二〇〇－三〇〇億円は、新株発行を引き受けてもらう見返りとして、他の企業が発行する株式を購入する資金に充当しなければならない。

これでは、マンションを買おうとして父親に借金しようとしたら、マンションの金を貸してやるけれど、その代わりに、父親も別荘を買うので金を貸してくれといわれるようなものである。お金の移動は、ほとんど紙の上だけのもので、実質は三〇%しか動いていない。持ち合いも、七〇%は紙の上の資金移動に過ぎない。日本経済は、戦後の長い間、落語の「花見酒」と同じ愚を繰り返してきたのである。

決算操作は、一部から、歓迎されるという面もある。つまり、投機家は、所有する株の価格が上昇すればキャピタル・ゲイン（売却益）を手に入れることができるので、株価上昇の原因が何であるかを問題にしない。それが、たとえ、利益の操作であれ、ペーパー・プロフィットであれ、である。そうした事情もあって、わが国では、利益操作や粉飾に対しては株主からの批判やクレームも出ない。

しかし、日本の会計がこのままでいいわけはない。いくら連結財務諸表やら時価評価やらの欧米基準を取り入れても、決算操作やら数字のマッサージが続けられる限り、日本の財務諸表が企業の実態を現すこともなければ、投資意思決定に役立つこともないからである。

イギリスの知恵と経験と勇気に学んで、やり放題の粉飾や決算操作を排除する努力をしなければ、日本の会計は、クリスマスと同じで、英米のものを取り入れた顔をしながら、似て非なるものになってしまう。ここに、「外国に学ぶ」意味がある。

粉飾とか利益操作とかいうと言葉はきつい。しかし、イギリスでは Window-dressing や Creative Accounting は、決して健全な会計とは考えられていないし、仮に違法ではないにしても排除すべき会計実務とみられている。わが国でも、それくらい厳しい目で会計実務を見る必要があろう。

Creative Accounting については、つぎの第9章で取り上げる。

第9章 Creative Accounting とは何か

Creative Accounting —— Lessons to be Learned from the British Experiences

プロテスタントの国、イギリスでさえ、景気が後退すると、企業はいろいろと抜け道を探し出す。ネーミングは、クリエイティブ・アカウンティングなどと魅力的であるが、中身は利益操作である。

わが国と違うのは、政府もスタンダード・セッターも、これを阻止しようとして大奮闘していることである。

1　望みどおりの利益を出す方法

今から十数年前、イギリスの経済ジャーナリストであるイアン・グリフィス(Ian Griffiths)が、*Creative Accounting* と題する本を出した。副題が、「望みどおりの利益を出す方法(*How to make your profits what you want them to be*)」とあった。これは売れたという。

本書の冒頭で、グリフィスはつぎのようにいう。

「この国では、どの会社も、利益をごまかしている。どの会社の財務諸表も帳簿を元に作られているが、その帳簿が、軽く手を加えられているか、完全なでっちあげなのだ。年に二回投資社会に提供される数値は、すべて、有罪にならないように加工されている。これはトロイの木馬以来、最悪の詐欺《さぎ》である。……（ところが）実は、このペテンがすべて美味なのである。まったく合法である。それが、Creative Accounting なのだ。」(I.Griffiths, 1986,p.1.)

余談ながら、この国では、帳簿を操作することを「料理する（cook）」という。それがひどくなると、「こんがり焼く（roast）」となる。ちなみに、自然科学の世界では、得られた実験結果に手を加えることを「数字をマッサージする」というのだそうである。どちらも、言い得て妙である。

Creative Accounting ということばは、わが国ではなじみのあることばではない。一部の会計学者が知っているくらいであろう。わたしの知る限り、Creative Accounting をテーマとした論文や本はない。

中央経済社の「英和会計経理用語辞典（新井清光編）」では、Creative Accounting につぎのような訳語と解説を付している。前章でも紹介したように、原稿を執筆したのはわたしである。

「創作的会計、創造的会計操作［粉飾経理（window-dressing）のこと。資産測定および利益の算定には多くの主観的な要素が入り込むため、法律やGAAP《ギャープ》に準拠しつつ恣意的な利益額をcreateする会計（操作）。］」

これを執筆した当時（一九九〇年ころ）は、わたしには、これ以上の知識はなかった。Creative などという魅力的な言葉の裏にまやかしが潜《ひそ》んでいるらしいということしか知らなかった。

前記のグリフィスの文言は、Creative Accounting を定義したものではない。そこで、最初に、とりあえずの定義として三つ示す。最初の定義は、やや中性的で、会計の知識を持たない人たちには、何のことか理解できないであろう。二番目の定義は、具体的に説明してはいるが、その結果、どうなるのかを書いていない。第三の定義は、ずばりCreative Accountingの本質をいい当てているが、Creative Accountingを使っている立場の者には、いい過ぎだと映るであろう。

①「会計に関する知識を使って、財務諸表において報告される数値を操作するプロセス」
（J.Blake et al.,1998,p.24.）

②「違法ではないにしても、ミスリーディングで、楽観的な会計の形態。規制を受けない会計取引が多数存在したり、規制があってもルーズであったりすることから生じる。会社は、財務上の成果をよりよくみせようとして、こうしたルーズなところを利用することがある。特に、会社が会計上の利益を大きくみせたいとか、貸借対照表を強化したいと考えるときに利用される。

Creative Accountingが使われる取引の例としては、委託商品、買い戻し条件つき販売などがある。こうしたケースでは、Creative Accountingにおいては、企業活動のリスクと報酬（つまり損益）と法律上の権利を切り離して処理したり、いくつかの取引を組み合わせて、個々の取引のもうけを計算できないようにしたり、契約の中に将来実行されそうに見えるオプションを取り入れたりする。

Creative Accounting は一九八〇年代に比べると、今ではあまりはやっていない。それは、景気が後退して、財務諸表を厳しく見るようになったことと、会計基準審議会（ASB）や緊急課題処理委員会（UITF）が、一部の乱用事件を処理した結果である。」

（Oxford, *Dictionary of Accounting*, 2nd ed., 1999, p.104.）

最後のパラグラフは、鵜《う》呑《の》みにはできない。なぜかは、あとで述べる。

③「Creative Accountingは、現行のルールをうまく利用したり、そのルールを無視したりして、財務会計の数値を、本当の数値から財務諸表作成者の希望する数値に変えることをいう。」（K.Naser, 1993, p.2.）

イギリスでは一九八〇年代に利益が急成長する企業が増えたが、アナリストのテリー・スミス（Terry Smith）によれば、それは「純粋な経済成長の結果というよりは、会計上の手品によるもの」（Terry Smith, 1992, p.4.）である。本章では、この手品とはいかなるものかを紹介する。ただし、その多くは、日本でもひんぱんに使われている手であり、手品といえるほどのものではないかも知れない。

2　Creative Accounting の方法

Creative Accounting は、端的にいえば、利益操作である。それも、合法と非合法、適正と不適正のスレスレで行われる操作である。フェアという観点を加えて見ると、非合法・不適正・アンフェアであるが、ごり押しをすれば、合法・適正となる可能性のある方法とでもいえようか。決して、フェアとはいえない。

合法・適正に見せるために、しばしば注記が使われている。財務諸表本体では Creative Accounting を使い、注記で情報を出して逃げ道とするのである。そのため、「一九八〇年代末までには、財務諸表が真実かつ公正な概観を示していると信じることは難しくなり、財務諸表の注記を読んで、これを理解する能力が財務分析に不可欠な要素となってきた。会社のことを知るためには、（財務諸表よりも）その注記から読み始める必要があった」（W.McKenzie,1998, p.134.）という。

Creative Accounting の手法を外見から分けると、つぎのように分類できる（J.Blake et al.,1998,p.26.）。それぞれのカテゴリーにおいて、どのような手法が使われているかを、いくつかの文献をもとに紹介しよう。

(1) 会計方法の選択

Creative Accountingに最も多くの機会を与えているのが、棚卸資産の評価だといわれている（W.McKenzie,1998,p.137.)。在庫の評価方法として後入先出法《あといれさきだしほう》（LIFO《ライフォー》）を使ったり先入先出法《さきいれさきだしほう》（FIFO《ファイフォー》）を使ったり、間接費を過分に在庫に賦課させたり、低価法に使う正味実現可能価額を過大に評価したり、陳腐化した棚卸資産に対する引当金を設定しなかったり、いろいろな手がある。

しかも、イギリスの会社も日本の会社も、棚卸資産に関する情報はほとんど開示されない。つまり、Creative Accountingを使ったかどうかは、外部の者にはわからない。たとえば、IMI社の場合、棚卸資産に関する開示は、つぎのようなものである。

「棚卸資産は、正味実現可能価額を時価とする低価法で評価されている。仕掛品と完成品の原価には、直接製造費のすべてと、製造間接費のうち適当な部分を算入している。」

日本の企業も、同じ程度のことしか開示しない（わが国では低価法において採用する時価の種類も開示されていないことが多い）。時価の種類や算定方法あるいは間接費の算入基準などが変更されたとしても、開示されない。Creative Accountingが使われても、外からはわからないのである。

(2) 見積もり、判断、予測

こんな例が紹介されている。映画の制作会社は、最初、制作費を資産として計上し、その後、収益に応じて償却する。ところが、Orion 社は、非常に楽観的な処理をする会社で、収益の上がる見込みのない映画でも、数年間も制作費を償却しないこともあるという。

また、見積もりを外部の専門家に依頼する場合にも、Creative Accounting が使われる例として、アクチュアリーに年金債務の計算を依頼するケースが紹介されている。年金債務の見積もりを頼むときは、事前にアクチュアリーに情報（意向）を伝えて希望する金額を出してもらうか、低めの評価をするアクチュアリーなのか、高めの評価をするアクチュアリーなのかがわかっている人に依頼するという（J.Blake et al.,1998,p.26.）。

減価償却費や引当金は、いわゆる paper charge（キャッシュ・フローを伴わない費用）なので、Creative Accounting にはもってこいである。たとえば、British Airports Authority は、一九九〇年、滑走路の耐用年数を四〇年から一〇〇年に、ターミナルを三〇年から五〇年に延長した。British Rail も、一九九三年、機関車の耐用年数を二〇年から、最長三〇年に延長している（W.McKenzie,1998,p.144.）。いずれも利益の増加に貢献する変更である。

(3) 意図的な取引

ある資産を銀行に売却する契約を結び、その後、耐用年数の残りの期間、その資産をリースバックする。いわゆる、Sale and Leaseback である。この契約での売却価格は、資産の現在価値より大きくすることもできるし、小さくすることもできる。差額をリース料に反映させれば済むからである。これで、当期の利益を増やすことも減らすこともできる。

(4) まともな取引での装飾

まともな取引であっても、Creative Accounting の手法となるものがある。典型的なのは、益だしである。含みのある資産をいつ売却するかは、経営者の裁量であるから、損失が出そうな年に含みの大きい資産を売却して損失を消すことができる。

3 なぜ、Creative Accounting に走るのか

経営者が Creative Accounting に走るには、いくつかの理由や動機がある。一九八〇年代

以前は、会社が不正を働くとすれば、ほとんどが利益を平準化するための粉飾（window dressing）であったという（W.McKenzie,1998,p.134.）。八〇年代のCreative Accounting は、以下に紹介するように、多様な誘因によって発生している。

(1) 利益の平準化

経営者も株主も、利益が大きく振れることを好まない。一番望ましいのは、毎期、少しずつ利益が増えることであろう。そうなれば、株価も安定的に上昇する。そこで、経営者は、毎期の報告利益が安定した数値になるように腐心する。

利益を平準化するためにしばしば使われるのが、引当金である。マッケンジーは、概要、つぎのような話を紹介している。会社が巨額の利益を報告すると、いつも、やっかいなことになる。仮に、証券市場が一〇〇万ポンドの利益を予想しているとき、利益が一二〇万ポンドになったらどうすればよいか。会社が正直に一二〇万ポンドとして報告すれば、証券市場は、翌年の利益が一三〇万ポンドになるものと期待するであろう。公開会社の場合、利益を公表すると翌年の期待値を生み出してしまうのだ。その結果、経営者は、成績のいい年に引当金を大きく設定し、成績が悪い年には少なく設定する手を使う、と（W.McKenzie,1998, p.141.）。

引当金は、どこの国でも計算の基礎も明細も、ほとんど開示されない。そのため、引当金を使ったCreative Accountingは、外部からは窺《うかが》い知れない。

巨額の損失を出した年に、損失をできるだけ大きく報告するという手も使われる。そうすれば、翌年から、成績がよくなったように見えるからである。これを、big bath accountingというのだそうだ。損失の過大計上は、利益の素を貯めておくための大きな貯金箱になるということであろうか。

この手は、今、わが国の経営者（とくに大手事業会社と銀行）が盛んに使っている。今なら不況とバブル崩壊を理由に、いくらでも赤字を計上できるし、退職給付に関する新しい基準を理由としても巨額の損失を計上できる。いずれ景気が回復すれば、どの会社も巨額の利益を報告できるであろう。

(2) 利益予測値とタイアップさせた利益操作

アメリカのMicrosoft社は、ソフトウエアを販売するとき、将来のアップグレードのためのコストやカスタマー・サポートのための費用をカバーするために、利益のほとんどを将来に繰り延べる手を使っているという（J.Fox,1997.;J.Blake et al.,1998,p.29.による）。このやり方なら、将来の利益を予測するのはきわめて簡単であり、また、事前に発表した利益予測値に、実績値を合わせることもきわめて簡単である。

(3) 公益事業

小著『原点復帰の会計学―通説を読み直す』（税務経理協会刊）において、わが国の公益事業会社や建設・土木会社が利益を正直に報告できない事情があることを紹介したことがある（田中弘、一九九九年b、一九七―二〇二頁）。イギリスにも同じ事情があるようで、公益事業を営む会社の場合、利益が大きく出ると公共料金の引き下げが要求されるために、事業者は利益が減少するような会計方法を選択するという（J. Blake et al., 1998, p.30.）。

(4) 成功報酬

英米の企業では、しばしば、取締役の報酬を利益額や株価とリンクさせる契約を結ぶ。この契約が、Creative Accounting の誘因となる。たとえば、利益が一定水準（資本の一〇％など）を超えたときは利益の一定水準（五％など）を成功報酬として取締役に支払う契約を結んだとする。ただし、成功報酬は一〇〇万ポンドを限度額とすることにした。

この場合、経営者は、利益が最低水準（資本の一〇％）と最高水準（一〇〇万ポンド）の間にあるときは、Creative Accounting を使って、最高額に近づくようにするであろう。最低水準に満たない場合は、引当金を目いっぱい計上して、次期にこれを取り崩し、利益を増やすであろう。最高額を超えるときは、利益を最高額止まりにして、次期以降の利益増大策に使うであろう（J.Blake et al.,1998,p.30−31;J.Arnold et al.,1994,p.386.）。利益とリンクした成功報酬の制度は、Creative Accounting を誘発することになる。

(5) 利益分配契約

地方公共団体などが、レジャー・センターなどの経営を外部に委託して、その事業からの上がりを折半する契約を結んだとする。期末になると、公共団体側の会計士は利益が出たと主張し、受託会社の会計士は損失が出たと主張する。ここでも、どちらか（両方かもしれない）が Creative Accounting を使っている可能性が高い。

アメリカでは有名な話だそうであるが、ヒットした映画の収益に巨額の費用を賦課して、「純利益の分配契約」を結んでいる原作者、プロデューサー、俳優などにほとんど報酬を支払わないという手が使われる（R.Grover,1991.:J.Blake et al.,1998,p.31.による）。

(6) ストック・オプション

経営者にストック・オプションが与えられている場合には、経営者は株価を吊り上げるために、課税所得を減らし、料率統制を回避する（公益事業の場合）などして、将来のキャッシュ・フローや利益が増えるような会計処理を選択する可能性がある。株価が上昇することは、他の株主にとっても歓迎すべきことであるが、その分、債権者や他の納税者が犠牲になっている（J. Arnold et al.,1994,p.386.）。

(7) 支配人の交代

さきに、利益の平準化のために引当金が使われるという例を出したが、経営者が交代したときにも引当金が利用される。経営者が交代すると、会社は利益を圧縮するために巨額の引当金を設定するという。これで新しい経営者は、翌年、事業の成績を大きく好転させることができる（W. McKenzie,1998,p.141.）。

アメリカでは、銀行の支店長が交代すると、貸付金に対する貸倒引当金を高めに設定する傾向が見られるという（J.Blake et al.,1998,p.32.）。これも、ねらいは同じであろう。

(8) 株価対策

企業内部の計算では投資効率がよいと判定されながら、外部報告が足を引っ張ることがある。たとえば、新製品の広告キャンペーンに二、〇〇〇万ポンドを投資する計画を立てたとする。広告費は次年度に発生し、キャッシュ・フローと利益は、今後、毎年、五〇〇万ポンド発生する。この会社が投資をするときの判断基準とする投資収益率は一五％である。

この投資の内部収益率は二五％（五〇〇／二、〇〇〇）で、現在割引キャッシュ・フロー法によれば、この投資の正味現在価値は、一、三三〇万ポンドである。企業経営者としては、これは投資に値する。

ところが、財務報告のことを考えると、ことは単純ではない。もし、キャンペーンの費用を発生時に全額費用計上するとすると（これがイギリスの会計慣行）、会社が翌年に報告する利益は、キャンペーンをしなかった場合に比べて、激減する。もちろん、利益が激減するのは一期だけで、その後は投資の効果が出て利益が増加するのであるが、一部の投資家は、利益が激減するのを見て、所有する株を売るであろう。そうなれば、一時的にせよ、株価は下落する。

こういうシーンに直面したとき、経営者には二つの選択肢がある。一つは、キャンペーンを止めること、もう一つは、Creative Accounting を利用することである（J.Arnold et al.,1994,p.387.）。

このほかにも、株価対策、課税対策、債務条項の適用回避など、さまざまな理由から Creative Accounting が使われている。Creative Accounting の手も、ここで紹介したのはほんの一部に過ぎない。企業買収の会計処理を使って、無形資産の会計処理を利用して、利子の資産計上を通じて、例外的損益項目と異常損益項目の分類基準をねじ曲げて、オフバランス化の手を使って、あらゆる手を駆使して Creative Accounting が行われてきた。

4 Creative Accounting を生んだ背景

イギリスの Creative Accounting は、大部分が、一九八〇年代の産物であるという。一九八〇年代の初めころは景気が後退し、どんな意味での利益も見出せない状態であった。それまでインフレの影響もあって高水準の利益を計上してきた企業は、不景気のときにも利益を計上したいと考えたし、証券市場も利益が計上されることを期待した。

こうした状況の中で企業が発見したのは、つぎのような抜け道であった。つまり、会計のルールには、「やってはいけないこと」しか書いてなく、「やっていいこと」は書いてない。利益を上げることができないなら、すくなくとも、それを「作り出す（create）」ことはできると（W. McKenzie,1998,p.134.）。

これまで Creative Accounting に日本語を当てずに原語をそのまま使ってきたが、右の意味を込めて日本語に置き換えるとすれば、「利益創出会計」あるいは「利益捻出《ねんしゅつ》会計」あたりであろう。しかし、こんな訳語を当てると、そんな種類の会計があるのかと誤解されそうである。

とすれば、ややどぎついが、「利益でっち上げ処理」とでもいおうか。こっちのほうが本質を突いている。

決算操作は、一部から歓迎されるという面もある。つまり、投資家は、所有する株の価格が上昇すればキャピタル・ゲインを手に入れることができるので、株価上昇の原因が何であるかを問題にしないところがある。それが、たとえば、利益の操作によるものであれ、ペーパー・プロフィットの計上によるものであれ、気にしないのである。そうした事情もあって、利益操作や粉飾に対しては株主からの批判やクレームも出ない。むしろ、歓迎される向きもあるのである。

5　会計基準はストライク・ゾーンか

すこし、イギリス会計の話からそれる。

野球では、ピッチャーが高めいっぱいに投げても、低めいっぱいに投げても、ストライクはストライクである。なにも、馬鹿正直に、ど真ん中にストレートを投げる必要はない。テニスのサーブでも、サービス・コートに入れば、どこにサーブしてもよいのである。野球にしろ、テニスにしろ、どのようなルールにも、そうしたアローワンス（許容幅）がある。

高速道路のスピード制限は五〇キロ以上・一〇〇キロ以下というのが多い。その範囲内なら六〇キロで走行しても九〇キロで走行してもかまわない。ここにもアローワンスがある。

しかし、誰もが経験するように、高速道路を自家用車で五〇キロかそこらで走るのは、かなり危険である。特に夜間やカーブの場所なら、追突される危険が大きい。しかし、坂道の走行や定員いっぱいに乗った軽自動車、特殊な車（重装備車）、異常気象などのことを考えると、最低速度は五〇キロ程度にする必要がある。

最低速度の規制は、特殊な事情を考えて決められたものであるから、通常の車にとっては、適当な速度ではない。通常は、自分がおかれている状況を考えて、速度制限の幅の中で最適な速度を選択する。つまり、速度制限内であれば何キロで走行してもよい、というのではなく、各車それぞれにとって、また、その時の状況によって最適な速度というものがある。それは、表示上の許容幅よりも、はるかに狭い。そういうことをいいたかった。

さて、では、会計の基準は、単なるストライク・ゾーンなのであろうか。それとも、各車が最適な速度で走行することを求めた速度制限のルールなのであろうか。

会計のルールには、選択肢がたくさんある。減価償却をとっても、定額法、定率法、生産高比例法などがある。どれを取るのもまったく自由と考えるのは、ルールをストライク・ゾーンと考えるものであり、同じ建物でも、工場には定額法、ホテルには定率法を取るとか、車なら、乗用車は定率法、トラックは定額法を取ると決めるのは、速度制限のルールと同じと考えるのである。

英米の会計は、これまで、会計基準の許容幅を「ストライク・ゾーン」とは考えてこなかった。会計基準がいくつかの処理を許容していても、自分の会社に最適な、あるいは特定の資産を処理するのに最適な方法がある、と考えてきたのである。

それが、最近、会計基準を「ストライク・ゾーン」かのごとくみなし、自分のおかれている状況に適しているかどうかに関係なく、自分にとって有利な方法を選択するようになってきた。これが、Creative Accounting なのである。

減価償却の方法には、本来、選択の条件がある。右に述べたように、工場とかトラックのように、メンテナンスの費用があまりかからない固定資産には、各期に計上される費用がフラットになる定額法が適しており、ホテルとか自家用車のように、耐用年数の後期になるにつれてメンテナンスの費用がかさむものには定率法が適していると考えられる。

定率法は、初期に多額の減価償却費が計上され、後期には費用負担が減少する。しかし、メンテナンスの費用は、初期にはほとんどかからず、後期に多くなる。結局、減価償却費とメンテナンスの費用を合計すれば、期間費用はフラットになると考えるのである（詳しくは、田中、一九九九年a、二七五－二七六頁）。

棚卸資産の原価配分法にも、それぞれ選択の条件がある。商品や原料の流れが、仕入れた順に販売・消費される場合は「先入先出法」が適している。ほとんどの商品・原料がこうした流れ方をする。

石炭とか砂・砕石などのように腐敗も陳腐化もしない商品・原料は、しばしば野積みにされ、新しく仕入れた分をさらに積み上げることが多い。消費したり販売するときは、上に積まれた部分から搬出する。モノは、仕入れた順と逆に流れる。こうしたケースでは、「後入先出法」が適している。

石油やオイルのような液体は、同じタンクに貯蔵される場合には、古い在庫と新しい仕入れ分が混ぜ合わさり、これを消費・販売するときには、新旧がミックスされて取り出される。こうした場合には、「平均法」が適している（詳しくは、同右、二七二―二七五頁）。

減価償却にしても棚卸資産の原価配分にしても、いずれの方法を選ぶかは、まったく自由というわけではない。減価償却なら期間損益計算を乱さない方法、つまり、期間費用がフラットになる方法を選択すべきであり、棚卸資産なら、モノの流れとコストの流れが一致する方法を選択すべきなのである。そうした選択条件は、長期請負工事に適用される工事完成基準と工事進行基準にもある。しかし、Creative Accounting ではこうした選択条件を無視して、自分に都合のいい方法を選択するようになったというのである。

6　Creative Accounting 退治

ここまで読まれた読者は、日本でもイギリスでも、会社は同じようなことをするものだと考えるであろう。日本の経営者もイギリスの経営者も、「報告利益の数字」には弱いのだ。

日本では、ここでストーリーが終わりになる。どの会社もやっているのだから、仕方がない、とでもいうのであろうか。誰もストーリーを書き換えようと立ち上がることはない。こうした利益のマッサージに対して、監督機関も、監査サイドも、アナリストも、学者も、自分の尻に火がつかない限り動こうとしない。結局は、経営者の好き放題の会計が横行し、倒れるはずのない巨大企業が、ある日、前触れもなく倒産する。

イギリスでは、ここからストーリーが始まる。この国には、長い長い「Creative Accounting 退治」のストーリーがある。

冒頭に紹介したグリフィスの言葉にも見られるように、この国では、Creative Accounting に対して強い批判がある。景気が後退した時期に Creative Accounting で命拾いをした企業もあったであろうが、最後の景気後退が長引いたために、creative な利益を報告してきた多くの企業が倒産に追い込まれたという。景気が後退したくらいで、大規模な、収益性の高い企業が何社も倒産したのは、この時期だけであったという（W.McKenzie,1998,p.134.）。

イギリスでは、一九八〇年代に入ってCreative Accountingが流行し始めると、会計規制機関がこれを阻止しようとして、奮闘している。イギリスでは、こうしたCreative Accountingを放置しておけば、会計に対する信頼が大きく揺らぐことを危惧するのである。

イギリスは直接金融が支配的な国である。大手や中堅の企業は、必要な資金を、株式を公開して、直接、株主から調達する。そうした社会では、資金を提供する株主から信頼されない限り、新株を発行しても引き受け手がなく、資金を調達できない。

もし、Creative Accountingが野放しになれば、企業が公表する財務数値が信用されなくなり、ひいては、企業が資金を調達しようとしても投資家が動かなくなってしまう。直接金融の国々では、会計が資金調達のかぎを握っているといってもよい。つまりは、会計がちゃんと機能していないと、経済界が沈没してしまうのである。

Creative Accountingをやめさせるために、イギリスではいろいろな手が打たれてきた。しかし、どうやら、経営者と規制サイドの知恵比べのようなところがあり、ある方法をやめさせることに成功したかと思えば、経営者は別の方法で目的を達成してしまう。そのため、規制サイドの成果は、「Creative Accountingは、一九八〇年代に比べると、今ではあまりはやっていない」(Oxford, *Dictionary of Accounting*, 1999, p.104.) という評価と、「この国では、依然として健在である」(W. McKenzie, 1998, p.134.) という評価が相半ばしている。

本章では、会計基準審議会(ASB)、緊急課題処理委員会(UITF)、財務報告違反審査会(FRRP)などの規制機関、会計士団体である勅許会計士協会などが、Creative Accounting を退治するために、いかなる方針で臨み、いかなる手を打ってきたか、また、そうした施策がどの程度、成功しているか、今後に残された課題は何か、さらに、イギリスの経験からわが国が学ぶべきことは何か、といった、最も重要なことを書いていない。これらについては、紙幅の都合もあるので、雑誌論文で紹介したいと考えている。

第10章 「ブランド会計」論争と会計学者のnightmare

Brand Accounting ― Accountants' Nightmare

「ブランド」などという「ケッタイ」なものは、わたしとは縁がないと思っていたら、この世紀の変わり目になって、会計の論理を脅《おびや》かす重要な問題を引き起こし始めた。ルイ・ヴィトンもダンヒルも、コカ・コーラもマルボロも、その名は企業にとって財産そのものであるが、会計学者にとっては悪夢そのものといってよい。

世界最強のブランドは、タバコの Marlboro と Coca−Cola だそうである。知名度や、類似製品からの識別度、顧客のリピート度は、どこも太刀打ちできない位に高いという。気になるのは、どちらも、習慣性のある商品なので、それが「顧客の忠誠度」に貢献していることである。もちろん、ここでは関係がない。

強力なブランドをもつ会社は、顧客の忠誠度（リピート度）が高く、同業他社や類似品をプロデュースしている会社よりも販売力・収益力において勝《まさ》っている。ちなみに、商品としての Marlboro の売上高営業利益率は四一％、商品としての Coca−Cola の売上高利益率は三一％であるという（Financial World, 1996.: D. Haigh, 1996.）。一〇〇円売るたびに、三〇円も四〇円もの利益が転がり込んでくるのである。

ブランドは、そうした力がありながら、これまで財務諸表からはその力や価値を読み取ることができなかった。ところが、一九八〇年代後半に入ってから、イギリスでは、巨費を掛けて専門家にブランドを評価してもらい、これを識別可能な無形資産として、のれんから切り離して資産計上する実務が見られるようになってきた。監査人の同意の下に、である。

会計学の世界で、二一世紀最初のフロンティアは、このブランドの会計であるといってよい。

1　会計学者の悪夢

ブランドの会計問題を取り上げるためには、のれんの会計処理問題を避けて通ることはできない。理由が二つある。一つは、ブランドが、のれんと同じ無形資産の一部と理解されていることにあり、したがって、ブランドはのれんと同じ処理が求められるからである。もう一つは、イギリスの会計基準（SSAP二二）が、のれんを即時償却することを原則としており（現在は、改正されている）、のれんをこのように会計処理すると、ある問題が生じる。ブランド会計は、この問題を回避するために発案されたものだからである。

のれんは、会計学者にとってnightmare（悪夢）だといった人がいる。最初に、この人の話を紹介する。文章が長いので、多少、圧縮して紹介する。

何世紀もの間、会計では、すべての借方は貸方とバランスするというのが原則であった。この原則は、企業買収の時代を迎えるまでは、うまく機能した。しかし、企業取得はこの原則が当てはまらず、原則中の原則である、「借方＝貸方」が脅《おびや》かされることになった。

買収企業は、支配権獲得のためにプレミアムを上乗せしてオッファーするようになり、買収価額が純資産価額を超えるようになったのである。これは、複式簿記に依存する者にとってnightmareであった。純資産が一、〇〇〇万ポンドの企業を二、〇〇〇万ポンドで買収したとすると、差額の一、〇〇〇万ポンドはいったい何だというのであろうか。

会計では、これまで、この差額を「のれん」として処理してきた。のれんは、資産額を超えて企業が生み出した無形の価値であり、特に、顧客の忠誠度、商品やサーヴィスへの名声、市場支配力などと説明できるが、より重要なのは、差「額」としての「のれん」は、複式簿記の原則に合うように借方と貸方を一致させるものでもある、ということである。

のれんは、本質的に、簿記処理をする者の便宜のために工夫された人工的なデバイスでしかない。……会計関係者にとっての問題は、この「のれん」という怪物を誕生させて以来、怪物は次第次第に大きくなり、手に負えそうになくなってきたことである。(I.Griffiths,1995,pp.161–162.)

最初にこの部分を読んだときは、会計の知識がないと「借方＝貸方」の意味もよくわからないのか、とも思ったが、著者のグリフィスは、勅許会計士の有資格者であった。改めて読み直してみると、実に大きな問題を提示していることに気がつく。

グリフィス流にいえば、一〇〇円の売値がついている商品を、あえて、一五〇円で買ったとすれば、差額の五〇円をどう説明するかということであろう。売った側では、何の問題も生じない。

消費生活をおくっている者にとっては、その商品に一五〇円の価値を認めたが故に、一五〇円を支払ったのである。品薄で手に入りにくいとか、至急手にいれたいとか、事情はいろいろであろうが、差額の五〇円を説明する必要はない。小著『時価主義を考える』でも紹介したが、経済取引は、当事者から見ると「不等価交換」でしかない（田中、一九九九年a、一〇九－一一一頁）。売り手が考える価値と買い手が考える価値の違いがあって初めて取引が成立するのであり、その価値の違いを説明する必要はない。

ところが、複式簿記の構造から離れられない会計は、この五〇円に何らかの会計的な説明をつけなければならない。その説明がのれんであれ何であれ、グリフィスは、複式簿記を採用しているが故の「人工的なデバイス」に過ぎないといっているのである。いわれてみると、たしかに何とも説明のつかない代物である。

ここでは話を簡単にするために、一個の商品を買ったことにしてある。しかし、企業の場合でも、個別の資産（たとえば、土地）に市場価格を超える代金を支払っても、「高い買い物をした」だけであって、会計上、その超過額を説明する必要はない。超過額を説明しなければならないのは、「事業としてのまとまりをもった資産群」を取得した場合である。

資産群を取得したときは、取得の対価（取得原価）を、個々の資産に割り当てなければならない。建物はいくら、土地はいくら、というようにである。原価をすべて、こうした有形資産に割り当てることができれば、借方と貸方が一致して、何も問題は生じない。個々の資産に公正な価額を割り当てても、なお、取得原価がこれを超えるとき、この超過額に何らかの説明をつけなければならないのである。

この差額が小さいうちは、会計的にどう説明しても、大きな問題にはならなかった。だから、のれんとして説明するのは、いい考えであったといえる。しかし、この差額が大きくなるにつれて、のれんといった曖昧《あいまい》な概念では説明できなくなってきたのである。グリフィスは、こうした怪物化した差額が、会計学者にとって nightmare だというのである。

2　のれんの本質

のれんは、これまで、つぎのように説明されてきた（のれんの本質に関する諸説については、藤田晶子、二〇〇〇年、二八－二九頁が詳しい）。

(1)　初めは、顧客のロイヤリティーを表すものとして、後になって、のれんを持つ企業は、他の企業よりも大きな収益力を持つという意味で、超過収益力、あるいは、超過収益力の資本化価値（現在割引価値）を意味する、と。

(2)のれんは、買収した諸資産に割り当てた金額を超えて支払った差額である。

最初の定義に従えば、のれんは、買入のれんでも自己創設のれんでも、本質的な相違はないことになる。この定義は、現在では、あまり有力ではない。なぜなら、のれんが、企業の超過収益力だとすれば、のれんを資産として計上するには、その超過収益力を測定しなければならず、測定結果が、純資産価額と支払い額との差額と一致するという保証はないからである。

もう一つ、現実的な理由がある。それは、のれんを超過収益力だとして資産計上することになれば、内部創設のれんの資産計上も認めなければならないことになることである。これは、長年の会計慣行に合わない。

実は、さらにもう一つ、この定義が不都合な理由がある。企業が、他の企業の超過収益力を認めて、これに多額の金を払うとなると、超過収益力が消えてなくなるのである。資本利益率八%の企業が、同一二%の企業を買収するとしよう。この企業を八%の資本利益率で資本化して買収できれば、確かに、四%の超過収益力を手に入れることができる。しかし、一二%で買収するなら超過収益力の四%に金を払うことになり、これを将来、「超過」収益力として享受することはできない。

さらに、のれんを資産計上すれば、資本が大きくなって、並の収益力になるだけである。さらにその償却費を各期に費用として配分すれば、償却期間が短ければ短いほど、各期の利益率を大きく圧迫する。これでは、何のために買収するのか、説明できなくなる。

テリー・スミス（Terry Smith）は、のれんを即時償却している企業のROE（資本利益率）と、その企業ののれんを資産計上したとして修正したROEとを比較して、のれんを資産に計上すれば、ほとんどの企業が平凡な利益率になることを指摘している（データは後掲する）。当たり前といえば、当たり前である。のれんに対価を支払ったのでは、「超過」収益力は消えてなくなる。のれんを内部創設するか安く手に入れて初めて、超過収益力が手に入るのである。

かくして、今日支配的な考えは、(2)である。しかし、すぐにわかるように、(2)は、のれんを定義したものではない。測定方法でもない。純資産価値を超えて支払った差額となると、超過収益力とは限らない。資産価値に対する主観の差でも、義理・人情・意地、何に対して支払ったかは、買収の当事者以外にはわからない。いや、買収の当事者であっても、確信を持って値決めをしているとは限らない。企業買収は、ときに、骨董品を買うのと似て、公正な市場価値というものがない。したがって、支払差額が妥当な金額であるのか、払い過ぎているのか、その逆か、もわからない。

この差額は、いまいましいことに、会計学者の想像力を超えている。しかし、会計では、この超過額を、会計的に説明をつけてやらなければならないのである。

もともと、資産というのは、個々別々に買うよりも、まとめて買うほうが安い。それを、「まとめて高く買う」のである。Grand Metropolitan社がPillsbury社を買収したとき、支払った代金のうち、有形資産に対する対価はわずかに一四%であったという。別々に買うと一四億円の資産群を、まとめて一〇〇億円で買ったことになる。経済法則にあわないことを経営者が実行し、それを会計が説明しなければならないのであるから、会計学者にとってnightmareであることは間違いない。

3 のれんの「資産計上」から「即時償却」へ

のれんが、会計学者にとって悪夢であることを述べた。つぎにイギリスのブランド会計の話に移るが、ブランド会計が誕生した背景を知るには、この国の「のれん会計」に関する規定の変遷をたどるのが手っ取り早い。

一九四八年会社法(八一年および八九年改正)では、買入のれんは資産計上し、取締役が決める年数で償却することとしている。この規定があったために、八〇年代の初めまでは、のれんを資産計上するのが支配的な実務であった。しかし、多くの企業は、耐用年数が無限であるということを理由に、償却しなかった。会社法による処理は、内部創設のれんの扱い(非計上)とに一貫性がない。一部の企業は、買入のれんを資産計上できるなら、内部創設のれんも資産計上できると主張し始めた。現に、Rank Hovis McDougall（RHM）社をはじめ、数多くの会社が内部創設のれんや内部創設ブランドを資産として計上した。

イギリスは、テークオーバーの盛んな国である。テークオーバーから身を守るためには、貸借対照表を強化するのがよい。固定資産を時価評価し、内部創設のれんを計上するのは、そうした自己防衛の一環であった。

一九八四年に設定されたSSAP二二号は、こうした内部創設のれんの資産計上という傾向に歯止めを掛けるべく、買入のれんを「即時に、積立金と相殺《そうさい》」するという「即時償却」を原則とした(1)。買入のれんと内部創設のれんを、本質的に同じものと見て、両者に一貫した処理をすることを求めたのである。即時に積立金と相殺して償却すれば、買入のれんは貸借対照表には顔を出さず、内部創設のれんとの首尾一貫性が保たれるのである。

記憶しておいて頂きたいのは、イギリスでは、のれんには資産価値があると誰もが認めていることである。

二二号が「即時償却」を求めているのは、二種類ののれんの統一的会計処理が目的であって、買入のれんに減価が生じているわけではないのである。減価が生じてもいないのに、内部創設のれんとの統一的処理のために、無理やり、貸借対照表からはずされるのである。後段で、もう一

表10－1　食品・飲料業界の企業買収

取得企業名	被取得企業名	対価に占めるのれんの割合
Nestlé	Rowntree	83%
Grant Metropolitan	Pillsbury	86%
Cadbury Schweppes	Trebor	75%
United Biscuits	Verkade	66%

（出典：Terry Smith, 1996, p.93.）

度この扱いについて述べる。

この二二号では、原則的処理の他に、一定の有効耐用年数にわたって償却し、その償却費を将来の利益に賦課することも認めた。しかし、この代替法は、ほとんど利用されなかった。なぜなら、償却費が以後の期間利益を圧迫するからである。

二二号が指示した積立金との相殺処理は、同国の、「積立金会計（reserve accounting）」の名残《なごり》である。企業取得によって生じたのれんを即時償却するのに、当期の損益計算書に計上せずに、積立金と相殺するのは、この償却額が、企業取得が行われた年度の経営成績と関係がないからであるという（SSAP22, *Accounting for goodwill*, para.8.）。

二二号によって、イギリスでは、のれんを積立金と相殺して、即時償却する実務が定着した。しかし、その後、企業買収において、のれんが占める比率が急上昇するのである。バーワイズらの調査によれば、買収企業の正味資産に占めるのれんの割合は、一九七六年にはわずか一％に過ぎなかったが、一九八三年には四％、八七年には、何と、四四％にまで上昇したのである。同じ時期に、被取得会社の純資産に占めるのれんの割合は二七％から七〇％にまで急上昇するのである（P. Barwise et. al., 1989, p. 21.）。

この時期の企業買収は、のれんを売り、のれんを買ったのである。それまでは、有形資産を買収したときに、のれんが付いてくるというものであったが、これが逆転し、のれんを買うと有形資産が付いてくる、というものになった。

表10－1は、イギリスの食品・飲料業界における企業買収のデータである。

4　即時償却のメリットとデメリット

のれんを即時に、積立金と相殺・償却する処理には、いくつかのメリットがある。たとえば、(1)次期以降の費用負担（償却費）がないので、期間利益が悪化しない。(2)貸借対照表に、実体のない資産が計上されるのを防ぐ。(3)のれんの償却費が、任意の期間に配分されるのを防ぐ。(4)収益率と一株当たり利益が大きく改善される、などである。

最後のメリットについて、テリー・スミスは、こんな例を紹介している。

表10－2　のれん償却前と償却後のＲＯＥ（1990－91年）

会社名	公表したＲＯＥ(％)	修正したＲＯＥ(％)
BET	27	4.0
Boots	18	9
Bowater	18	10
Carlton Communications	15	4.5
Grand Metropolitan	18	10
Harrison & Crosfield	9	5.7
RHM	18	6.4
Reed	12	7.9
Pearson	14	8.5
TI	27	10

（出典：Terry Smith，1996，p.163.）

Carlton Communications社は、Technicolor、UEI、Picwick、Central Television の各社を買収し、買収において生じた総額で一五億ポンドののれんを、積立金と相殺して、即時償却した。

もし、同社がのれんを資産として計上していたら、一九九五年度の資本利益率は八・五％という平凡な数値になる。それが、のれんを資産から除外して計算すると、四〇・九％にもなるのである。同社の一株当たり利益も、一九九五年までの五年間、年率二〇・八％という高率で成長している。（Terry Smith, 1996, pp.159−161.）。

表10－2は、のれんを償却して公表したＲＯＥと、のれんを資産に戻して計算

したROEの比較である。公表数値がいかによくても、実質は平凡な利益率であることがこれでわかる。

他方、即時償却の欠点としては、つぎのようなことが指摘されている（John Blake and Henry Lunt,2001,p.98.;John Arnold et.al.,1994,pp.516−519.）。(1)金をどぶに捨てているように見える。(2)巨額の積立金が消えてしまうので、借入条項に引っかかったり、負債比率が悪化したりする。(3)取得した資産（のれん）が貸借対照表に表れない。(4)他の無形資産の処理と一貫性を保てない。(5)内部創設ののれんのコストは損益計算書に計上されるので、同じのれんのコストが買い入れたか内部創設したかによって処理が異なる。(6)資本の部がマイナスになることもある。

最後の欠点について、例を挙げる。広告代理店のWPP社は、一九八〇年代末に、アメリカのJ.Walter Thompson社などを買収したが、その時ののれんは、積立金と払込済資本の合計額よりも多額で、一九八七年に即時償却した結果、WPPの資本の部はマイナスになった。

このWPPのケースにみられるように、買収側の会社にのれん会計基準（SSAP二二）を適用すると、積立金だけでは相殺しきれず、払込資本に食い込んだり、ときには資本の部がマイナスになったりするという事態を招くこともある。かくして、基準に対する批判が強まってきた。

翌一九八八年、WPPは、いったん償却したJ.Walter Thompsonを含む、「ブランド・

ネーム」を、無形資産として計上し直し、資本の部をプラスに戻している。わが国の会計慣行から見ると、少なからず異様である。

5　Creative Accounting の攻防

ＳＳＡＰ二二号によれば、買入のれんは、積立金と相殺《そうさい》して、即時に償却するのが原則である。ＷＰＰ社は、いったんはこの原則に従った会計処理をしたのである。その結果、貸借対照表を見ると、破産会社のそれと同じになってしまったのである。

こうした事態を回避する手は、二つあった。一つは、企業取得（買収）ではなく、合併として扱い、のれんを認識しないという手である。もう一つは、のれんを、別の名前で呼んで、のれんの会計基準が適用されないようにするのである。最も一般的には、ブランドという無形資産にしてしまうのである。これなら、取り扱いを指示した会計基準もなく、償却も不要と考えたのである。

いずれの方法も、Creative Accounting である。灰色の会計処理といってもよい。ＷＰＰは、後者の手を使った。

当時、会計基準を設定していた会計基準委員会（ＡＳＣ）は、こうしたCreative Accounting を阻止しようとして、一九八〇年に、三つの公開草案（ＥＤ）を公表した。

ＥＤ四七号（*Accounting for goodwill*）は、ＷＰＰ社のケースを考慮して、資本の部がマイナスにならないように、即時償却を禁止し、最長二〇年間で償却することを提案した。この提案は、各社の財務担当役員の猛反対にあった。意見を寄せた企業の九三％が反対であったという（D.Ordelheide and KPMG, Vol.2, 1995, p.2870.）。

ＥＤ四八号（*Accounting for acquisition and mergers*）は、持ち分プーリングを採用できる条件を厳しくして、抜け道を塞《ふさ》ごうとした。ＥＤ五二号（*Accounting for intangible fixed assets*）は、ブランドを別処理することを禁止することを提案した。

いずれの提案も、大きな反対にあった。アーノルド達は、「これらの三つの提案が採用されていたら、会社がのれんとか無形資産として扱う範囲が大幅に減っていたはずだ」（Arnold et. al., 1994, p.519.）と嘆くが、そういう事態になることが、企業サイドが反対する大きな理由であったのである。

ＡＳＣに代わって、会計基準審議会（ＡＳＢ）が会計基準を設定するようになるのは、一九九〇年からである。以上三つの公開草案は、いずれも、ＡＳＣの時代のものであった。

ＡＳＢは、スタート当初は、新しい会計基準（財務報告基準・ＦＲＳ）を設定する作業に追われていたこともあって、のれんの会計に関しては、しばらく静観していた。ようやく、関係するディスカッション・ペーパーを出したのが、一九九三年であった。

このディスカッション・ペーパーは、事態を混乱させただけであったかもしれない。なぜなら、ASBの委員は、即時償却説と資産計上説に、半々に割れ、しかも、それぞれ三つずつ、合計で六つもの処理案が提示されたのである。

六つもの処理案が出たということは、二つの意味がある。一つは、この問題には、誰もが納得するような解決策はない、ということが明らかになったことである。グリフィスはいう。「ASBは、買入のれんは会計上の例外的なもので、この会計処理について完全な解答などはない、ということを認識していた」(I.Griffiths,1995,p.162.)と。もう一つの意味は、そうであれば、ASBとしては、どんな基準を設定しても批判されるということである。

6　ブランド会計の歴史

FRS一〇号を紹介する前に、イギリスの「ブランド会計史」とでもいうべきものを紹介しておこう。

ブランド会計が意識され始めたのは、一九七八年に Allied Breweries が、J.Lyons に、市場の常識から見て異常に高い価格でビッドをかけ、J.Lyons のブランドの支配権を獲得した頃である。さらに、一九八六年には、Hanson 社と United Biscuits 社の間で、Imperial Group の支配権争いが起こり、Hanson は、タバコ事業の権利（Imperial Tobacco）を、わずか二億ポンド弱で手に入れた。このタバコ事業は、五年後には二億四、〇〇〇万ポンドもの営業利益を同社にもたらしている。

こうした一連の買収劇から、証券市場がブランドという資産を正しく株価に織り込んでいないという認識が生まれてきた。ブランド会計の前史である。

ブランド会計が本格化するのは、一九八八年、スイスの菓子グループ、Nestlé and Jacob Sachard が Rowntree 社に仕掛けたビッドであるといわれる。Rowntree 社は、Kit–Kat、After Eight、Polo など、わが国でもよく知られた菓子を作っている会社である。Nestlé は、Rowntree のブランドを異常に低く評価してビッドをかけた。Rowntree は安く買収されないように、純資産価値に反映されていないブランド価値があることを株主に訴えたという（最後には、Kit–KatもAfter Eight も Nestlé に「食われてしまった」が）。

また、一九八九年には、Cadbury Schweppes 社が、アメリカの General Cinema にビッドをかけられそうになった。いずれのケースも、著名なブランドをもつ会社の「隠れた価値

（hidden value）」を狙ったものであった。このとき、Cadbury社は、買収対策として、一九八五年に取得したブランド（Trebor や Bassett）を原価で資産計上したのである。計上された金額は三億ポンドを超え、株主資本が倍増、表示上の負債比率も低くなった（T.Smith, 1996, p.92. : W. McKenzie, 1998, p.54.）。

同社の処理をもう一度考えてみたい。同社は、過去においてすでに積立金と相殺・償却したのれんのうち、ブランドだけを資産に計上し直したのである。どうしてそんな処理ができるのか、このとき、ブランドをどうやって評価したのか、という疑問がわくであろう。思い出してもらいたいのは、イギリスでは、買入のれんは、価値が減少したからではなく、内部発生のれんの扱い（非計上）と首尾一貫させるために、相殺・償却させてきたのである。即時償却することによって、貸借対照表には表れない「隠れた資産」が形成される。それを、改めて資産として計上し直したのである。この国では、あまり抵抗はなかったのではなかろうか。

Grand Metropolitan社が、一九九五年までに無形資産として計上したブランドは、Smi-noff、Pilsbury、Green Giantなど、総額で三八億四、〇〇〇万ポンドにもなっている。当時、同社の株主資本は三一億三〇〇万ポンドで、借入金は三五億一、一〇〇万ポンドであったというから、もしこれを償却していたら、株主資本はマイナスに、負債比率は限りなく上昇していたはずである。同社が取れる手は、後は、せっかく手に入れたブランドを売却するしかない。それでは、何のために高い金を払ってブランドを手に入れたのか、わからなくなる。結局、同社には、ブランドを資産計上するしか道はなかった。

7 ブランド会計論争の本質

Grand Metropolitan 社のケースから明らかなように、取得した側からすれば、せっかく有償で取得したのであるから、のれんを資産計上したい。しなければ、資本の部がマイナスになることもある。かといって、資産計上して、その償却費を毎期の費用として計上すれば、のれんが巨額であるだけに、以後の期間利益を大きく圧迫する。SSAP二二号では、のれんは、即時償却か、資産計上したうえで毎期償却する、という選択肢しかない。

そのため、のれんの一部を、償却に関する会計規定がないブランドに名称変更して、償却問題を回避したのである。これは、すでに述べたように、Creative Accounting である。

ビッドをかけられる側からしても、安く買収されないようにするには、自社のブランドを資産計上するのがよい。また、有名ブランドを取得した会社も、せっかく、有名ブランドを取得しても、それを狙ったテークオーバーをかけられる危険があるので、取得したブランドを資産計上して貸借対照表を強化したいと考えるのである。

企業防衛のためにブランドを資産計上した典型は、Rank Hovis McDougall（ＲＨＭ）社である。ＲＨＭは、食品メーカで、Hovis、Mother's Pride、Saxa、Mr.Kipling など、イギリスでは最も有名なブランドをいくつも所有する企業である。一九八〇年代、同社の業績は急成長して、八三年から八七年までの間に、税引き前利益を三倍近く伸ばしている。事業の拡大につれて、オーストラリアの食品会社 Goodman Fielder Wattie（ＧＦＷ）社が同社の株を買い占めるようになり、八八年にテークオーバーをかけられた。ＧＦＷは、ＲＨＭの貸借対照表にブランドが計上されていないことから、低い価格でビッドをかけたのである。

結局、この買収劇はイギリスの独占・合併委員会が介入して、ＧＦＷが引き下がった。ＲＨＭは、このときの経験から、八八年の財務諸表において、買入ブランドと内部創設ブランドのすべてを資産計上したのである。資産計上されたブランドは、総額六億七、八〇〇万ポンドにものぼった。前年の純資産額は二億六、五〇〇万ポンドであり、それが九億七、八〇〇万ポンドにまで増えるのである。

このとき、ＲＨＭのブランド・ポートフォリオを評価したのが、インターブランド（Inter-brand）社であった(2)。企業が所有するブランド群（買入も自己創設も含めた）を、初めて、独立的な機関が評価したものといわれる。ＲＨＭの場合、買入ブランドだけではなく、自己創設ブランドも含めて評価したことから、以後、自己創設ブランドを資産計上する道が開かれた。

RHMのブランド評価額は、市場における評価ではないために、多くの論争を呼んだが、同社の監査人はこの処理を適正と認め、また、基準設定主体であったASCも公式には反対しなかった。ロンドン証券取引所は、RHMが使ったブランド評価の考え方を支持し、テークオーバーをかけられた場合には、株主向けの文書の中で無形資産を含めることを認めた。これが引き金となって、数多くの会社がブランドを資産計上するようになったという。

こうした傾向はイギリスだけではなく、一九八〇年代の初め頃には、フランスでもAu Printemps、Pernod Ricard、Danone、Eridania Béghin−Say社などがブランドを資産計上しているし、オーストラリアやニュージーランドでは、Coca−Cola、Pacific Dunlop、Magnum社などがブランドを資産計上している（K. Trevillion & R. Perrier, 1999, p.3.）。他にも、スウェーデン、スペイン、シンガポールなどでも、資産計上の例があるという（Ibid., p.4.）。

ところで、ブランドを資産計上する目的は、イギリスに限っていえば、のれんに関する会計基準を回避したいということである。のれんの会計基準（SSAP二二号）では、のれんは、原則として、積立金と相殺・償却することになっている。せっかく取得したブランドに、のれんと同じ処理が適用されたのでは、資本の部がマイナスになったり、安い価格でビッドをかけられたりするおそれがある。かといって、例外的処理を採用してのれんを資産計上すれば、毎期、多額の償却費を計上しなければならない。のれんの会計基準は、「原則的処理（即時償却）」を採用しても「例外的処理（資産計上・償却）」を採用しても、買収企業にとって、買収の目的に合わない。

そこで、のれんの会計基準が適用されないように、「のれん」という名称を変えて、「ブランド」と呼ぶのである。そうすれば、SSAP二二号は適用されないし、ブランドに関する会計基準はないので、資産として計上しても、償却は強制されない、償却は不要と考えたのである。

8 ブランド償却不要論

なぜ、ブランドは、非償却なのであろうか。いくつか理由はあるが、Creative Accountingを選んだ企業側の言い分は、上に述べたように「のれんについては会計基準があり、即時償却が原則となっているが、ブランドについては基準がなく、のれんの即時償却規定は適用されないから」というものであった。第9章の「Creative Accountingとは何か」でも紹介したが、企業が発見した抜け道は、「会計のルールには、やってはいけないことは書いてあるが、やってよいことは書いてない」（W.McKenzie,1998,p.134.）というもので、ルールの言葉尻をつかまえて解釈をねじまげ、ルールの精神を無視したものであった。

企業側が非償却を主張する、もう一つ大きな理由がある。それは、各企業は、ブランド価値を維持するために、毎期、多額のコストを負担しており、もし、ブランドの償却費を計上するとなると、二重に費用を計上することになる、というものである。

この主張は、前の「屁理屈」に比べたら、はるかに説得力を持っている。ブランドは、トレードマークのように、法によって保護される部分もあるが、放っておいたら価値を失ってしまう部分もある(3)。よい例が、「エスカレーター」であり、「ブラジャー」であり、「シャープペンシル」であろう。いずれも、もともとは商品名、つまりブランド・ネームであったが、今日では一般名詞化され、ブランドとしての価値を失ってしまっている。

ブランド価値を守るために、ブランド・ネームを一般名詞化させないためには、各企業は多大な努力とコストを払わなければならない。コカ・コーラ社の話を紹介しよう。

世界最強のブランドといわれるCoca−Colaも、放っておけば、一般名詞化しかねない。一般名詞化してしまえば、Coca−Cola社の許可を得るまでもなく、誰でも「Coca−Cola」を製造し、販売できることになる(味や成分は違うにしても)。そうさせないために、同社は、信じられないような作戦で、Coca−ColaとCokeのブランド・ネームを防衛している。

Coca−Cola社では、社員を、Pepsiしか置いていないレストランに、わざわざ客として入らせ、「Coke」を注文させることまでしている。もし、Cokeを頼んだにもかかわらず、レストランがPepsiを出すようなことがあると、そういう店をいちいち訴えてまで、ブランドを護ろうとしているという。これを放置すれば、やがてCoca−ColaやCokeが、一般名詞化しかねないからである。

この話が如実に物語るように、世界中に知れ渡っているブランドでも、その知名度、ブランドとしての確立した地位をキープするためには、多大な努力とコストをかけなければならないのである。グリフィスはいう。「会社が多額の広告費をかけなければならないのは、そのブランドがそれほど強力ではないからだ。」と(I.Griffiths,1995,p.171.)。

インターブランド(Interbrand)社による分析でも、ブランド価値が高いのは、Coca-Cola、McDonald's、Chanelなどの「同業他者がマネして類似の商品を作ろうと思えば作ることができるけれども、作ってもブランドの差によって売れない」ような製品であるという(4)。Coda-Colaとほとんど同じ味のコーラ飲料も、マックと変わらない味のハンバーガーも、Chanelと同じ香りの香水も、作ろうと思えば作ることができる。しかし、同じものを作っても、ブランド力のある製品には勝てない。

これを、逆に、ブランドを持つ企業から見ると、自社の製品はブランドによって護られているだけで、ちょっと油断をしているとその地位を失ってしまう危険性がある。

かくして、著名なブランド・ネームを護ろうと思えば、毎年、多額のコストを負担しなければならない。そのコストは損益計算書に計上されている。もし、この上、買い入れたブランドの償却費を損益計算書に計上するとなると、ブランドの費用を二重に計上することになる、というのである。これが、「ブランド非償却論」の論拠である。

9　FRS一〇号

以上のような経緯《けいい》の下に、一九九七年一二月、FRS一〇号「のれんと無形資産（Goodwill and Intangible Assets)」は公表された。基準の要点は、つぎの五点である。(1)から(3)は、資産計上に関する原則で、(4)と(5)は、償却に関する原則である。

(1) 企業買収から生じたのれんと無形資産は、今後は、積立金と相殺してはならず、資産として貸借対照表に記載すること。(pars.7 and 9)

(2) ブランドのような無形資産を、個別に購入した場合は、原価で資産計上する。(par.9)

(3) 内部創設のれんは、資産計上できない。内部で形成した無形資産は、その価値を市場で容易に確かめることができる場合に限り、資産計上することができる。(pars.8 and 14)

(4)　のれんと無形資産の耐用年数が有限のときは、その耐用年数にわたって償却する。その年数は、二〇年以下、ただし、反証可能なときはこの限りではない。耐用年数が無限のときは、償却してはならない。(pars.15－19)

(5)　必要に応じて、簿価が回収可能価額を上回っていないかどうか、価値損傷の有無を調べること。(par.34)

ＦＲＳ一〇号の基本的な立場は、企業取得によって生じたのれんと無形資産（ブランドを含む）を、積立金と相殺させずに、資産計上させるというものである。会社法が指示する処理原則に、逆戻りしたわけである。ブランドに関していえば、個別に購入した場合には原価で計上し、他の無形資産と同じように処理することになった。また、内部創設ブランドは(3)によって、資産計上は認められなくなった。市場もなく、価値も容易には確かめられないからである。

これでノブスがいうように、「ＦＲＳ一〇号は、すべての他の無形資産にも同じように適用されるので、今では、あえてのれんを『ブランド』と名称変更する利点はなくなった」(C. Nobes,1998,p.12.) のである。

たしかに、その後、Company Reporting Ltd. が調査したところ、被調査会社四四〇社のうち、ブランドを貸借対照表に計上していたのは、わずか、二％、九社だけであったという (K. Trevillion et.al.,1999,p.13.)。イギリスのブランド会計は、幕を閉じたのである。

10　再び、会計学者の悪夢

かくして、一〇年以上も続いたブランド会計論争は、FRS一〇号によって、解決した。中心的な問題は、企業買収の一部として取得したブランドは、のれんから切り離すことができるかどうかということであったし、もし、切り離すことができるのであれば、ブランドに、のれんと違う償却方法を適用できるかどうか、ということであった。FRSは、こうした問題に対して一応の答えを示したことになる。

しかし、このFRSによって、新たな問題も浮かび上がってきた。一つは、"Goodwill Gap"である。トレビリオンらは、FRS一〇号は、問題の一部を解決したに過ぎず、内部創設の無形資産という問題が残る、と指摘する。この問題を解決しない限り、いくら買入のれんを資産計上しても、企業が公表する貸借対照表の価額と、実際の企業価値（こちらには内部で形成される無形資産が含まれる）との間には、大きな"Goodwill Gap"が生じ、次第に拡大する危険があるのである（Trevillion et.al.,1999,p.19.）。

さらに大きな問題は、企業買収によって生じる巨額の差額を、貸借対照表に載せることである。

冒頭に紹介したグリフィスがいうように、簿記処理上のデバイスでしかない「人工的モンスター」が、再び、貸借対照表に姿を現すのである。しかも、ときには、自己資本の額を超えるほどの巨額な資産としてである。

イギリスのブランド会計は、FRS一〇号によって、いったんは、姿を消した。しかし、内部形成ブランドが次第に価値をつけるにつれて、そしてそれを狙ったテークオーバーが再び活発になれば、ブランド会計も蘇《よみがえ》るのではなかろうか。FRS一〇号は、その火種《ひだね》を残しているからである。

イギリスのブランド会計（のれん会計も含めて）を読み進めてゆくと、これが依然として、会計学者にとって、nightmareであることに変わりはないことに気がつく。

注

(1) この処理は、会社法の規定と異なる。なぜ、法と異なる会計基準を設定できるのかについては、次章を参照されたい。

(2) Interbrand 社は、いまでこそ、ブランドの評価を専門とするところと見られているが、もともとは、一九七〇年代の初めに、ブランド・ネームを開発するために、マーフィー（John Murphy）によって設立されたものである。チョコ・バー、ビスケット、トイレッタリーなどの日用品にキャッチ・ネームをつけるのが仕事であった。

八〇年代に入って、マーフィーは、自分が作り育ててきたブランド・ネームという無形資産を金融筋が低く評価するので、貸借対照表にブランド・ネームを計上させることに挑戦し始めたという（D.Haigh,1996,p.9.）。これが今日、Interbrand 社の中心的事業になっているのである。

(3) ブランドは、トレードマーク、外観、プロダクトという、三つのモノから構成されるといわれる。トレードマークは、シンボルとかスローガン、外観（get up）は、スタイルやパッケージ、プロダクトは、製法上の秘密などがあって他人が同じものを作ることができないことをいう（R.Brockington,1996,p.174.）。

このうち、トレードマークは登記できる。商標権によって保護されたブランドは、商標権を更新することによって、無限に価値を維持することができる。こうしたことを下に、FRS一〇号では、ブランドについては無限に耐用年数を延長することを認めている（par.24.）。

(4)　二〇〇〇年一二月に、広瀬義州教授、倉田幸路教授、藤田晶子助教授、西澤茂助教授らとともに、インターブランド社を訪問し、同社の Jan Lindemann 取締役からブランド評価について詳細な説明を受けることができたし、今後の研究課題などについても有意義な意見交換を行うことができた。また、同じような業務をしている Intellectual Capital Services（ICS）社の、Göran Roos 代表、Tony Powell 会計士からも、ブランドの評価に関する考え方について意見を聞く機会を得た。

両社のインタビューをアレンジしていただいたKPMG（ロンドン）の山田章雄先生と精松玉恵先生に、この場を借りて御礼申し上げる。

第11章
実質優先主義の不思議
——法を破ってもよいのか

Substance over Form — Then Can We Break the Law?

法を守らなくてもよい——というのであれば、これ以上に経営者が歓迎することはない。しかし、幸いにしてというべきか、残念ながらというべきか、この実質優先主義は、わが国では適用の場がない。

1　実質優先主義の不思議

会計の世界では、しばしば、法の形式よりも、経済的実質を優先させて会計処理・報告をすべしということが謳《うた》われている。こうした考え方を「実質優先主義」とか「実質優先原則」という。英語では、Substance over Form という。

法は、しばしば、形式を重んじるために、取引や事実の実質よりも外形を重視した規定を設けることがある。会計では、そうした法の形式よりも、取引や事実の経済的実質を重視した会計処理・報告をするべきである、というのである。

なるほど、と思わせる言葉ではあるが、では、経済的実質を開示することを理由に、法を破ることが許されるのであろうか。

たとえば、ある取引が、経済的に見ると資産の売買（または資金の貸し借り）であるが、法的には所有権が移転しないために、資産の売買ではなく、資産の貸借とされるとしよう。リース取引はしばしばこうした形を取る。このとき、法に従えば、この取引は資産の売買ではなく、資産の貸借として処理される。それを、法律の規定を無視して、経済的実質を重んじるからといって、会計が資産の売買（または資金の貸し借り）として処理することが、どうして許されるのであろうか。

また、商法ではのれんを取得したときには、五年以内の毎決算期に均等額以上の償却をすることを要求している（第二八五条の七）。しかし、のれんの実体が「知名度」であったり、「立地」であったり、「特殊な製法」であったりする場合には、多くの場合、五年かそこらで価値がゼロになることはない。

前章で述べたように、のれんの実体が「知名度」とか「ブランド」であれば、企業は、毎期、多額の費用をかけてのれんの価値を維持しようとする。こうした場合、のれんを、法律に従って五年で償却するのは、経済的実態を表さないのではなかろうか。

では、実質優先主義を適用して、償却しないという選択は許されるのであろうか。これは商法違反にならないのであろうか。

また、こんな疑問もわく。社債発行差金が社債のマイナス項目であることも、建設利息が資本の払い戻しであることも、今日の会計では常識となっている。ならば、負債・資本側の法的形式（名目額表示）よりも経済的実質を表示するために、発行差金は社債から控除して表示し、建設利息は資本の部のマイナス項目として表示するべきではなかろうか。

実質優先主義は、法の枠内で適用されるものであるとか、法が許容する範囲内で経済的実質を追及するものであるといった解釈もあるようである。しかし、法の枠内で最適な処理をするのは、しごく当たり前のことであり、「主義」とか「原則」と呼ぶほどのものではない。高速道路では、ふつう、五〇キロ以上、一〇〇キロ以下の範囲で、各車が最適な速度を選んで走行することになっている。しかし、誰もそれを「最適速度選択の原則」とか「最適速度主義」などといわないのと同じである。

いろいろな論文や専門書を読んでみたが、わが国では、実質優先主義というのは、どうも「お題目」に過ぎないようである。中身がないのである。そういっては、身も蓋もなくなるので、すこし、このことを考えてみたい。

2　実質優先主義の定義

わが国では、実質優先主義をどのように解説しているのであろうか。同文舘から出版されている『会計学辞典』では第四版と第五版に、つぎのような解説が載っている。

「財務会計は取引およびその他の諸事象の法的側面と経済的効果の両方に考慮を払っている

が、それらの取引または事象の経済的実質が法的形式と相違している場合には、経済的実質のほうを強調する会計処理が行われる。これを実質優先の原則という（たとえばリース）。」

ところが、もう一方の、わが国を代表する会計学辞典である中央経済社の『会計学大辞典（第四版）』には、この項目がないのである。実質優先主義と密接な関係にある「離脱規定」の項目もない。この辞典は、数年前に改訂されたばかりである。新版の辞典に書いていないのであるから、この実質優先主義という考え方は、まだ、わが国では十分に認知されていないのかもしれない。

英米の会計辞典には、必ず、この項目がある。クリストファー・ノブス（Christopher Nobes）が書いた、わずか一八〇頁（辞典の部分は、一五〇頁）の新書サイズの辞典（*Pocket Accounting*,1998.）でも、Substance over Form の項目はある。いわく、

「財務諸表において、取引の法的または技術的な形式よりも、真の経済的実質（real economic substance）を提示すること。（具体例は、リースの項を見よ）」

指示に従って、lease を見てみよう。

「リース取引　個人または会社（借り手）が、他の者（貸し手）が所有する資産を排他的に利用することが許される契約。その見返りに、借り手は、リース契約期間にわたって、毎期、支払いをする。リース契約が資産の耐用年数のほとんどにわたる場合には、このリースは、分割払いで資産を購入した（hire purchase）か、または、貸し手からお金を借りて資産を購入したのと似た取引である。この場合、この資産の所有権が借り手にはなくても、これを資産として処理し、同時に、あたかも資金を借りたかのごとく、将来の負債を計上する。これは、実質優先原則を適用した例である。」

もう一つ、Oxford の *Dictionary of Accounting*, 1999. を見てみよう。こちらは、本書と同じサイズで、同じくらいの頁数の辞書である。ここでは、Substance over Form をつぎのように定義している。

「会計上、重要なコンセプトで、取引やその他の事象が、その法的形式よりも、商的実態（commercial reality）によって処理されるべきことをいう。オフバランスの金融取引や Creative Accounting は、法の形式に従って会計処理しようとするものであり、しばしば、いくつかの取引を組み合わせたものとなっている。財務報告基準（FRS）第五号

『取引の実質の報告』は、特定の取引を処理するガイダンスとしてだけではなく、取引の実質面を強調・強化するためのものである。」

右に紹介した話によれば、法の形式がどうであれ、経済的な実質がそれと違えば、法の要件から離れて、経済的な実態に合わせた会計処理・会計報告をすべし、といっている。どこか、おかしくはないであろうか。法律がAだといっているものを、会計が勝手に、Bだといえるのであろうか。そういえるのであれば、会計には、法律は要らない。

法を制定するとき、法サイドが、経済的な側面を無視するとは考えられない。わたしも、いくつかの経済法の制定に関与してきたが、一緒に仕事をした法律学者は、皆、経済に詳しく、会計に詳しい学者もいた。当たり前といえば、当たり前である。会計も法も、いわば、「入れ物」「容器」であって、その容器に入れるべきものは、別にある。たとえば、経済活動、市民生活、権利と義務、財産、などなど、である。会計学だけ、あるいは、法律だけ研究しても、そこに入れるべき内容を知らないと、「車の構造は知っているけど運転はできない」ことになる。

法サイドも、経済的側面については承知の上で、ルールを決めているのである。それを無視して、勝手に会計の都合で、ルールを変えられるのであろうか。法には、たいてい、違反したときの罰則がある。実質優先原則を適用すると、この罰則は適用されないのであろうか。

もう一つ、疑問がある。実質優先という考え方は、会計基準にはすでに反映されていると見るのであろうか。それとも、会計基準に従っても実質を示さないこともあると考えてよいのであろうか。

上にも紹介したが、Substance over Form が適用される例としては、しばしばリース取引とオフバランス取引が挙げられる。しかし、わたしが読む限り、それ以外の適用例を示した文献はない。リースとオフバランスという、きわめて特殊な例を一つか二つだけ挙げて、会計が実質優先の原則に立っているというのであれば、すこし大げさすぎるのではなかろうか。

会計基準といえども、法と同じルールである。会計基準も、形式的な規定を設けることだってあるはずである。たとえば、セグメントの売上高が全体の一〇%以上になる場合はセグメント情報を開示せよとか、二〇%以上の株式を保有している場合は関連会社とみなすとか、どこかで一線を引いていることは多い。一〇%というのも、二〇%というのも、それほど強い根拠があるわけではない。どこかで一線を引かなければならないことから、一〇%とか二〇%としているのである。

ルールとして形式が必要なことから決めた数字である。そこで、ある企業が、当社のセグメントには、一五%基準が適当だと主張しても通る話なのだろうか。当社の場合、二〇%の株式保有は、実質的には、関係会社に該当しないと主張して、通ることであろうか。

3 離脱規定の存在

わが国では、商法と企業会計原則とは対等の関係にはない。企業会計原則は、「必ずしも法令によって強制されないでも、すべての企業がその会計を処理するに当って従わなければならない基準である」（昭和二四年の前文）といいながら、昭和三八年の修正においては、「商法が強行法規たることに鑑《かんが》み、企業会計原則を修正」しなければならなかったし、昭和四四年の「商法との調整」においても、「商法が強行法規たることにかんがみ、企業会計原則の指導原理としての性格を維持しながら、注解等において商法に歩みよることとした」のである。その結果、商法と企業会計原則の間にあった「相違点は一掃」（昭和四四年前文）されたが、企業会計原則が商法に対して持っていた指導原理としての地位も失った。

イギリスの話をする。イギリスの会社法と、この国の会計基準（財務報告基準と会計実務基準）の間には、対立や相違点がたくさんある。いくつか紹介する。

たとえば、会社法では後入先出法の適用を無条件に認めているが、会計実務基準（SSAP）第九号は「モノの流れが後入先出的でないもの」に対する適用を認めていない。条件に合わないモノに後入先出法を適用すれば、合法であっても、会計基準に照らして不適正となるケースである。

会社法では、「有限の耐用年数を持つすべての固定資産は、その耐用年数にわたって組織的に償却しなければならない」としているが、SSAP第一九号は、投資を目的として所有する不動産については償却を禁止し、代わりに、期末における市場価格で評価することを要求している。会計基準に従って投資不動産を償却しないでいると、会計基準の立場からは適正でも、法に違反することになる。

国庫補助金を受け取った場合の処理も違う。会社法では、固定資産を購入価額または製作価額（マイナス減価償却累計額）で評価することを要求している。ところが、SSAP第四号では、国庫補助金を受領した場合にはその補助金額だけ減額することを認めている。会計基準に従って「圧縮記帳」をすれば、会社法に違反することになるのである。

他にもいろいろなケースがある（詳しいことは、田中、一九九三年、第六章を参照されたい）。なぜ、イギリスでは、こうした対立や矛盾する規定を置くのであろうか。理由は、二つある。一つには、会計基準と会社法は、役割を分担しているからであり、もう一つには、コモンロー諸国に共通する「離脱規定」があるからである。

イギリスでは、法は一般規定や原則的規定を設け、個々の具体的な事例に適用する場合の適用方法や適用条件は会計基準が定めることにしている。たとえば、チャスニーはこう述べている。

「法は単に、さまざまな状況において必要とされるであろう会計方法のすべてを、一般的な用語で記述したものに過ぎない。その結果、会計基準が、法が限界を定めた枠内で適用されるべき、最も信頼のおける指針となる。」(P.Chasney,1982,p.64.)。

この国の政府も、法が一般規定を定め、会計基準がその細則を定めて法を補完するという方式を支持している。古くは、会計士団体が一九六〇年代の終わりに強制力のある会計基準の設定に向かって動き始めたとき、政府は会計士団体のそうした動きに対して「暗黙の了解と奨励」(Cf.Accounting Standards Committee,1981,p.11.) を与えているし、また、一九八一年会社法案を公表したときも、政府は、会計問題に関する細則を定めるのは会計プロフェッションの責務であることを示唆している (Cf.E.Woolf,S.Tanna and K.Singh (eds.),1985, p.29.)。その後、一九八九年会社法は、「会社法上の会計基準」を設定する機関の認可権を国務大臣に付与したことから、これを基に、現在の、ASB、UITF、FRRP体制が発足したのである (詳しくは、田中、一九九三年、第四章を参照)。

こうした役割分担の考え方に立てば、たとえば、法は棚卸資産一般に関する評価規定を設けたが、後入先出法の適用については条件を設けなかった。そこで会計基準が後入先出法の適用条件を明らかにして法の不備を補完している、ということになろう。

会社法が大枠なり骨格を定め、会計基準が法の許容する範囲内での指針を提供すると考えることで両者の間に調和を見出そうという理解は、つぎのような事例において妥当するであろう。

(1) 会社法に明文の規定がない場合（たとえば、国庫補助金を受領したときの会計処理）

(2) 立法当時には予想していなかった事態が発生した場合

(3) 強行法がなじまない場合

(4) 法が許容するも会計基準が禁止または要求する場合（たとえば、後入先出法の使用）

以上のケースは、会計基準に準拠すれば会社法上も合法となる。ところが、投資不動産の減価償却のように、法が要求するものを会計基準が禁止している場合には、これまでに述べたような法と会計基準の役割分担という考えは妥当しない。

法が禁止するものを会計基準が要求（許容）したり、法が要求するものを基準が禁止したりするというのは、明らかに会計基準が会社法に違反しているのである。こうした場合、わが国であれば、「会社法が強行法規たることにかんがみ」、会社法が優先されて、基準を修正することになる。しかし、イギリスでは、そうはならない。

イギリスでは、こうした場合、会計基準が会社法に違反していることを認めた上で、「真実かつ公正な概観」という会社法の最優先原則を盾に、法からの離脱を正当化するのである。これをTrue and Fair View Overrideという。

イギリスの会社法は、一九四八年会社法以来、法の要求する「真実かつ公正な概観」を示すために必要な場合には、法の個々の規定から離脱することを要求してきた。さらに一九八一年の会社法改正によって、「真実かつ公正な概観」を示すために必要な場合には、会社法に具体的な規定がなくても、必要な追加情報を開示しなければならないことになっている。現行の一九八五年会社法の文言はつぎのとおりである。

「一九八五年会社法第四附則およびその他の規定に準拠しても、財務諸表またはその注記に盛り込まれた項目が、真実かつ公正な概観を十分に示さないと考えられる場合には、当該財務諸表または注記において必要な追加情報を記載しなければならない。

特別な場合には、本法の規定に準拠すれば真実かつ公正な概観を示すべしとする要件と相容れないこともある。その場合には、取締役は真実かつ公正な概観を示すために必要な範囲において、当該規定から離脱することが要求される。離脱の詳細、その理由および離脱による影響を財務諸表の注記において開示しなければならない。」（一九八五年会社法第二二六条第四～五項）

つまり、この国では、法の規定する個々の要件を順守することが、必ずしも「真実かつ公正な概観」を確保することにはならないと考えられているのである。

会計基準の場合も同じである。会計基準審議会（ASB）が公表する財務報告基準には、「会計基準に関する趣意書（Foreword to Accounting Standards）」が付されているが、そこでは、つぎのような記述が見られる（第一九項）。

「例外的な状況において会計基準の要件を順守するならば、真実かつ公正な概観を示すべしという要件と相いれないこともある。そうした場合には、真実かつ公正な概観を示すのに必要な範囲において、会計基準の要件から離脱しなければならない。こうした場合、当該状況の経済的・商的特質と矛盾しない適切な代替的処理を考案するためには、情報に精通した偏向のない判断を行使しなければならない。会計基準から重要な離脱をした場合には、その詳細、理由および財務的影響を、財務諸表において開示しなければならない。この情報開示は、会社法規中の特定の会計規定から離脱した場合に行われる開示と、同等に扱わなければならない。」（田中・原訳、一九九四年、八頁）

イギリスの会計思考の根幹に流れるものは、コモンローの法思考である。この国では、立法者も会計基準の設定者も、経営者も監査人も、成文化されるルールというものは必ずしも完全なものでも、網羅的なものでもなく、状況と時代の変化により不適当となることもあるということを十分に認識している。

したがって、各規定を適用するにあたっては、個々の要件を、現時点の、当該状況に適用することが適切であるかどうか、もっと適切な方法がないかどうか、法定の開示情報だけで十分かどうか、もし不十分だとすればどういう情報を追加して開示すべきか、などの点を「真実かつ公正な概観」という法と会計の目的に照らして、慎重に検討しなければならないのである。イギリスでは、この「真実かつ公正な概観」の原則が機能しているために、わが国のように継続性の原則が大きな役割を果たすということはない。

右に紹介した投資不動産の償却問題は、まさしくこの「真実かつ公正な概観」の原則に従って解決すべき問題と考えられたのである。投資不動産の場合、財務諸表において真実かつ公正な概観を示すためには、法の減価償却規定から離脱して、SSAP第一九号の評価規定に従うべしとするのである。

SSAP第一九号は、こうした考えを基に、「……会社法では……減価償却を実施することを要求しているが、真実かつ公正な概観を確保するという優先目的のためにこの基準書を適用するとすれば、通常の場合、会社法の要件から離脱することになろう」(第一七項。田中・原訳、一九九四年、一六一頁）と述べている。この一文は、プライベート・セクターが設定する会計基準が、強行法たる会社法からの離脱を要求したケースである。

わが国の企業会計原則は、第6章で述べたように、法的には、商法規定の解釈指針としての地位しか認められていない。企業会計原則の規定のうち、商法の規定と食い違いのある部分は、「商法が強行法規たることにかんがみ」すべて、商法に合うように修正させられた。まかり間違っても、わが国の企業会計原則に、「商法規定から離脱せよ」などという規定を盛り込むことはできない。なぜ、イギリスでは、こんなことが許されるのであろうか。

4　離脱規定はコモンローの共通認識

実は、成文化された会計規定（法でも基準でも）を盲目的に順守することよりも、会計報告の真実性や公正性の確保のほうを重視するという思考は、イギリスに固有のものというわけではない。こうした思考は、アメリカ、カナダ、オーストラリア、ニュージーランド、アイルランドなど、コモンローの国々で広く共有されている。

たとえば、アメリカでは、一九六九年にコンチネンタル・ベンディング社（Continental

Vending Corp.）事件を担当したフレンドリー（H.J.Friendly）判事が判決の中でつぎのように述べている。

「会計士にとっての第一原則は、一般に認められた会計原則（GAAP《ギャープ》）に準拠することではなく、完全かつ公正なディスクロージャー、公正な表示をすることにある。もし、GAAPがこうした公正な表示をもたらさないならば、GAAPの陰にかくれるようなことはせず……GAAPの実態を調べ、完全なディスクロージャーに必要な開示を行うべきである。要するに、『公正に表示すること』と『GAAPに従うこと』とは別の概念であり、GAAPに準拠しても前者の『公正な表示』になるとは限らないのである。」（*Business Week*, 1972,pp.55より引用）

会計基準に準拠して財務諸表を作成しても、公正な財務諸表ができるとは限らない、といっているのである。この判決は、読みようによっては、法律家が会計基準（GAAP）を軽視したものとも取れる。しかし、実際は、そうではなくて、コモンローの世界では、これが共通認識なのである。法律も会計も、その目的を達成するために、数多くのルールを定めるが、そのルールをすべて守ったからといって目的が達成されるとは限らない。極端なケースでは、ルールを守れば、法の目的を達成できなくなることもある。そういうことを認識しているのである。
アメリカのSECもAICPAも、FASBの定める基準から離脱することを認めている。たとえば、AICPAは、その職業倫理規定の中で、つぎのように述べて、場合によっては、FASBの定める基準からの離脱が正当化されることがあることを認めている。

「会計原則を成文化する場合、その原則が適用されると考えられるあらゆる状況をあらかじめ想定することは困難であり、したがって……異常な状況のために〔FASBが〕公式に発表する会計原則をそのまま適用すれば誤解を招く財務諸表になってしまうということもある……。こうした場合には、採用すべき適切な会計処理というのは財務諸表の利用者に誤解を与えないものということになろう」(American Institute of Certified Public Accountants, *Code of Professional Ethics*, Rule 203 and 203–1.)

このAICPAの方針は、SECも公式に認めており、会計連続通牒(ASR)第一五〇号において、財務諸表利用者の誤解を避けるためにFASBの発表する会計原則から離脱する必要がある場合には、「SECとしても他の原則の使用を許可ないし要求する」(脚注二)ことを明らかにしている。

オーストラリアでも、「……会計基準をそのまま適用して作成されたデータが必ずしも『真実かつ公正な概観』を示すわけではない、という考えは広く認められて」(National Companies and Securities Commission, 1984, p.10.) おり、一九八一年会社法においても、真実かつ公正な概観を示すために必要とあれば、この国の会計基準設定機関である会計基準審議会(Accounting Standards Review Board) が承認した会計基準から離脱することを認めている (第二六九条八B)。

この国でも、「会計基準に準拠することは真実かつ公正な概観を示すための必要条件となることはあっても、十分条件ではない」(National Companies and Securities Commission, 1984, p.10.)」と考えられているのである。

カナダの場合は、これほど明示的ではないが、「CICAハンドブック」に同趣旨の規定がある。

「会計基準委員会は、〔会計実務に関する〕勧告書の発行にあたって、いかなる問題も、生起するすべての状況に適しているわけではないこと、また、特定の事例において公正な表示とは何か、健全な実務とは何かを決めるのは専門家の職業的判断であって、これに代わるものなどはないこと、を認識している。」(*CICA Handbook*, Introduction to Accounting Recommendation Application,para.2.)

「勧告された実務が、特定の状況において適切でない場合には、〔離脱の〕影響を開示する必要はない。」(*CICA Handbook*,General Accounting−Section 150,para.06.)

アイルランドは、会計基準の開発をイギリスと共同で行ってきた。法も、きわめて近似している。右に紹介したイギリスの事情は、アイルランドでも変わらない。

5　実質優先主義は「お題目」

英語圏の諸国では、コモンロー的な考え方が根幹にある。成文化される会社法や会計基準というのは、守るべき最低限のルールであって、真実かつ公正な概観を確保するために必要なルールは、他にもあり、そうした追加のルールは、会社ごとに、状況に応じて、作り出してゆかねばならないと、考えられている。

また、成文化された法や基準にしても、必ずしも、完全なものでも、網羅的なものでもなく、時代の変化により不適応化することもある。したがって、個々の企業が法や基準を適用するときには、その企業のおかれた状況に最適であるかどうか、もっと適切な方法がないかどうか、明文化されたルールだけで真実かつ公正な概観を示すことができるかどうか、慎重に検討する必要がある。こうした慎重な判断を要求するのが、Substance over Form なのである。

くどくど紹介してきたが、実質優先主義というのは、英米のような離脱規定があって初めて、意味がある。わが国のように、法や基準からの離脱が認められない国では、いかにこの考えが正しくても、機能させる場がない。

先にも述べたように、実質優先主義の適用例としてしばしばリース取引が紹介されるが、わが国では、リース取引も実質優先主義によってオンバランスされるのではなく、財務諸表規則等の改正、つまり、法令が認めて初めてオンバランスされている。つまり、わが国の場合、リースも、実質優先主義が適用されているわけではないのである。本章の最初に紹介した、わが国の会計学辞典は、日本の実質優先主義について書いたものではなく、外国の（たぶん、英米の）Substance over Form を紹介したものであろう。

本章の最初に、この実質優先主義が、わが国では「お題目に過ぎない」といったのは、こういう意味だったのである。

6　離脱規定の効果

最初にイギリスに留学したとき（一九八四―八五年）、この国の離脱規定について調べたことがある。このときは、事例を研究するまでには至らず、ジェンキンス・リポート（*Report of the Company Law Committee*,1962.）とか、ワッツ・リポート（Accounting Standards Committee,*Setting Accounting Standards:Report and Recommendations by the Accounting Standards Committee*,1981.）、会社法の注釈書などを調べるのがせいぜいであった。

帰国してから、アメリカやカナダなどの事情を調べてみた。どこの国でも、法や基準を順守しても、法の目的・会計の目的が達成されるわけではない、といった理解をする。さらに、会計基準からの離脱規定もある。法からの離脱が規定されているのは、わたしが知る限り、イギリスとアイルランドだけである。アメリカやカナダにないのは、会社法（州法）に会計規定がないからであろう。

離脱規定には、いろいろな効果があることがわかってきた。法や会計基準の中に離脱規定をおけば、たとえば、つぎのような効果を期待できるのである。

(1) 第一に、経営者も監査人も、規定が個別の状況に適合しているかどうかを真剣に考えるようになることである。英米やカナダ、オーストラリアなどでは、多くの場合、認められたいくつかの原則・方法のうち、どれが当該状況において最適なものであるかを判別できると考えられている。したがって、前期に使用した方法をそのまま継続適用するのではなく、その方法が依然としてベストであると判断して初めて、結果として継続適用される。

ここでは、規定を形式的・無批判に継続適用することよりも、法や基準の趣旨に沿った処理や方法が探求されるようになり、したがって、経営者や監査人の専門的判断が重視されるようになる。

(2) 離脱の事実や理由が明示されるようになり、その経験の蓄積から、その規則をどのように改正したらよいかが明らかになってくる。重大な離脱事例を詳細に検討すれば、これらが、①法や基準が不適当なための離脱なのか、②法や基準には問題がなく、離脱が不適当なのか、に分かれるであろう。①の場合は、法や基準の見直しが図られるべきであり、②の場合には、違反会社に対して適切な処置が下されるべきである。離脱の事実や理由が開示されて初めて、こうした反省や対策も可能になってくる。

(3) 経営者、監査人、監督官庁、基準設定機関などの利害関係を持つ人たちの間で、規則の解釈や運用、離脱の当否、離脱の根拠などをめぐって活発な意見交換や論争が行われるようになり、ルールに関する正確な情報が伝わることが期待され、ルールに対する法意識が高まる。

(4) ディスクロージャーの領域では、急速な進歩や発展が見込まれるので、一定の開示様式を押しつけると、開示様式の自然な発展・改善が阻害される。離脱規定があれば、改善された方法、より合理的な方法を実験的、一時的に試してみることができ、ディスクロージャーの改善につながる。

ひるがえって、離脱規定がおかれない場合には、つぎのようなデメリットがあると考えられる。

(1) 会計士（監査人）の「専門家としての判断」を行使する場がなくなったり、そうした判断が軽視されたりする。経営者も、監査人を、「会計ルールの知識を持った専門家」として見るだけで、健全な会計に関する判断を求めることはしない。会計士も、会計ルールを「ものさし」として当てはめるだけで、その「ものさし」が適切であるかどうかを問題にしなくなる。

(2) 継続性の原則が過度に重視され、当該状況においては不適切・不合理な方法であっても、そのまま継続適用される。

(3) 正面切って離脱することができないために、違反すれすれや、規定の趣旨に合わない処理、あるいは、陰にかくれた離脱行為が横行する。また、明白な違反や離脱があっても、その事実や理由（タテマエとしての理由ではなく、ホンネとしての理由）が明らかにされないため、規則に不合理があるのか、離脱が不適切なのか、明らかにならない。規則を改正するエネルギーともならない。

(4) 新しい試みをしようとしても、既存の規則に触れるものは実験さえ許されないし、新しい規則には経営者の団体など産業界が過敏に反応し、その規則が特定の業種・業界には不適当であることなどを理由に、規制を骨抜きにしようとする。

(5) 成文化されている規則だけ守れば、あとは何をやってもよいとする風潮が生まれる。

第9章で紹介したように、イギリスの Creative Accounting は、会計のルールには、「やっていけないこと」しか書いてなく、「やっていいこと」は書いてないとばかり、ルールの趣旨を無視し、規則の穴を利用したものであった。

実質優先原則があり、離脱規定があるイギリスでさえ、ときにはこういう事態を生むのである。実質優先原則が事実上機能しない、離脱規定のないわが国なら、しかも、Half−truth が当たり前のわが国なら、成文化されているルールに、ほんのちょっと引っかかっていれば、あとは何をやってもよいとする風潮が支配するのである。

7　商法・企業会計原則に「離脱規定」を

以下、数頁は余談になるので、飛ばして読んでいただいてもかまわない。

イギリスから帰ってきて、こんなことを考えるうちに、「イギリスに学ぶ」「英語圏に学ぶ」価値があると考えるようになった。それまで、自分としては、イギリス会計はもとより、アメリカ会計を紹介した文献もたくさん（自分としては、という限定を読み落とさないで頂きたいが）読んできたつもりである。しかし、わたしが読んだ文献には、離脱規定の話は出てこなかった。英語の文献にも出てこなかったし、日本語の文献にも出てこなかった。

それなら、わが国の学界に紹介するだけの価値があると考えて、帰国した翌年、日本会計研究学会で報告することにした。会場は、横浜国立大学であった。

会計の学界は非常にウエットな世界なので、恩師筋や先輩の主張と合わないことを話したり書いたりすることは、半ば、タブーである。離脱規定の話は、別に誰かが書いているわけでもないので、好きなように紹介してもよいのかもしれない。しかし、どこかで書いたように、わが国では、ゼミナールでは学生相手に自説を語り、学会では通説を話すのが約束になっている節《ふし》があり、いろいろ迷ったあげく、イギリスの会社法と会計基準の間に、どういう対立や矛盾があり、そうした対立・矛盾をどう解決しているかという点に的を絞って報告することにした。

右に紹介した、後入先出法、投資不動産、国庫補助金などをメインの話とし、最後に、ちょっとだけ離脱規定を紹介しようと考えたのである。いい気になって誰も知らない話をすれば、きまって反感を買う。それよりも、「帰朝報告」で済ますほうが無難であった。レジュメ（報告要旨）もそうしたものを用意した。主催校の横浜国立大学に届け出た論題は、「イギリスの固定資産会計」であったと記憶している。離脱規定の面影《おもかげ》もない論題である。

まだ、若い頃であったので、報告のための原稿を用意して、横浜のホテルに泊まった。報告の原稿は、前日までのリハーサルで、すべて、頭の中に入っている。高校時代に、NHKの「青年の主張」とか、「高校生弁論大会」などに参加していたこともあって、原稿を見ないで話をすることには慣れていた。

横浜のホテルで、仮想の聴衆を相手に、二五分の報告を何回か繰り返しながら、次第に自分に嫌気がさしてきた。いいたいことを棚に上げて報告しても、満足できるはずはない。自問自答の末、「明日は、いいたいことを話そう」という気持ちになった。ナイト・キャップの力もあったかもしれない。

話したいことはたくさんあった。しかし、自分の経験からして、わずか二五分か三〇分の学会報告では、伝えられることは、一つである。二つも三つも話すと、どれも中途半端になり、聞き手を説得できない。そこで、予定していた原稿をすべて捨てることにした。

本当に伝えたいことは、(1)コモンローの国々には、離脱規定があること、(2)離脱規定があると、どういう効果が期待できるか、(3)わが国でも、商法や企業会計原則に「離脱規定」をおくことを検討してはどうか、の三点である。

つまり、離脱規定に的を絞ったのである。これなら普段考えてきたことを話すのであるから、原稿はいらない。この結論を得て、迷いもなく、報告会場に向かうことができた。六月だったのではなかろうか。横浜国大のキャンパスが、すがすがしい朝の空気に満ちていたことを覚えている。

報告会場には、わたしの関係者は誰もいない、と思った。午前中の報告であったし、義理で聞きにくる後輩も、わたしにはいない。条件は整っていた。与えられた時間、わたしは、メモも見ずに、イギリスやアメリカの離脱規定について話した。

気をつけたのは、「外国かぶれ」にならないことであった。アメリカに留学すると、とたんにアメリカびいきになり、フランス・ドイツに留学すると、とたんにフランス・ドイツにかぶれてしまう。それだけ、すばらしい国であることはわかる。イギリスもそうなのだから。

しかし、学問をする者が、対象とする国に惚れ込んで、批判精神を失ったらどうしようもない。

中国には、外国にかぶれた人物にいう言葉として、「鏡を見て見ろ、自分が何人《なんぴと》かわかるだろう」というのがあるそうだ。わたしは、たとえ、どれだけイギリスが好きでも、鏡を見るまでもなく日本人である。イギリス人になれるわけではないし、なりたいなどと考えたこともない。報告では、できるだけ、客観的・第三者的に、イギリスやアメリカを紹介した、つもりである。

会場には、一〇〇名ほどの出席者がいたであろうか。自分の報告が終わって、会場を出ようとしたとき、神戸大学（当時）の高田正淳先生が、ご自慢のあごひげをしごきながら近づいてきた。握手を求められて、右手を差し出すと、その手を両手で握りしめ、「田中はん、（わたしには、そう聞こえるのであるが）、いい話でした。会計は、いつも商法にやられてきましたが、会計から自己主張しなければなりません。」といった趣旨のことを、話してくれたような気がする。高田先生とは、それまで面識はなかった。もちろん、若造のわたしは、ひげの先生が誰かは知っていた。

嬉《うれ》しかった。でも、プラスの評価をしてくれたのは、その時は、高田教授だけであった。その後、学会誌を扱っている森山書店から、学会報告を『會計』に掲載する話がきた。これは、困った。学会の会場には、自分の関係者がいなかったけれど、雑誌は、関係者も読むかもしれない。

当時、わたしは、名古屋にいた。名古屋まで出張ってきて文句をいう人もいまい。そう考えて、予定していた原稿も、当日の話も、すべて活字にすることにした。予定した原稿は、当時の『会計ジャーナル』という雑誌に掲載し、会場で報告した内容は、『會計』に掲載した。

若造のわたしが書いた論文である。誰も読むことはないと思っていた。それが、この論文が掲載された後、二つの、相反する反応がでるのである。一つは、「よくぞ書いてくれた」といった反応であり、もう一つは、「生意気な」というか、「何も知らないくせに」といったたぐいの、いわば、イジメであった。

わたしは、日本の商法や企業会計原則にも、「離脱規定」をおくことを検討してはどうか、と提案したのである。それが、企業会計原則批判とみなされたり、誰もいわないことを主張する生意気なやつ、とみなされたり、要するに、学界の約束事に反することをしたのであろう。

ある人はいう。「日本の商法に離脱規定なんか置いたら、商法を守る会社なんかなくなるじゃないか。」またある人はいう。「企業会計原則のどこが悪いのかね。悪いところがあれば、そこを直せば済む話ではないのかね。」(残念ながら、語気までは再現できない。しかし、その当人が、悔しいのか腹立たしいのかわからないが、思いっきり目くじらを立てていたことはお知らせできる。)

翌年、「企業会計原則の法的認知」をテーマとした学会報告をする機会があり、その内容を、同じ『會計』(一九八八年三月号)に掲載した。イギリスでは、アーガイル・フーズ事件(Argyll Foods case,1981)とリトルジョン事件(Lloyd Cheyham & Co.Ltd.v Littlejohn

& Co.,1985）という二つの裁判があり、裁判所が、同国の会計基準に法的な拘束力を認め、準法律的地位（quasi legal status）を与えたのであった。報告は、イギリスの会計基準が法的に認知されるに至る経緯《けいい》やその背景を解明することをとおして、どうすれば日本の企業会計原則も法的な認知を受けられるようになるかを模索しようとしたものであった。

この論文も、評価が分かれた。プラスの評価としては、この論文が日本会計研究学会の「学会賞」を受けたのである。マイナスの評価として最たるものは、賞を受けた直後に、ある長老から受けた一言である。「あんなことで、法的認知が受けられると信じているのかね、キミは。」

真顔どころか、憎々《にくにく》しげな顔でいうのである。たぶんこの長老は、教え子の結婚式に出て、新婦に向かって、「新郎は頭が悪いから、子供は作らないほうがいいですよ」と平気でいいそうな、自分以外はみなバカだと思っているタイプの人物らしい。

それまで、この長老教授とは、何度か酒席を共にしたことがあった。一時間いっしょにいれば、一時間中、自分の自慢話をする人であった。当人以外はうまい酒など飲めるわけはないのであるが、その弟子に当たる人たちと、自分は弟子であると信じる人たちは、すでに、一〇回も二〇回も聞いた話に、初めて聞いたような顔で感銘するのである。聞いていてあほらしかったが、若造のわたしがいえることではない。

ある酒席で、この老人の口から本音が出た。「自分の弟子は、誰と誰だけだ。あとの連中は、勝手に弟子を名乗っているだけだよ。迷惑だね。」と。この長老の弟子とおぼしき人は、少なくても学界に二〇名はいる。しかし、本人がいうには、自分が認める弟子は一人か二人なのである。後は、勝手に弟子を名乗っていることになる。これでは、弟子がうかばれない。

その、長老が、わたしの学会賞受賞のあとに、こともなげに、「おまえの話は寝言だよ」とでもいいたげなことをいうのである。要するに、こうした問題は、おまえなんかのような人間が考えることではない、そういうことは、わたし達が考えるのだ、ということらしい。「だったら、あんたも少しは勉強しろよ」といい返したかったが、いえないのが若造のつらいところである。

余談が長くなってしまった。話を軌道に戻したい。

8　国際会計基準からの離脱

商法や企業会計原則に「離脱規定」がおかれない限り、わが国では、実質優先主義といおうが、Substance over Form といおうが、それは単なる「お題目」で、「飾り」に過ぎない。実質がどうあろうと、わが国では、ルール（形式）からの離脱が認められないのである。実質優先主義は、離脱規定とセットとなって初めて役に立つのであって、離脱規定のないわが国には適用する場がない。

実質優先という思考は、英米会計の本質を貫くものであるが、その背景や適用条件を知らずに、同じ会計なのだからとばかり、わが国で実質優先主義を振りかざせば、商法違反、企業会計原則違反を推奨する愚《ぐ》を犯すことになる。

国際会計基準の時代になりつつある。ここで考えておいてもらいたいことは、英米の基準をベースとした国際会計基準であるから、そこにも離脱規定があるということである。

国際会計基準第一号では、「極めてまれな場合であるが、ある基準書のある規定にしたがえば誤解を招くことになり、したがって適正表示を達成するにはその規定から離脱することが必要であると経営者が結論したとき」（第一三パラグラフ）は、つぎの点を開示しなければならないと規定している。

(a) 財務諸表が、財政状態およびキャッシュフローを適正に表示していると経営者が判断している旨
(b) 適正表示のために、特定の基準から離脱した以外は、国際会計基準に準拠している旨
(c) 離脱した基準と離脱の内容
(d) その離脱が、当企業の純利益、資産、負債、資本およびキャッシュフローに及ぼす財政的

これから明らかなように、個々の国際会計基準は、離脱規定の存在を前提として設定されているのである。国際会計基準を、そのままセットで国内基準化する国もあるかもしれないが、英米やわが国は、既存の法や基準を手直しする形で国内基準化するであろう。そうすると、英米では、国内基準に離脱規定があるので、ＡＳＢやＦＡＳＢが設定する基準、今後、国際会計基準に合わせて改正・追補する基準にはすべて、離脱規定が適用されるのである。

国際会計基準をセットで、すなわち、個々の基準も、離脱規定もすべて含めたセットとしての国際会計基準を国内基準化する国もあろう。こうした国では、セットの中に含まれる離脱規定が適用される。

では、わが国は、国際会計基準を導入した後、どうなるであろうか。これまでわが国では、経営者も監査人も、継続性の原則を守ることでその責任を果たしてきた。国際会計基準、英米基準を導入するということは、形としての基準だけではなく、背景にある会計観とかルールに対する姿勢も同じくしなければならない。これまでのように、安易に継続性の原則に寄りかかってばかりいられない。

かといって、では、これからはわが国も、英米のように、実質優先主義でいけるかというと、そうはいかない。商法や企業会計原則に離脱規定がないからである。

商法も、今後ますます、国際会計基準を取り込んだ法改正を行うであろうし、企業会計原則および会計諸基準（連結原則、金融商品基準、リース基準など）は、国際会計基準に沿って改正されるであろう。そうしたときに、商法や企業会計原則（および会計諸基準）に離脱規定がおかれないとすると、成文化されたルールが足かせとなって、わが国では実質優先主義を適用できなくなる。

国際会計基準を導入すれば、わが国の会計も英米と同じ会計になると信じる人たちが多いようであるが、形だけ真似ても、口悪くいえば、クリスマスのケーキを買ってクリスチャンになったような気でいるのと変わりはない。英米のようには運用できないのである。

9　わが国の対応

では、わが国は、どうすればよいのであろうか。これについては、十数年前に、「離脱規定」私案を書いたことがある（田中　弘、一九八六年c）。しかし、当時は国際会計基準を国内基準化することが現実的ではなかったことから、わたしの提言も現実的な提案とは見なされなかった。

今日のように、国際会計基準を本格的に国内基準化する段階を迎えた以上、国際会計基準や英米基準の神髄ともいうべき「実質優先主義の思考」と「離脱規定」は、「お題目」では済まなくなった。改めて、つぎのことを提言したい。

(1) 商法に離脱規定を設けることは、現実的な提案ではない。むしろ、商法には新たな会計規定を設けないこと、今後は、できる限り、商法から会計規定をはずすようにする。イギリスのように、会社法の中に詳細な会計規定を設けると、会社法の中に離脱規定を設けなければならなくなるが、アメリカやカナダのように、会社法には会計規定をおかない国では、法に離脱規定をおかなくてもよい。わが国の場合、商法に離脱規定を設けることは、商法サイドの抵抗が強いことは想像に難《かた》くなく、実現しそうにもない。目指すべきは、商法には最低限の会計ルールを残し、後は、「公正ナル会計慣行」に委任してもらうことであろう。

(2) それと同時に、企業会計原則および会計諸基準に、離脱規定を設ける。新しく設定される会計基準には、たとえば、「この基準に従って会計処理・報告をすると、例外的に、企業活動や経営成績または取引の実態を表示できなくなることがある。そうした場合には、当該規定から離脱し、企業活動等の実態を適正に表示できる処理・報告の方法を採用しなければならない。離脱した場合には、離脱した事実とその理由および影響額を開示する。」といった趣旨の規定をおくのである。

(3) それに対応した監査基準をおく。監査人がその離脱を妥当であると認めるときは、監査意見を限定しないとか、離脱が不適当と考えるときは、監査人が考える「影響額」を示すとか、必要なルールを設ける。

(4) 離脱しようとしている企業からの相談を受け付けたり、離脱事例を審査する公的機関を設ける。イギリスの財務報告違反審査会(FRRP)や緊急課題処理委員会(UITF)などが参考になろう。

離脱規定には、弊害もある。第9章で紹介したように、イギリスでは、景気が後退した一九八〇年代に、離脱規定を悪用したり、法規定を杓子《しゃくし》定規に解釈した、Creative Accounting と呼ばれる粉飾・不正経理が横行したことがある。イギリスでは、Creative Accounting を退治するために、会計プロフェッションが知恵と金と人を結集してきた。

わが国でも、実質優先主義や離脱規定を悪用する企業が出てくることは予想できる。それをどうくい止めるかについては、FRRPやUITFの活動など、イギリスの経験に学ぶことが多いと思うが、わが国の事情を勘案《かんあん》して、われわれが工夫すべきことも多い。こうしたことは、何も政府の役人や会計士協会の幹部だけで考えることではない。読者諸賢にも、いろいろ考えていただきたい。

この点について、現在、わたしが最も効果的な方法と考えているものを一つだけ紹介したい。金もかからないし、人もいらない。それは、粉飾や利益操作をした会社、「飛ばし」だとか、「利益の付け替え」だとか、暴力団や総会屋への利益供与をした会社を、ことあるごとに取り上げることである。こうした会社は、過去においてそうであったように、不正を繰り返す。だから、不正を風化させないことである。

日本の経営者が一番いやがるのは、「恥をかくこと」である。その心理をうまく使って、不正をした企業を、ことあるごとに名指しすることである。経営者にとって、過去のこととはいえ、自分の会社の名前がいつまでもブラック・リストに載っているのは「恥」である。けっこう、それだけでも、不正の抑止力《よくしりょく》としては効果がある。

エピローグ――「疑う」という会計思考

Epilogue —— Doubt your Accounting Sense!

科学は、自然科学にしろ社会科学にしろ、好奇心と疑う心を養分として発達してきました。日本の会計学は、この二つの養分を取り込むパイプが細くなりすぎたような気がします。このパイプをもっともっと太くして、自分自身の会計観で、現在の会計を見直してみる必要があるのではないでしょうか。

「疑う」なんていう会計思考があるわけではありません。

「疑う」なんていいますと、趣味が悪いといわれそうです。

しかし、会計に携《たずさ》わる人たちにとっては、「疑う」ことは宿命なのです。経営者なら、適用している会計手続きが適切であるかどうかを常に疑う必要がありますし、従業員に目を光らせることも必要です。監査人なら、企業の決算や資産管理が適切かどうかを疑うのは、職務上、極めて重要なことです。また、学者なら、不断に、現在の会計理論や会計実務に疑問を挟《はさ》むことが仕事です。

経営者が自社の経理に何の疑問も持たなくなったり、決算を監査する人たちが「疑う」ことを忘れたりしたら、その国の経済はやがて滅びます。学者を名乗る人たちが「疑う」ことを忘れたら、その学問には進歩を期待できません。会計学を学ぶ学生・院生諸君が、「活字を疑う」ことをしなくなったら、会計学は単なる暗記の学になり、いずれ知的関心を失うことでしょう。

今、わたし達にとって大切なことは、初心に返って「会計とは何か」を考え直すことではないでしょうか。今までの常識とか通説とかを「疑う」ことは大事なことなのです。学問は、すべて、それまでの常識や通説を覆《くつがえ》すことをもって発展してきたのですから。

常識とか通説を覆すことは、難しいことではありません。「活字」になっているものを、ごくごく普通の感覚で読んでみればいいことです。素直に納得できるなら、特別に疑問を投げかけるともないでしょう。読んでいて、何となく、引っかかるものがあれば、あるいは、専門用語が多くてよくわからないな、と感じたときは、たぶん、そこら辺が怪しいのです。

たとえば、最近、「減損会計」という表現を見ます。「減益」は、「利益が減ること」です。「増益」は、「利益が増えること」です。それから類推しますと、「減損」は、「損失が減ること」です。でも、ここで使われている「減損会計」というのは、「損失が減る」ということではなくて、どうやら、「損失が増える」という意味のようです。初めてこの話を聞く人にとっては、頭の中に、クエスチョン・マークがいくつも点灯するでしょう。

「減損」というなら、「損失が減る」という意味にしか取れませんし、「損失が増える」ということなら、「増損」ではないでしょうか。もちろん、そういう表現がいいといっているわけではありません。「減損」という、誰も気にせずに使い始めた表現は、まったく逆の意味にとられる危険があるということをいいたいのです。

会計は、専門家だけではなく、いろいろな人たちが使うものです。そういう人たちに誤解を与えないように配慮することは大切なことだと思います。

以下、もう少し重要な、会計学における常識のいくつかに疑問を投げかけたいと思います。ただその前に、ちょっとだけ、本書の宣伝をさせてください。

1　会計観・座標軸の共有

(1)　「常識くずし」を超えて

二年前に、本書と同じ税務経理協会から、『原点復帰の会計学—通説を読み直す』という一書を上梓《じょうし》しました。副題に示しましたように、会計学の世界における「常識くずし」を狙ったものでした。幸い、非常にたくさんのみなさんに読んでいただき、出版妨害にもひるむことなく勇気を出して書いた甲斐があったと喜んでいます。

その本で書きましたが、会計学の世界には、口伝《くでん》か伝承のごとく、「常識」として伝えられてきた通説・通論がたくさんあります。そうした常識や通説の中には、少し冷静になって考えて見ますと、その論拠も怪しげであったり、あちこち矛盾するものであったりして、とても鵜呑《うの》みにできないものが数多くあります。少し大げさにいいますと、この本は、会計という学問の中にある、そうした「天動説」や「地球平面説」をあぶり出そうという、現代会計学の通説からすれば、とてつもなく不届きなことをたくらんだものでした。

本書『会計学の座標軸』は、この「常識くずし」の先にある、「健全な会計観の共有」を訴えたものです。「座標軸」も、「会計観」も、同じ意味合いで使っています。

いかに会計常識の誤りを正して、正しい会計知識を積み上げたところで、「知識としての会計」は、単なるテクニックなので、思想も理念も倫理観もありません。それは、使う人の気持ち次第で、いいようにも悪いようにも使うことができます。

第4章、第5章で紹介しましたように、利益操作、粉飾、脱税、無駄遣い、資源の浪費、裏金作り、闇の世界への資金供給、リストラを名目とした雇用破壊、どれも会計の技術や知識を悪用して、社会に害悪を流しているのです。

「会計という道具」「会計という知識」は、単なるテクニックか知識ですから、右にも述べましたように、善悪の判断や、倫理的な判断ができません。ですから、悪用されても、それは、会計のせいではないのです。それはちょうど、包丁を強盗の凶器として使っても、殺人の道具として使っても、「包丁が悪い」といわれないのと同じです。

そこで、「会計という道具」を正しく使うには、その道具に、「国民の間でひろく共有できる健全な会計観」、「多くの市民が賛同するような倫理観」を植えつける必要があるのです。

本書『会計学の座標軸』は、そうした会計観の重要性を説いたものです。いくつかの章で述べたことは、わたし個人の会計観に過ぎません。しかし、一つの会計観（座標軸）をもって現在の会計の世界を眺《なが》めて見ますと、会計の常識や通説からは伺《うかが》い知れない別世界が拓《ひら》けるのです。

もとより、わたしの会計観が、会計学の座標軸だという気はもうとうありません。しかし、わたしの貧弱な会計観をもってしても、わが国における今日の会計は、その使い方を見ますと、経済や企業の実状に合わないばかりか、経営者のやりたい放題、好き放題、何でもありの世界です。わたしには、何もせずに、手をこまねいて、この世界に身を置いていることが耐えられないのです。

(2) Whistleblower の一人として

微力であっても、最初は小さな音であっても、わたしは会計界の whistleblower の一人として、世間にメッセージを送り続けたいと思います。大学に入ったときから今日まで、わたしの仕事をこよなく理解してくれている友人がいます。生い立ちも、境遇もまったく違うにもかかわらずです。新潮社の鈴木藤男氏とは、大学卒業後は、住む世界を別にしていますが、お互いに相手の仕事ぶりに共鳴し、いやそれ以上に、人生観や価値観を共有する部分が多く、彼は、今も多くの示唆を与えてくれています。

わたしくらいの年齢になりますと、旧友と会えばきまって、壊れたレコードか何かのごとく、昔話を繰り返すものですが、彼とは昔話などした記憶がありません。お互いに、明日を、明後日《あさって》を語ってきたことに、いまさらながら驚いています。

その彼が、わたしに、何年かかってもいいから、whistle を吹き続けて欲しいと、エールを送ってくれています。彼がいうには、いつか、whistle を鳴らす人が増え、それを機に会計界・経済界、さらにはわが国の社会の常識が変わり、健全な会計常識、健全な会計観が支配する日がくることを期待したいというのです。わたしも、彼の期待に添えるように微力を尽くしたいと思います。

最近、英米では、会計や監査における倫理の問題が盛んに取り上げられています。「神を畏《おそ》れる」キリスト教の、その中でも、プロテスタントという非常に倫理の厳しい世界でもそうなのです。ましてや、わが国のように、「神をも畏《おそ》れない」「畏れるものなき国民」の場合には、会計における倫理観、健全な会計観を確立しなければ、会計が「殺人の道具と化す包丁」「粉飾や利益操作を手助けする道具」と同じになってしまいます。

ここに、会計の倫理、会計の座標軸を、広く国民が共有する必要があるのです。会計を、単なる道具にしてはならないと思うのです。

以上は、本書を著《あらわ》した、わたしの意図です。「宣伝」を終えて、本論に入りたいと思います。以下、わたしが受けてきた会計教育、わたしが教壇で語ってきた会計をふり返って、その根幹に関わる「会計の目的」「会計の機能」「会計の役割」がいかに誤解されてきたかを、一緒に考えてみたいと思います。

2　会計の利害調整機能

(1)　山下教授の『会計学一般理論』

財務会計には、関係者の利害を調整する機能と、投資に必要な情報を提供する機能という、二つの機能があるといわれています。

会計が利害調整機能をもつということを、ことさらに強調したのは、故・山下勝治教授でした。『会計学一般理論』という、薄いながらも含蓄《がんちく》のある本の中でのことです。この本は、ドイツ会計学をベースにして、英米の会計学を盛り込んだ、当時としては斬新《ざんしん》な教科書でした。

その本の中で、山下教授はつぎのようなことを主張していました。かなり、わたし流に敷衍《ふえん》しています。

企業（株式会社）の所有者たる株主の利益と、その企業に債権をもつ債権者の利益は、必ずしも一致するものではなく、時に対立することがあります。利害が一致するのは、大きな利益を上げるとか、どこかから財産をただでもらうとかするときです。こうしたときは、株主は、配当が増える可能性がありますし、株価が上昇することも期待できます。債権者にしても、会社の利益や純資産が増加すれば、債権の回収が楽になると期待できます。

株主と債権者の利害が一致しないのは、株主がその権利を超えて分配に与《あずか》ろうとするときです。たとえば、株主が、資本からの配当（タコ配当）をしようとしたり、架空の利益を計上して配当に回そうとしたり、資産を水増ししたり、費用を計上しなかったりする場合です。いずれの場合も、株主にとっては（一時的に）都合がよいかもしれませんが、債権者にしてみれば、自分たちが用立てた資金の返済財源が不当に減少することになり、不利益となります。

そこで、会計は、株主と債権者の利害の対立を防ぎ、両者の利害を調整するために、利益の計算や資産・負債の評価において、必要なルールをもうけている、というのです。

山下教授は、株主と債権者の利害調整だけではなく、現在の株主と将来の株主との間に生じる可能性のある利害についても、会計に調整機能があることを主張されていました。

機能とは、役割のことです。役割とは、仕事のことです。会計には利害調整という機能があるということは、つまり、会計が利害調整を役割・仕事としているということです。

当時としては、きわめて斬新な、若い研究者を魅了する説でした。会計に、そうした積極的な力があるということを知るだけでも、感動したものです。

(2) 結果としての利害調整

しかし、少し冷静に考えてみますと、これは、会計の機能・仕事というよりも、会計が生み出す効果、あるいは結果といったほうがいいのではないでしょうか。なぜなら、会計は、利害を調整しようとして利益を計算したり、財産を計算したりしているのではなく、あくまでも、正しい利益を計算しようとしているのに過ぎないからです。

利害の調整を前面に押し出したら、株主と債権者の間で泥仕合いが行われるのが必至で、「正しい利益の計算」とか「正しい財産の計算」などは、二の次、三の次になりかねません。

そうではなくて、会計が正しい利益を計算し、経営者がその利益を株主に配当するのです。株主はそれで満足しなければなりませんし、債権者は、そうした利益からの配当を不当だと主張することはできません。正しい利益を計算し、その利益を、その利益だけを配当財源とする方法であれば、結果的に、株主も債権者も納得するわけです。株主の利益も債権者の権利も侵害しないことから、これを「利害が調整された」と見るのです。あくまでも、結果です。

わたしの学生時代には、わたしの恩師である佐藤孝一教授を初め、黒澤清教授、山下勝治教授などが、「企業会計」誌上で、しょっちゅう、座談会・討論会を開いていました。佐藤先生は、「企業会計」誌の生みの親ということもあり、そうした座談会の主唱者だったようです。

学生時代に、佐藤先生の情熱あふれる講義に感動したわたしは、先生の著書や雑誌論文はもとより、対談・鼎談《ていだん》なども読みあさりました。そうした座談会の中で、しばしば、山下先生に向かって、佐藤先生がいうのです、「山下さん、会計には利害調整なんていう機能はない」と。佐藤先生のいう意味がわかったのは、その記事を読んだときではなく、それから数十年後でした。

会計の機能・仕事は、正しい利益を計算することです。資本提供者間の利害を調整することではありません。

たぶん、そういい切っても、山下先生は許してくださると思います。なぜなら、山下先生は、自分が編集代表として出版した『会計学辞典』(同文舘)では、自ら「企業会計の直接的課題は、企業活動の結果として獲得される利益の算定にある」と書かれて、会計の機能が、「正しい損益を計算すること」にあることを承知しているからです。山下先生の頭の中では、きっと、「正しい損益の算定を通して、関係者の利害を調整するのが会計の仕事」という思いがあったのではないでしょうか。

以上の話は、実は、つぎの話をするための枕詞《まくらことば》なのです。会計に利害調整の機能があるかどうか、これは、言葉は悪いですが、どっちでもいいのです。「ある」と考えても、「ない」と考えても、さほど実害はありません。しかし、つぎの「投資意思決定情報提供機能」は、そうはいきません。こんな機能を認めると、会計は「利益操作の手段」と見なされても、反論できなくなります。

3　投資意思決定情報というマジック

(1)　なぜ、投資家に資本利益率を計算させるのか

財務会計には、利害調整機能の他に、投資の意思決定に必要な情報を提供する機能があるともいわれています。右にも書きましたが、機能とは、役割です。役割とは仕事のことです。一部の人は、会計の役割・仕事は、投資家が投資の意思決定をするときに使う情報を提供することだといいます。

果たして、そんなに大それたことをいってもいいのでしょうか。投資家の意思決定がどういうものかは、財務論とか投資理論が専門とする世界であって、会計の世界の話ではありません。あるとき、S大学とN大学の財務論の先生方と仕事をしていたときです。「財務論も投資理論もろくに勉強していない会計学者が、投資意思決定を口にするのは笑止千万だ」と笑っていました。その道の専門家から見れば、会計学者の投資意思決定論など、児戯《じぎ》に等しいということでしょうか。

会計の情報が投資の意思決定に役に立つことはわかります。企業の収益性、安定性、生産性な

どを判定するには、会計の情報はおおいに役に立ちます。資本利益率などの比率がわかれば、同業他社との収益性比較や前期との比較ができます。流動比率からは、企業の債務返済能力を知ることができます。付加価値構成がわかれば、企業の社会貢献度がわかります。会計情報は、投資家にとって、意思決定情報の宝庫です。

ではなぜ、会計報告で、資本利益率や売上高利益率、付加価値分析など、直接的に投資家が使う分析結果やデータを提供してあげないのでしょうか。会計の役割（の一つ）が、投資意思決定情報の提供にあるというのであれば、流動比率や負債比率、さらには借入金の平均利子率なども計算して表示するくらいは当たり前のように思えるのです。しかし、どこの会社もそんなことはしません。こんな比率を計算するのはきわめて簡単なことですが、会社は、それを投資家や株主自身にやらせるのです。なぜでしょうか。

こうした計算は、電卓さえあれば誰でも瞬時にできるから自分ですればいい、という人もいます。そうでしょうか。付加価値の計算や損益分岐点の計算を、算式も見ないで瞬時にできる投資家がそんなにたくさんいるとは思えません。わたしも、経営分析の本を書いていますが、未だに付加価値の計算は苦手ですし、損益分岐点の計算に使う固変分解は頭痛の種です。

また、こうした比率や数値は、複式簿記のシステムからアウトプットされないことを理由に挙げる人もいます。それならなぜ、英米では、複式簿記からはアウトプットされないキャッシュ・

フロー計算書や一株当たり利益を会計情報として公表するのでしょうか。

誤解や批判を恐れずにいいますと、会計は、もともと、投資意思決定情報の提供という機能をもたないからではないでしょうか。会計の仕事は、こうした意思決定情報の提供にあるのではなく、あくまでも、正しい利益を計算して、これを関係者に報告することであり、その報告された情報を投資家が活用している、ということなのではないでしょうか。

キャッシュ・フロー情報が重視されるのは、安定的な経済・経営の環境が持続することを前提とした原価主義会計・発生主義会計が不適応となるときです。つまり、ちゃんとした経営をしている企業の場合には、キャッシュ・フロー情報はあまり重要ではありません。

あれやこれや考えますと、アメリカの財務報告は、会計の原理から見ますと、ずいぶんバランスが悪いようです。投資家が必要としているからというだけで、複式簿記のシステムからは誕生しない「キャッシュ・フロー計算書」を基本財務諸表としたり、会計情報を加工した「一株当たり利益」を計算・表示したりしています。

それならなぜ、同じように複式簿記からは誕生しない「付加価値計算書」や「損益分岐点図表」を財務諸表に加えないのでしょうか。また、一株当たり利益を表示するなら、どうして同じように投資家が必要とする「経営資本利益率」や「負債利子率」を計算・表示してやらないのでしょうか。

最近の傾向としては、複式簿記からのアウトプットである原価ベースの貸借対照表や損益計算書が軽視され、複式簿記の記録さえも必要としない時価ベースの情報が重視されつつあります。

アメリカの会計は、しばしば論理的な産物といった解釈がなされがちですが、実際にこうしたアンバランスな実態を見ますと、イギリスの会計と同じく、アメリカの会計も、「寄せ木細工」か「積み木細工」でしかないのではないでしょうか。

みなさんが投資家であったら、どういう会計情報を必要としますか。わたしが投資家であれば、今日明日の時価情報も参考にしますが、それよりも、一年先、二年先の、いわば、中長期的な収益力や安全性を重視したいところです。原価主義・発生主義をベースとした財務報告は、こうした中長期的な投資家にとって役に立つ情報だと思います。

それよりももっと短期的な、今日明日の破綻《はたん》を知るための情報としては、伝統的な会計情報はあまり役に立ちません。本来、会計はそうしたことを仕事としてこなかったからです。

わたしがこんなことをいっても相手にされないかもしれませんので、元・日本会計研究学会会長であった森田哲哉教授が書いた一文を紹介します。この一文は、投資の意思決定に必要な情報を提供することなどは、もともとは会計の「職能」には含まれていなかったことを明らかにしています。

「受託責任の遂行結果の報告は、今日においても会計が果たすべき重要な職能の一つとして、すべての経済体の会計において認められるものであるが、企業会計に関しては、今日では、さらに広範な企業の利害関係者に対して、その意思決定に役立つ情報を提供するという職能が求められるようになっている。このような職能は、会計の職能として当初から予定されていたものをはるかに超えるものであろう。財産の管理に結びついた職能ではないからである。」（『会計学大辞典（第四版）』）

会計情報が投資の意思決定に使われるのは、あくまでも結果であって、会計の第一義的な目的は、意思決定情報の提供などではないのです。ですから、会計情報が投資の意思決定に役に立たないという批判は当たらないのです。

小著『原点復帰の会計学』でも書きましたが、出刃《でば》は、魚や鳥肉のアラ切りをするための包丁です。でも、出刃で刺身を作ることもできますし、やわらかいパンも切れます。しかし、うまくは切れません。出刃包丁ではパンをうまく切れないからといって、出刃は役に立たないとか、出刃の刃をパン切りナイフのようにギザギザにしろ、などという人はいません。出刃の仕事・目的は、「アラ切り」であって、パンや刺身を切ることができても、それは、結果・効果なのです。目的外の作用といってもいいでしょう。

目的とその効果、あるいは、目的とその用途は、別物です。この道理は、出刃包丁の目的とその用途を考えると、誰でもわかるのです。会計でも同じなのです。会計の目的と効果あるいはその用途を混同してはならないのです。

(2) 会計情報だけで投資意思決定ができるか

もし仮に、会計の仕事・目的が投資家に意思決定情報を提供することだとしますと、会計とは何と中途半端な仕事しかできないのかと思われかねません。会計は、意思決定に必要な情報の、たぶん、一〇分の一、いや、二〇分の一くらいしか提供していないのではないかと思えるからです。

投資家は、投資先を選定するときに、現在と将来の国際関係や経済環境、金利変動の見通し、業界の動向、市場の将来性、マーケット・シェアとその変動、その企業の製品構成・質・クレームの多寡《たか》、経営者の能力と後継者、従業員のモラル・志気・平均年齢、ブランド力、知名度、立地、他企業を併合する意欲と能力、将来計画、ユーザーのロイヤリティ(リピート度)などなど、極めて多角的な情報を使います。

これらは、会計情報からは読みとれません。意思決定情報として会計が提供できるのは、その企業の収益性や借金返済能力など、極めて限られた範囲のものに過ぎません。会計の仕事が投資意思決定情報の提供にあるとするなら、会計はあまりにも力不足で、まったく魅力のない仕事をしていることになりはしないでしょうか。

力不足でも、魅力がなくても、それが会計の仕事であれば、わたしも、何とかヨリ充実した意思決定情報を提供するように努力したいと思うのですが、実は、ここから先、何が意思決定に必要な会計情報なのかということになると、その中身があやふやになるのと、このように会計の仕事を規定すると、とんでもない弊害が生じるおそれがあるのです。以下、そのことについて述べます。

(3) 遅刻者数も喫煙者数も投資意思決定情報

アメリカの財務会計基準審議会（ＦＡＳＢ）は、財務会計をもって投資意思決定情報の提供を目的にしているとして、さまざまなプロジェクトを持ち、基準設定に反映させてきたといわれています。しかし、会計基準を設定する主体がこうした考えをもつことは、極めて危険なのです。なぜかを説明します。

投資意思決定に必要な情報は、無限にあります。手に入れられるかどうかを別にすれば、ありとあらゆる情報が、投資意思決定に役に立ちます。思いつくままに列挙してみます。

(1) 従業員の中に風邪を引いている者が何人いるか。今日、遅刻した従業員は何人か。従業員食堂はあるか。従業員は昼食に、平均、何分かけているか。昼食に補助金は出ているか。仕事中に喫煙するのは何％か。喫煙所はあるか。男女別になっているか。利用されているか。

(2) 従業員の通勤時間は、平均して何分（何時間）か。従業員の平均年齢は何歳か。男女比は。六〇歳以上の比率。身障者の比率。外国人の比率。この一年間における解雇とその理由。新卒者の採用状況。

(3) 今週の会議は、何時間かかったか。何か、決まったか。会議で決まったことは、実行されているか。製品や経営に関する提案制度があるか。提案箱に、今月は、何通の提案書が投函されたか。提案のうち、何％が採用されたか。採用にあたって、褒賞《ほうしょう》制度があるか。社員のボランティア活動に対して、会社はどういう支援をしてきたか。

(4) 社長は、会長の血縁か。社長の趣味は何か。社長は、就任して何年目か。何歳か。後継者はいるか。それは、社長の親族か。趣味のゴルフには、週に何回くらいでかけるか。誰とラウンドしているか。社長はパソコンが使えるか。英会話はできるか。家庭はうまくいっているか。タバコは吸うか。酒飲みか。異性関係はきれいか。暴力団などとの関係はないか。取り巻き以外の社員とよく話をするか。

(5) 去年一年間で、工場見学に訪れた人は何人か。その人たちに、後日、会社の案内や新製品のパンフレットを送っているか。クレーム処理の窓口はあるか。その窓口に、会社の役員が、匿名《とくめい》で電話を入れてみることがあるか。

⑹　この一年間、会社は、どこに、いくらの寄付をしたか。政治献金の内容。地域の学校や施設へは、お金以外にどういう支援をしてきたか。

どんな情報でも、投資の意思決定に役に立つという証明が可能です。たとえば、右の⑴や⑵は、従業員の質、志気、モラル、疲労度などを知る材料になります。いずれ、これらは、製品の質や労働効率、生産性に跳《は》ね返るでしょう。

⑶からは、従業員の労働意欲、向上心、モラル、さらには企業の人事政策を知ることができます。⑷は、経営者の質、姿勢、積極性、クリーン度などを知る材料になります。多くの名門企業は、ここでつまずいていますから、極めて重要な情報です。⑸からは、会社が社会に対してどの程度、開かれているか、市民・消費者にどの程度関心を持たれているか、会社は市民・消費者にどう対応し、どう社会的責任を果たしているか、などを知ることができます。⑹からは、その会社の政治姿勢や社会貢献度を読み取ることができます。

こじつけみたいに聞こえるものもあるでしょう。ここでは、どんな情報でも、投資の意思決定に役に立つことを証明するのは簡単だ、ということを理解してもらいたいのです。

しかし、逆に、ある情報が、投資の意思決定に役に立たないということを証明するのは、非常に難しいのです。右の情報のうち、どの情報が投資意思決定に役に立たないと証明できますか。喫煙者数や通勤時間は関係ないでしょうか。

仕事中にタバコを喫ったりすると、その間、仕事を放棄したとして残業させる会社もあるそうです。通勤に片道二時間もかかる従業員がたくさんいるとすると、通勤手当や労働意欲の面でマイナスです。労働意欲を失うか、ミスを犯す確立が高くなっているはずです。いずれも、企業を評価する重要な情報です。

それでは、投資家やアナリストが、「こんな情報は、一〇〇%不要だ」といい切るような情報はどれでしょうか。

(4) Useless の立証

「役に立つ」とか、「使われている」という証明は極めて簡単なのですが、その逆は、極めて困難なのです。

刑事事件でよくいわれることのようですが、「被疑者が現場にいたことを証明することよりも、現場にいなかったことを証明するほうがはるかに難しい」といいます。被疑者が、犯行の現場にいたという証明なら、目撃者を見つけても、指紋を発見しても、それで済みます。しかし、現場にいなかったということは、目撃者がいなくても、指紋が発見されなくても、遺留品がなくても、証明できません。現場にいたことを証明するよりも、アリバイの立証は格段に難しいのです。

会計情報も同じです。特定の情報が投資意思決定に使われているという証明は簡単にできます。「わたしはこの情報を使っている」「この情報は、投資意思決定に役に立っている」という投資家やアナリストを見つけるのは簡単なことですから。

しかし、特定の情報が、投資の意思決定にまったく使われていないとか、まったく意思決定に役に立っていないということを立証するのはほとんど不可能です。まさか、世界中の投資家やアナリストに聞いて回るわけにもいきません。論理的な反証は、もっともっと困難です。

(5) FASBの「魔法の杖《つえ》」

これで、FASBのような基準設定を担当する機関が、投資意思決定情報の提供を会計の目的として措定《そてい》することが、いかに、危険であるかがわかっていただけたと思います。そういう目的を優先すれば、どんな内容の基準でも設定できます。いいかえれば、FASBは、どんな基準を設定しても、その論理・理由を見つけるのにまったく困らないからです。

これは、いまのFASBにとって、魔法の杖です。FASBが、これまで、概念フレームワークを先に措定しておいて、それを「準拠枠」にして会計基準を設定してきたように理解されていますが、その「準拠枠」が、実は、どのような基準を設定しても説明を付けられる、魔法の杖だったのかもしれないのです。

いかなる会計情報も、投資意思決定に必要であることを証明するのは簡単だということをいいました。いかなる情報でも、まったく不要というようなものは無いからです。

そんなことをいうと、「では、世界中で、いま、あくびをしているのは何人か、という情報も役に立つのか」とでもいわれそうですが、それは、情報とはいいません。情報は、ある判断を下したり行動を起こしたりするために必要な知識をいうのです。

(6) 国策としての「投資意思決定情報提供機能」

ここでは、二つのことをいいたかったのです。一つは、会計には、投資意思決定情報の提供という機能はない、ということです。投資意思決定に役に立つことは否定しませんが、それを目的として会計理論を組み立てたり、会計基準を設定したりすることは、砂上に楼閣《ろうかく》を建てようとするものです。

古い話になりますが、財務論のロビチェックとマイヤーズが書いた本（A.A.Robichek and S.C.Myers, *Optimal Financing Decisions*, 1965.）を元に、アメリカ会計学会の「外部報告検討委員会」が発表した報告書がありました。一九六六年だったと思います。そこでは、投資の意思決定に必要な情報は、キャッシュ・フローのタイミングと確実性に関する情報であり、会計上の利益に関する情報は不要である、ということが書かれていました。

今でもロビチェックとマイヤーズの「投資家モデル」が有効かどうかは知りませんが、「投資意思決定情報の提供」を会計の目的に措定しても、両人がいうように、投資家には会計情報が要らないのかもしれません。もしそうだとしますと、「投資意思決定情報の提供機能」は、会計の「片想い」に過ぎないことになります。

もう一つのことは、投資意思決定に必要な情報を提供することを会計の仕事とすると、どんな情報でも意思決定に必要な情報だと主張することが簡単にできるため、基準設定主体の思うとおりの基準を設定できるようになることです。

企業に開示させたい情報を先に決めて、後で適当な理由づけをすればすむのです。現在の利益情報、現在の資産・負債情報に不満があれば、出させたい利益、出させたい資産・負債の情報を先に決めて、こうした情報こそ投資の意思決定に役に立つと主張すればいいのです。理由づけは簡単にできますが、反証は極めて困難です。

FASBにとっても、SECにとっても、会計を投資意思決定情報の提供手段と見なすことがどれだけ便利なことか、これでおわかり頂けたと思います。

これが、アメリカ会計の一面なのです。アメリカは、これまで、いつも既知のものと見られてきましたが、実は、わかっているのは公式に表明された部分だけで、アメリカ会計の背景も意図も、基準運用の実態も、あまりよくは理解されていないような気がします。

会計が、一国のマクロ政策の道具でもあることを書きました。それも、マクロ政策には、会計を方向づけるくらい、強い磁力があるのです。今や、マクロ政策を反映しない会計基準などは考えられません。

(7) 国際会計基準のマクロ政策

マクロ政策などというとわかりにくいかもしれません。これは、国の立場からして、個別の企業が破綻するのと、産業界全体、いや国家が破綻するのと、どちらを選ぶかということです。個別企業の会計が犠牲になっても、国家が危険にさらされない政策が優先されるのです。

村上陽一郎教授が、『安全学』という書物の中で、こんな話を紹介しています。ライオンに追われたシマウマの集団は、その集団の中で最も弱い個体をわざと逃げ遅れさせ、ライオンのエサとすることによって、集団の「安全」を図る、と（村上陽一郎、一九九八年、一九九頁）。

また、こんな話もしています。インフルエンザなどの感染症を予防するためにワクチンを打ちますが、それは、個人の安全を図ることだけが目的ではなく、むしろ、社会の多くの成員に接種することを通して、大規模な感染を予防するのだ、と（村上陽一郎、一九九八年、二二四頁）。

シマウマの話も、ワクチンの話も、社会・集団の安全、国家の存続を優先するマクロ政策と同じです。国家としての立場からは、「国破れて山河あり」というわけにはゆかないのです。私企業の決算といえども、マクロ政策が優先されるのはこのためです。

そこで、気になるのは、国際会計基準です。国際会計基準は、国家という枠を持たない基準です。しかし、国際会計基準といえども、マクロ的な視点を欠くことはできません。なぜなら、国際会計基準は、いくらマクロ政策から中立的に設定しようとも、その基準が各国で適用される以上、マクロ政策と無関係でいられないからです。そうであればこそ、国際会計基準は、自国のマクロ政策に貢献するような形のものにしようという誘因によって、つまり、各国の力関係によって歪《ゆが》められてもおかしくはありません。

現在の国際会計基準も、これから決められる国際会計基準も、各国の利害を下にした綱引きによって改正や設定が行われるようになるでしょう。当分の間は、アメリカとEUとの間で綱引きが行われ、いずれは、欧米とその他の地区との間で綱引きが行われ、さらには、文化を異にする地域間で、また、宗教を異にする地域間での綱引きが行われるようになるでしょう。

そうした綱引きを経て、二一世紀の会計がたどり着く地平は、第一章で述べましたように、Glocal Accounting ではないかと思えるのです。

4　不正と「ズル」のはざま

(1)　ズルは正義

ゴルフは、ホールごとに、何打であがったかを、プレイヤーが自己申告します。あらゆるスポーツの中で、ゴルフだけが審判がいないのです。ですから、「六つ」たたいたにもかかわらず、「五つ」と申告しても、そのまま通ります。

当の本人は、「軽いウソ」程度の罪悪感しかないようです。どう転んでも、アマチュアの遊びです。全英オープンとかマスターズをやっているわけではありませんから、目くじらをたてる人もいません。いえいえ、わが国は、トップ・プロがいかさまをやっても咎《とが》められない国ですから、ゴルフには、アマチュアもプロもないのかもしれません。一八ホールを終える頃には、プレイヤー自身も、「五つ」であがったと信じ込んでしまうそうです。

ここでは、アマチュアもプロも、「不正」といった強い罪の意識などはなく、極めて軽い「ズル」程度の意識なのでしょう。わが国の社会では、こうした「ズル」には、目くじらをたてないという、暗黙の約束があるようです。

正義を貫《つらぬ》こうなどとして、「六つたたいたじゃないか」などといおうものなら、次回から、お声がかからなくなるのは目に見えています。「ズル」をしたほうが「正義」で、正義を訴えたほうが仲間はずれにされるのです。わが国では、「ズル」は、「不正」からほど遠いくらい、「正義」に近いのです。わたしも、わが身の健康のために一〇年ほどゴルフをやりましたが、わが心の健康のためにゴルフをやめました。

オリンピックでは、黒人は水泳競技には参加できません。そんなルールはありませんが、実際には参加できません。黒人選手が泳いでいるのを見たことがありますか。アメリカのゴルフ・コースは、ほとんど、メンバーシップを盾に、黒人のプレイを認めていません。あのタイガー・ウッズでさえも、プレイできないコースがあるそうです。これらは、フェアなのでしょうか、アンフェアなのでしょうか。

(2) truth と half-truth

英米の映画やテレビ番組を観ていますと、ときどき法廷のシーンが出てきます。法廷では、証人が左手をバイブルの上に置き、右手をかかげて、「真実を、真実のすべてを述べ、真実以外は口にしません（“the truth, the whole truth, and nothing but the truth”）」と宣誓しています。最近読んだ、グリシャムの『陪審評決（*The Runaway Jury*）』の中でも、何度かそういうシーンが描かれていました（たとえば、白石朗訳、新潮社、三三一頁）。

この宣誓の言葉の中にある“whole truth”に対して、“half−truth”という表現が使われることがあります。これは、「（特に欺《あざむ》いたり人の非難を回避したりする目的の）一部だけの真実」（小学館「ランダムハウス英和大辞典」）で、「アメリカでは、このような“half−truth”は許すべからざることだという感覚が一般人の間にも広く行きわたっている」（田中英夫、一九八八年、四〇六頁）そうです。

わが国ではどうでしょうか。毎日のように大酒を飲む人が、「今日は酒を飲むぞ」といえば、知らない人は「この人は、普段はあまり飲まない人なのだ」と誤解するでしょうし、酒は一滴も飲めないのに「彼は、しらふだね」などといわれようものなら、他人から「彼は、いつもは酒を飲んでいるのだ」と誤解されるでしょう。

約束に遅れた理由として、「途中で渋滞に遭《あ》いまして」（渋滞していたのは対向車線）といったり、「来客があったものですから」（客はずいぶん前に帰っている）といったり、就職のときの身上書に「英語が好き」（好きだけど、話せない、読めない、書けない）と書いたり、「海外経験あり」（実は、二、三日、ハワイで泳いだだけ）と書いたりするのは、自分に都合のいいように解釈（誤解）してもらいたいからです。

おぼろげな記憶で申し訳ありませんが、コーエンという名の会計学者だったでしょうか、この

"half−truth" をこんなふうに紹介しています。ある船の船長とクルーの話です。わたしくらいの年齢の会計学者なら、もう察しがつくでしょう。

航海中に、ある船員が酒を飲んでばかりいるものだから、船長が航海日誌に、「船員Aは今日も酒を飲んでいる」と書いたのです。航海日誌は、帰港後、船舶を所有する海運会社の上司に届けられます。船員Aは、これが原因で解雇されるかもしれません。そこで、船員Aは腹いせに、翌日の航海日誌にこう書きました。「船長は、今日は、しらふだ。」

船長は酒を飲めない体質でした。ですから、今日も昨日も、その前の日も、いつもしらふだったのです。しかし、船員Aにこのように書かれたら、海運会社の上司は、「何だ、船長も船員も、いつも酒を飲んでばかりいたのか」と信じてしまうでしょう。それが、船員Aのねらいであったのです。一面では、Aもウソをいったり書いたりしてはいません。一面においては真実であると強弁《きょうべん》できるのです。

法律学者の田中英夫教授は、「わが国では、"half−truth" に対する非難の念は薄く、"half−truth" でも、そこに掲げられていることだけをとりあげて、それが事実と合していれば、truth には変わりがないとする傾向が、かなり一般化しているように見受けられる」(田中英夫、一九八八年、四〇七頁) と憂慮《ゆうりょ》されています。

大学で、右のような、"whole truth" と "half−truth" の話や white lie (罪のないウソ)

との違いについて話をした後で、学生に“half－truth”をどう思うかを聞いてみても、かなりの数の学生が“half－truth”を肯定します。「真実を述べてことを荒立てるよりも、軽微なウソで人間関係をうまくやったほうがよい」とか、「誰もがやっているのだから」とか、「大きな害はない」というのが肯定する理由です。こうした傾向は、一流大学の学生や法学部の学生であっても、変わらないようです。国民的な理解なのでしょうか。

わたし達が考えている「真実」の一部は、どうやら英米では「不実」と信じられているのです。「真実」とか「善」「美」といった、科学や芸術における基本的な概念でさえ、わが国と欧米では違うのです。そうだとすると、「会計」のコンセプトもaccountingのコンセプトとは違い、「利益」や「資本」のコンセプトも、profitとかcapitalのコンセプトと違うのかもしれません。あれもこれも、疑ってみる必要がありそうです。

(3) 不正と「ズル」のはざま

わが国では、「ズル」に対しては、“half－truth”と同様に、あまり罪の意識はないといっていいでしょう。わが国では、昔から、「他人に迷惑をかけない」ことが最大の美徳、第一のルールでした。「ズル」の多くは、意識のうえで、「他人には迷惑をかけていない」行為と考えられてきたのではないでしょうか。

このときの「他人」とは、「特定の人」をいい、国家、国民、市民一般、株主一同、などは含んでいないようです。特定の人とは、たとえば、目の前にいる人や隣近所に住んでいる人たちであり、直接、迷惑がかかることを認識できる人をいうようで、迷惑をかけることが直接認識できないような人たちや、間接的にしか迷惑をかけない人たちは含みません。

ですから、同僚の財布からお金をとるのは不正であり犯罪だと認識しても、会社のつけで飲み食いしたり、交通費を水増しして会社に請求したりするなどは、誰に迷惑をかけるでもないと考え、「ズル」の範囲とみているのではないでしょうか。

利益操作や粉飾も、多くは、「ズル」の認識のもとで行われているのでしょうか。

こうした国民一般の意識が、企業決算という「他人のお金を預かった者が行う、結果の報告」の場でも、“half−truth”でお茶を濁《にご》してしまおうとする経営者が多数にのぼったり、そうした経営者のウソを国民が許してしまったりすることにつながるのかもしれません。

(4) 真実性と公正性

英米の会計では、「形式よりも実質（substance over form）」ということがいわれます。「実質優先主義」ともいわれています。法律上の形式よりも、経済的実質に即して会計処理・報告をすることを重視する思考です。詳しくは、第11章で述べました。

「形式よりも実質」というのは、表現を変えれば、事実の一面を形式的にとらえて真実だとする（half−truth）のではなく、その全体像なり実質を誤りなく伝える（whole truth）ことを求めているのではないでしょうか。

わが国の会計ルールでは、会計処理・報告における真実性は要求されても、公正であることは要求されません。イギリスの true and fair view という考え方や、アメリカのfair presentationというのは、右に述べた half−truth を否定し、whole truth を求めているといってよいと思います。

残念なことにわが国では、会計に限らず、政治でも経済でも、私生活でも、フェアであるかどうかはほとんど問題にされず、アンフェアな言動や取引に対しても、結局は容認してしまう傾向が強いようです。わが国民に同情していいますと、わたし達は、何がフェアで、何がアンフェアなのかが、よくわからないのです。フェア・アンフェアという「ものさし」を理解できないのです。

しかし、会計における真実性は、誰に対してもフェア・公正であること、half−truth を排することによって確保されるものです。公正性に裏付けられて初めて、会計が whole truth になることを考えますと、わが国の企業会計原則にも、公正性（fairness）の概念を取り入れる必要があるのではないでしょうか。

思い起こせば、わが恩師である佐藤孝一先生は、アメリカや日本で会計公準論が盛んに議論されていた当時、アメリカの会計の根底には「公正性（fairness）」の概念があり、これこそ会計公準と呼ぶべきものであることを主張されていました。今思うと、英米の会計思考を貫く本流を見抜いた卓見でした。佐藤先生の見識が正しく評価され、わが国の会計界に「公正性」の理念が定着していたら、今日のように、大手も中小もこぞって粉飾や利益操作を繰り返すようなことにはならなかったかもしれません。

ところで、そうした場合の「フェア」「公平」ですが、実はこの解釈が難しいのです。社会が悪と考えるものは、その時代において悪です。逆にいいますと、その時代に社会が悪と考えないものは、悪ではないのです。公平とか平等という考えも時代によって変化してきたのです。

たとえば、人身売買や奴隷などは、今日の社会常識からは公平とも平等とも認められませんが、当時においては決して不平等とか不公平とはみられなかったようです。また、大相撲は年齢別でも体重別でもないし、同部屋の対戦はないなどという点で不公平・不平等のかたまりみたいなものともいえます。しかし、誰もそんなことを問題にしませんし、仮に大相撲が年齢別や体重別の競技になったら、「みもの」にはならないでしょう。

相撲や柔道の勝ち負けの決め方は、世界（社会）の意思ですから、必ずしも、公平である必要はないのです。もちろん、この意味でいう公平も、社会の意思を反映しています。大学入試では、現役も浪人も、同じ基準で合否が決まります。しかし、一年も二年も多く勉強した浪人と現役を同じ基準で力比べをするのは、本当は、不公平かもしれないのです。

会計の世界では、何をもって公平・公正と考えるべきでしょうか。この問題に正面から取り組んだら、ちょっとやそっとでは答えを出せそうにもありません。しかし、日本の会計に関していえば、「ズルをしない」、「他人から見て、ズルイと思われることはしない」ということだけで、ずいぶんと公正（フェア）になるのではないでしょうか。

第3章の最後のほうでも書きましたが、日本の経営者が一番いやがるのは、「恥をかく」ことです。その心理をうまく使って、不正をした企業・ズルをした企業の名前を風化させずに、ことあるごとに名指しすることは、不正やズルの予防にけっこう効果があるのではないでしょうか。

ここでは、「真実」とか「フェア」といった、会計の世界では最も重要なコンセプトでさえ、欧米とわが国では理解が異なることを取り上げました。多くの日本人は、日本語の「真実」は英語の「truth」と同じであり、日本語の「公正」は英語の「fair」と同じであると考えているようです。しかし、右に述べましたように、わが国では、truth に half-truth を含みますし、わが国民は、fair とは何かをほとんど理解できません。

もしかしたら、わたし達は、英米会計で使われている「capital」、「assets」、「profit」などのコンセプトを、勝手に、日本語の文脈における「資本」、「資産」、「利益」というコンセプトに置き換えてきたということはないでしょうか。イギリスとアメリカという、兄弟みたいな国同士でさえも、「capital」とか「profit」に関するコンセプトがまるで違います。そのことについては、小著『時価主語を考える（第二版）』で書きました（田中、一九九九年a、七五－八〇頁参照）。

5 「疑う」という会計思考

(1) 神聖なる外国文献

学者が「疑う」ことを忘れたら、すでに、学者の仕事を放棄しているといってもいいのではないでしょうか。外国文献を盛んに引用して論文や本を書く人がいます。そのこと自体は悪いことではありません。しかし、わたしの見る限り、一部の学者は、外国文献に書いてあることは「不可侵」か、「神聖なるもの」かのごとく、まったく疑義を挟まないのです。

ドイツ文学者の西尾幹二教授は、大著『国民の歴史』の中で、「欧米に学んで百五十年にもなんなんとするというのに、知識を学んで知識を得る方法、意見を学んで意見を述べ立てる態度だけはどうしても学ぶことができないでいるのがわが日本人であり、ことに日本の学者、教師、知識人である」（西尾幹二、一九九九年、七二七頁）と嘆いています。同感です。

あるとき、何人かのゼミ生に頼んで、外国文献の引用占率（論文・書物の中で、何%が引用文で占められているか）と、その外国文献に対する批判の有無、自己主張の割合（何行が、自己主張に当てられているか）を調べてもらったことがあります。ことの始まりは、院生が書く論文が引用だらけであったり、引用注が不適切であったりしたことから、「いろんな先生方の本や論文を見習いなさい」と指示したことでした。

外国文献の引用は黄色のマーカーで、日本語文献はオレンジのマーカーで、批判は赤で、自己主張は青で、色分けしてもらいました。この数年に出版された、財務会計の専門書（連結、時価主義、金融商品、外貨換算などを含めて）を一〇冊ほどと、無作為に抽出した二〇編ほどの論文を調べてもらいました。

調査した院生にいわせますと、ほとんどの本が、外国文献の引用占率五〇%以上で、中には、引用占率が八〇%を超えるものもありました（院生の誇らしげな顔を想像してみてください）。外国文献に対する批判は、ほとんどゼロに近く、外国文献はすべて正しいとして書かれているということです。一頁に、数十個もの引用注がついている文献には、さすがにあきれていました。この著者は、翻訳を学問だと勘違いしているのですね。ある院生にいわせると、こういう本の翻訳ほど、意味不明な文章はないそうです。

自己主張かどうかの判定は、かなり、難しかったようです。なぜなら、引用した外国文献の主張をそのまま自分の主張として展開するのがほとんどで、それを著者の主張とするかどうか、判断に迷うからです。また、本によっては、どこからどこまでが引用で、どこが著者の文章なのかを見分けるのはほとんど不可能だったといっています。意図的にわからないようにしているような気がします、という院生もいました。わたしの意図と逆の結果が出てしまい、非常に困惑したことを覚えています。

彼らの直感のとおり、会計学者の中には、外国の文献、それも、日本人が神様のように崇《あが》め奉《たてまつ》っている「白人」が書いたものなら、すべてが正しく、批判することなど考えも及ばない、という姿勢を貫いている人がいます。それも、たくさんいます。どうやら、会計の世界だけの話ではなさそうですが。

そういう人たちは、原著に単純なミスがあっても、計算間違いがあっても、気にもとめずに、そのまま「神のお告げ」か何かのように、受け入れます。たまに、「これ（外国文献）が間違っているのではないか。」などと口を挟もうものなら、彼らは、必死になって、原著を弁護するのです。自分が書いたものではないにもかかわらずです。外国人のすることには、「間違いはない」と信じているのでしょうか。

ときには、原文と言葉数だけ合わせて日本語にしたような翻訳をみかけますが、原文を読んだ本人がわからないものを、翻訳を読まされた者がわかるわけがありません。

わたしは、根っから疑い深いのか、ＡＩＣＰＡでも、ＦＡＳＢでも、イギリスのＡＳＣやＡＳＢでも、読んでいておかしいと感じたら、とりあえず、手紙を書いてきました。一〇〇％返事がもらえるのはうれしい限りです。たいていは、単純なミスで、同じ文章を繰り返したり（これはすぐにわかります）、一行飛ばして印刷したり（この場合は、どう読んでも意味不明でした）、不要な文字や記号を印刷して（頭の中が？？？になります）、意味不明にしたりでした。

なかには、ある用語を、定義と違う意味に使っていたり、どう読んでも理解できない文章があったり、問い合わせると、向こうが返事に困ることもあったようです。苦し紛れの返事をもらったこともありました。でも、多くの場合、問い合わせることによって、「疑い」は晴れました。

(2) 学校教育の功罪

思えば、わが国では、小学校入学から大学卒業まで、テキストを丸暗記させて答案を書かせてきました。日本の学校教育では、テキストをまる覚えして、それを試験の時に答案用紙に忠実に再現できる子が優秀な生徒・学生とされるのです。

それは、大学入試でも、国家試験でも同じです。日本の学校教育は、意地悪くいえば、「盗作」

「コピー」こそベスト、なのです。テキストに書いてあることを「疑う」など、とんでもないことなのです。

そういう教育を、小学校入学から大学卒業まで、一六年も受けてきたのです。テキスト以外の本や論文を読んでも、書いてあることに異を唱えるとか、疑ってかかるなどということは考えもしないのでしょう。まして、それを書いたのが欧米の学者ともなれば、「西洋人のやることはなんでも立派で、思想的模範とすべきだという……卑屈な思考形式」(西尾幹二、一九九九年、七三六頁)に染まった日本の知識人には、「疑う」などはもってのほかで、これを批判することは犯罪か何かのように思えるのでしょうか。

(3) 生分解性プラスチックのマジック

「生分解性プラスチック」というのをご存じですか。最近では、環境にやさしい製品として非常に人気があります。

プラスチックは、一時代を画した画期的な製品でした。安いし、便利です。防水能力にも富み、雨具としても防寒具としても、買い物袋としても、家庭のゴミ袋としても、非常に重宝なものです。ボールペンも、電卓もパソコンも、おもちゃも、クレジット・カードも、テント・ザイル・ゴーグルも、テニスのラケットも、バスタブも、公園の椅子も、いつも飲んでいるコカコーラのボトルもウーロン茶のペットボトルも、みんなプラスチックでできています。

それだけ便利で活用されているプラスチックが、最近では、公害の発生源として、敵視されています。原料が石油ですから、燃やせば高温で、焼却炉を傷め、土の中に埋めても消えず、川や海ではゴミになり、最近では手に負えない不良分子と考えられてきました。

生分解性プラスチックは、そうしたプラスチックの欠点を、みごとに解消する魔法の杖のように見られています。

生分解性プラスチックとは、こういうものです。石油から作るプラスチックは、自然界では消滅しません。燃やすか、土に埋めるかしか処理方法はないのです。ところが、最近、プラスチックが、土中で消えてなくなるような製品が出回るようになりました。これが、生分解性プラスチックです。

この製品は、プラスチック（ポリエチレン）の分子と分子の間に、接着剤のように「でんぷん」を挟み込み、製品化したものです。この製品を土中に埋めますと、でんぷんの部分をバクテリアなどの微生物が食べて、水と二酸化炭素に分解され、プラスチックの部分は、粒子と粒子が離れ、ばらばらになって、プラスチックが「消えてなくなる」というものです。

報道では、これで問題は一件落着したように伝えています。しかし、科学史の村上陽一郎教授は、でんぷんはバクテリアが食べても、石油化学製品であるプラスチックまでは食べないので、土中に、ばらばらの粒子になった微細なプラスチックが残り、それが、雨水と共に地下水に流れて人間が飲み、海に流れて魚が堆積したものを人間が食べ、風に飛ばされて空中に舞うものは鼻や口から体内に入り、結局は、人間の体内に蓄積される危険が大きいのではないか、と危惧《きぐ》されています（村上陽一郎、一九九八年、四〇頁）。

目に見えず、生物の体内に蓄積されるおそれがあるだけに、プラスチック汚染よりも問題は大きいのではないでしょうか。問題を解決したつもりで、別の、ヨリ深刻な問題を引き起こしていることに気が付かないのです。ちょっと考えれば、素人目にも、プラスチックが消えてなくなるというのは、おかしな話です。

(4) 「解決したつもり」の会計基準

プラスチックとバクテリアの話です。こんな話は、会計には関係がない、ともいえます。しかし、会計も、生分解性プラスチックと同じような、「解決したつもり」で、別の、もっと深刻な問題を引き起こしていないでしょうか。

会計基準は、多くの場合、企業が不正を働いたり、事件が起こってから、そうした事件を再発させないようにとの願いを込めたりして設定されるか、あることをスタートさせるために設定されます。最近では、有価証券の時価評価基準、退職給付の基準、連結財務諸表の基準などが設定されています。

本書でもたびたび述べましたように、これらの基準は、アメリカ基準の直輸入版といってもいいものです。わが国の経済環境に適合するかどうか、わが国の企業がアメリカ企業と同じ環境にあるかどうか、基準を適用したときの国民経済への影響や企業経営へのインパクトはどうなるのか、十分に調査した上で、基準が設定されているのでしょうか。もしかしたら、アメリカ基準を導入すれば、すべては解決するとばかり、「解決したつもり」になってはいないでしょうか。


なお、生分解性プラスチックには、後日談があります。二〇〇〇年七月の読売新聞（欧州版）に、「土に返る日用品」として、生分解性プラスチックが紹介されていました。しかし、記事を何度読み返しても、微生物が分解・消化した残りがどうなるのかまではわかりませんでした。

ところが、同年九月の同紙に、千葉工業大学の武石洋征《ひろゆき》教授、四十宮龍徳教授、柴田充弘助教授が、「繊維強化生分解性プラスチック」を開発したとの記事を見かけました。ロンドン滞在中でしたので、海外にまで返事を書いてくれるかどうか心配でしたが、武石教授に手紙を書き、右のような心配はないのかどうか聞きました。

数日後、武石先生から電話があり、また、ＦＡＸで資料も頂きました。武石先生から聞いた話を少しします。現在、全世界のプラスチック生産量は二億トンだそうです。二億トンといわれても、想像もつきません。小型の乗用車が、一台一トンですから、重量で換算しても、車二億台分が、毎年、プラスチックとして生産されているのです。日本中の車を集めても、一億台もないでしょう。そうした膨大なプラスチックが毎年、世界中で生産されているのです。

武石先生は、もしも、将来、生分解性プラスチックの原料にトウモロコシやイモなどのでんぷんを使いますと、家畜のエサ、発展途上国への食料援助などに回すことができなくなり、深刻な食糧危機を招きかねないと、危惧されています。

武石先生の話を聞いて、生分解性プラスチックは、普及するにつれて、地球環境を汚染するだけではなく、世界の食糧危機の原因にもなりうることを知りました。

現在、市場に出回っている生分解性プラスチックは、生ゴミ袋、トレー、ビニールシートのような強度のないものがほとんどです。武石教授グループの目的は、これを家電製品、ユニットバス、小型船舶などにも使えるような強度のあるものを開発することでした。そこでは、生分解性プラスチックを、澱粉ではなく、原糖（砂糖の原料）から造り、そこに、強化繊維としてリュウゼツラン（テキーラの原料）などの硬質繊維を混合するのだそうです。廃棄時に粉砕して土に埋めると、数年で分解することも確認しているということです。

武石教授によれば、原糖は過剰生産（一キロ五円）であり、また、世界中に広大な休耕地があるそうです。環境汚染を予防し、食糧危機を回避する、すばらしいアイデアであり、画期的な開発といえるのではないでしょうか。

武石先生方は工学系の研究者です。それでも、自分たちが開発する製品が、どのような経済的帰結をもたらすか、食糧事情などの社会環境にいかなるインパクトをあたえるか、こうした問題にも国際的視野から取り組んでいるのです。表現は悪いかもしれませんが、科学者たる者、視野を広くして、かつ、いつも何かを「疑って」いないと、こうした画期的な発明はできないのではないでしょうか。


社会科学系のわたし達は、「会計」といった、狭い範囲で問題を捉え、解決しようとしてはいないでしょうか。「会計」としては「解決したつもり」でも、むしろ、他の領域に問題をばらまいていることが多いのではないでしょうか。第4章で詳しく述べましたように、最近の会計改革を見ていますと、会計としては「解決したつもり」でも、経済界や企業に、理不尽な、ときには、解決不能な問題をばらまいているのではないかと心配です。わたし達は、もっともっと、自分達の世界に、自分達の行為に、「疑い」を挟む必要があると思います。

「疑う」という表現が悪ければ、もっと「好奇心」をもって欲しいのです。もっと、「なぜ?」と発問して欲しいのです。子どもに物語を聞かせていますと、しょっちゅう、「なぜ?」とか、「どうして?」「それで?」、「それから?」と訊《き》かれるではないですか。わたし達も、初心に返って、「どうして」「なぜ」「それでよいのか」、「その後どうなるのか」を、会計の世界で発問しようではありませんか。

ほんのいくつかだけ、「疑う」話をしました。この話の続きはいくらでもあるのです。でも、それは、本書を読んで下さった皆さん自身に考えていただきたいと思います。

最後まで読んでいただいたことに、心から感謝申し上げます。共感できること、共鳴したことがありましたら、ぜひ、皆さんのご研究に、お仕事に、反映させて頂きたく思います。一人でも二人でも、今の会計を、会計学を「疑う」人が増え、さらに、新しい時代に向けてwhistleを吹く仲間が増え、いつの日か、それが大きな力となって「会計実務の健全化」と「健全な会計観の共有」に、願わくは、さらに「日本会計学の復活」に寄与することができるならば幸いです。

なお、本書では、誰かの意見や公的文書などを引用することは最小限にとどめています。引用だらけの本にはしたくなかったからです。しかし、巻末の「参考文献」に掲げました数多くの書物・論文からは計り知れない啓発を受けました。記して感謝申し上げたいと思います。

前書『原点復帰の会計学』でも、最後に書きましたが、本書が、「砂漠の種まき」に終わらぬよう、これからも、ことあるごとに、whistle を吹き続けたいと思います。

参考文献

新井清光著『財務会計論』中央経済社、一九七五年初版。

井尻雄士「アメリカ会計の発展事情－政治の中で育つ会計の道」『會計』第一二五巻第一号、一九八四年一月。

井尻雄士「アメリカ会計の変遷と展望」『會計』第五三巻第一号、一九九八年一月。（一九九八年a）

井尻雄士「二一世紀の評価論とその周辺の展望」、中野勲・山地秀俊編著『21世紀の会計評価論』勁草書房、一九九八年、所収。（一九九八年b）

井尻雄士「アメリカのファイナンシャル・レポーティング」『企業会計』一九九九年九月。

伊藤邦雄著『会計制度のダイナミズム』岩波書店、一九九六年。

伊東光晴「時流に追随する人たちへ」『This is 読売』一九九八年五月号。

伊東光晴著『「経済政策」はこれでよいか－現代経済と金融危機』岩波書店、一九九九年。

伊東光晴著『日本経済の変容－倫理の喪失を超えて』岩波書店、二〇〇〇年。

稲盛和夫著『稲盛和夫の実学－経営と会計』日本経済新聞社、一九九八年。

内橋克人編『経済学は誰のためにあるのか－市場原理至上主義批判』岩波書店、一九九七年。

内橋克人とグループ二〇〇一著『規制緩和という悪夢』文藝春秋、一九九五年。

内橋克人著『浪費なき成長―新しい経済の起点』光文社、二〇〇〇年。

大村敬一・川北英隆著『ゼミナール日本の株式市場』東洋経済新報社、一九九二年。

興津裕康他「(円卓討論) 原価主義会計・監査の系譜と二一世紀への期待」『會計』第一五七巻第二号、二〇〇〇年二月。

奥村　宏著『新版法人資本主義の構造』社会思想社(現代教養文庫)、一九九一年。

鹿嶋春平太著『聖書の論理が世界を動かす』新潮社(新潮選書)、一九九四年。

加藤　寛・渡部昇一『対論・所得税一律革命』光文社、一九九九年。

金子　勝著『反グローバリズム―市場改革の戦略的思考』岩波書店、一九九九年。

川島武宜著『「科学としての法律学」とその発展』岩波書店、一九八七年。

姜　尚中・吉見俊哉「混成化社会への挑戦―グローバル化のなかの公共空間をもとめて①グローバル化の遠近法」『世界』一九九九年六月。

岸田雅雄著『ゼミナール会社法入門(第二版)』日本経済新聞社、一九九四年。

倉澤資成著『株式市場―資本主義の幻想』講談社(現代新書)、一九八八年。

ジョン・グレイ(談)「『自由放任』のドグマ排せ」(経済学の新世紀2)、日本経済新聞、二〇〇〇年一月一六日。

ジョン・グレイ「普遍主義の妄想」(二一世紀を読む)日本経済新聞、二〇〇〇年一二月三一日(国際・欧州版)。

黒澤　清著『近代会計学(初版)』春秋社、一九五一年。

公正取引委員会事務局編『最新　日本の六大企業集団の実態』東洋経済新報社、一九九四年。

国税庁企画課編『平成四年分税務統計から見た法人企業の実態』一九九三年。

後藤雅敏・桜井久勝「利益予測情報と株価形成」『會計』一四三巻六号、一九九三年六月。

佐伯啓思・榊原英資・西部邁・福田和也「アメリカニズムを超えて」『諸君！』一九九八年一〇月。

堺屋太一編著『未来はいま決まる』フォレスト出版、一九九八年。

堺屋太一著『未来への助走―「あるべき姿の日本」を求めて』PHP研究所、一九九九年。

桜井久勝「キャッシュ・フロー会計の光と影」『税経通信』二〇〇一年一月。

佐藤孝一著『現代会計学』中央経済社、一九五二年初版。

佐藤孝一著『新会計学』中央経済社、一九五八年初版。

佐和隆光著『経済学とは何だろうか』岩波書店（岩波新書）、一九八二年。

佐和隆光著『漂流する資本主義―危機の政治経済学』ダイヤモンド社、一九九九年。

澤邊紀生「金融監督目的と時価会計」『証券経済』第一九一号、一九九五年三月。

塩沢由典「記憶喪失の経済と経済学の責任」『This is 読売』一九九八年五月号。

千保喜久夫著『デリバティブの知識』日本経済新聞社（日経文庫）、一九九八年。

染谷恭次郎著『現代財務会計』中央経済社、一九六九年初版。

高山正之・立川珠里亜著『弁護士が怖い！』文芸春秋社（文春文庫）、一九九九年。

武田昌輔編著『企業課税の理論と課題』税務経理協会、一九九五年。

武田隆二「税効果会計の基礎」『税経セミナー』一九九八年一二月号。

田中和夫著『英米法概論（再訂版）』有斐閣、一九八一年。

田中誠二著『商法総則詳論』一九七六年。

田中英夫著『英米法と日本法』東京大学出版会、一九八八年。

田中　弘「真実性の原則の役割」『愛知学院大学論叢　商学研究』第二六巻第三・四号、一九八一年七月。

田中　弘「イギリス・インフレーション会計の政治的背景(1)(2)」『會計』第一二九巻第五・六号、一九八六年五・六月。(一九八六年a、b)

田中　弘「商法・企業会計原則における離脱規定」『會計』第一三〇巻第四号、一九八六年一〇月。(一九八六年c)

田中　弘「附属明細書の役割・機能と問題点」『企業会計』第三九巻第一二号、一九八七年一二月。

田中　弘「企業会計原則の法的認知」『會計』第一三三巻第三号、一九八八年三月。

田中　弘著『イギリスの会計基準―形成と課題』中央経済社、一九九一年。

田中　弘著『イギリスの会計制度―わが国会計制度との比較研究』中央経済社、一九九三年。

田中　弘「日本的会計制度の特質―国際化のなかで」『會計』第一四七巻三号、一九九五年三月。

田中　弘著『会計の役割と技法―現代会計学入門』白桃書房、一九九六年。

田中　弘編著『取得原価主義会計論』中央経済社、一九九八年。

田中　弘著『時価主義を考える(第二版)』中央経済社、一九九九年。(一九九九年a)

田中　弘著『原点復帰の会計学―通説を読み直す』税務経理協会、一九九九年。(一九九九年b)

田中　弘「確定決算主義における六つの弊害―努力する企業が報われる税制へ―」『税経通信』一九九九年一二月号。(一九九九年c)

田中　弘「概念フレームワーク論とピースミール・アプローチ論」『税経通信』一九九九年二月号。(一九九九年

d）
田中　弘「取得原価主義会計の役割と二一世紀への期待」『会計』第一五七巻第二号、二〇〇〇年二月。（二〇〇〇年a）
田中　弘「会計制度改革と雇用破壊―タイミングを間違えた会計ビッグバン」『税経通信』二〇〇〇年二月。（二〇〇〇年b）
田中　弘「日本会計のゆくえ―Glocal Accountingを求めて―」『税経通信』二〇〇〇年六月号。（二〇〇〇年c）
田中　弘「実質優先主義の不思議―法を破ってもいいのか」『税経通信』二〇〇〇年一〇月。（二〇〇〇年d）
田中　弘「Creative Accountingとは何か」『税経通信』二〇〇〇年一一月。（二〇〇〇年e）
田中　弘「時価会計の光と影―会計の『静態化』と『ギャンブラー化』」『税経通信』二〇〇一年一月。（二〇〇一年a）。
田中　弘「『ブランド会計』論争と会計学者のnightmare」『税経通信』二〇〇一年三月。（二〇〇一年b）。
田中　弘「会計学の静態化」『神奈川大学商経論叢』第三六巻第四号、二〇〇一年。（二〇〇一年c）
田中　弘・原　光世訳『イギリス会計基準書』中央経済社、一九九〇年、第二版、一九九四年。（一九九四年a）
田中　弘・原　光世訳『イギリス財務報告基準』中央経済社、一九九四年。（一九九四年b）
田中　弘・千保喜久夫「会計ビッグバンがもたらす大厄災（対談）」『諸君！』一九九九年七月。
長銀総合研究所「退職給付に係わる新しい会計基準のインパクト」『総研調査』第九三号、一九九八年九月。
寺島実郎著『国家の論理と企業の論理―時代認識と未来構想を求めて』中央公論社（中公新書）、一九九八年。

徳増俱洪・加藤直樹著『企業会計ビッグバン―国際会計基準が日本型経営を変える』東洋経済新報社、一九九七年。

中田謙司著『大人読本　税金を払おう』日本経済新聞社、一九九九年。

中野　誠「企業年金会計基準の経済的影響論」『企業会計』第五一巻第一〇号、一九九九年九月。

中野勲・山地秀俊編著『21世紀の会計評価論』勁草書房、一九九八年。

並木伸晃著『宗教国家アメリカの「本能」を読め』光文社、一九九三年。

西尾幹二著『国民の歴史』産経新聞ニュースサービス、一九九九年。

西川　登「原価基礎発生基準会計の現在・過去・将来」『神奈川大学商経論叢』第三六巻第四号、二〇〇一年。

西部　邁著『国民の道徳』産経新聞ニュースサービス、二〇〇〇年。

西村清彦著『「やわらかな経済学」で日本経済の謎を解く』日本経済新聞社、一九九九年。

日本経済新聞社編『株主の反乱』日本経済新聞社、一九九三年。

日本経済新聞、二〇〇〇年七月三日、国際版・欧州（News 反射鏡）。

根井雅弘著『21世紀の経済学』講談社（現代新書）、一九九九年。

濱本道正「日本企業の支配形態と会計システム」『JICPAジャーナル』一九九三年九月。

番場嘉一郎著『棚卸資産会計』国元書房、一九六三年。

番場嘉一郎「包括規定と企業会計原則修正案」『税経セミナー』第一八巻第一四号、一九七三年一一月。

番場嘉一郎著『詳説企業会計原則（全訂版）』森山書店、一九八六年。

サミュエル・ハンチントン談「世紀をひらく2―文明がパワーを補う」日本経済新聞、一九九九年一二月二五日。

平松一夫著『国際会計の新動向』中央経済社、一九九四年。

広瀬　隆著『地球のゆくえ』集英社（集英社文庫）、一九九七年。

広瀬　隆著『アメリカの経済支配者たち』集英社（集英社新書）、一九九九年。

広瀬義州著『会計基準論』中央経済社、一九九五年。

広瀬義州著『財務会計（第二版）』中央経済社、二〇〇〇年。

広瀬義州「ブランドの資産計上」『税経通信』二〇〇〇年四月。

広瀬義州「連結財務諸表制度の光と影」『税経通信』二〇〇一年一月。

広瀬義州・田中　弘編著『国際財務報告の新動向』商事法務研究会、一九九九年。

広瀬義州・田中　弘・平松一夫・伊藤邦雄（座談会）「国際会計基準とわが国会計制度の課題」『税経通信』二〇〇〇年五月号。

東谷　暁著『グローバル・スタンダードの罠』日刊工業新聞社、一九九八年。

グレン・フクシマ・宮内義彦「誰のための規制緩和か」『中央公論』一九九六年六月。

藤田晶子「のれんとブランドの会計」『税経通信』二〇〇〇年一月。

藤田晶子「研究開発費会計の光と影」『税経通信』二〇〇一年一月。

宮本光晴著『変貌する日本資本主義—市場原理を超えて』筑摩書房（ちくま新書）、二〇〇〇年。

村上陽一郎著『文明のなかの科学』青土社、一九九四年。

村上陽一郎著『科学者とは何か』新潮社、一九九四年。

村上陽一郎著『安全学』青土社、一九九八年。

村上陽一郎著『科学の現在を問う』講談社（現代新書）、二〇〇〇年。

森嶋通夫著『なぜ日本は没落するか』岩波書店、一九九九年。
森山弘和「企業評価手法を用いたブランド価値の測定」『税経通信』二〇〇〇年七月。
山一証券経済研究所編『証券市場の基礎知識』東洋経済新報社、一九九〇年。
山下勝治著『会計学一般理論（初版）』千倉書房、一九六三年。
山下竹二著『株式市場の科学』中央公論社（中公新書）、一九八七年。
山崎豊子著『沈まぬ太陽（上）（中）（下）』新潮社、一九九九年。
山下勝治著『会計学一般理論』千倉書房、一九六三年初版。
山根一眞著『メタルカラーの時代4』小学館、二〇〇〇年。
山桝忠恕著『アメリカ財務会計―その性格と背景―』中央経済社、一九五五年。
山桝忠恕著『近代会計理論』国元書房、一九六三年。
吉見　宏著『企業不正と監査』税務経理協会、一九九九年。
渡辺洋三著『法というものの考え方』岩波書店（岩波新書）、一九五九年。
渡辺洋三著『日本社会と法』岩波書店（岩波新書）、一九九四年。
渡辺洋三著『法とは何か（新版）』岩波書店（岩波新書）、一九九八年。
渡部昇一著『アングロサクソンと日本人』新潮社（新潮選書）、一九八七年。
別冊宝島『粉飾列島』宝島社、一九九八年。
「勤労観と企業倫理」『This is 読売』一九九八年五月号。

Accounting Standards Board,*Financial Reporting Standard No.10–Goodwill and Intangible Assets*,1997.

Accounting Standards Committee, *Statment of Standard Accountig Practice No. 22, Accounting for Goodwill*,1984 (revised in 1989).

Accounting Standards Committee, *Setting Accounting Standards:Report and Recommendations by the Accounting Standards Committee*,1981. 田中　弘訳「会計基準の設定－会計基準委員会報告・勧告書」『商学研究』（愛知学院大学論叢）第二八巻第一号（一九八二年一二月）。

J.Arnold, T.Hope, A.Southworth, and L.Kirkham, *Financial Accounting*,2nd ed.,Prentice Hall,1994.

P.Barwise, C.Higson, C.Likierman and P.Marsh, *Accounting for Brands*, Institute of Chartered Accountants in England and Wales, 1989.

John Blake, Oriol Amat, and Jack Dowds, 'Ethics of Creative Accounting', in Catherine Gowthorpe and John Blake(ed),*Ethical Issues in Accounting*, Routledge,1998.

John Blake and Henry Lunt, *Accounting Standards*,7th ed., Pearson Education,2001.

Business Week, 'Accounting:A crisis over fuller disclosure,' *Business Week*, 22 April 1972.

Raymond Brockington, *Accounting for Intangible Assets:A New Perspective on the True and Fair View*, Addison Wesley Publishing, 1996.

Michael Bromwich,*The Economics of Accounting Standards Setting*,Prentice–Hall International,1985.

Michael Bromwich and Alnoor Bhimani,*Management Accounting : Pathway to Progress*, CIMA,1994. 櫻井通晴監訳『現代の管理会計　革新と漸進』同文舘、一九九八年。

P.Chasney, 'Statute and standards in conflict on accounting for stocks,' *Accountancy*, July 1982.

J.Fox, 'Learn to play the Earning Game' ,*Fortune*, 31 July,1997.

Judith Freedman and Michael Power(ed), *Law and Accountancy—Conflict and Co-operation in the 1990s*, Paul Chapman Publishing, 1992.

David M.Gordon, *Fat and mean:the corporate squeeze of working Americans and the myth of managerial "downsizing"*,Simon & Schustler Inc.1996. 佐藤良一・芳賀健一訳『分断されるアメリカ—「ダウンサイジング」の神話』シュプリンガー・フェアラーク東京、一九九八年。

John Gray,*FALSE DAWN:The Delusions of Global Capitalism*, Granta Publications,1998. ジョン・グレイ著・石塚雅彦訳『グローバリズムという妄想』日本経済新聞社、一九九九年。

Ian Griffiths, *Creative Accounting:How to make your profits what you want them to be*, Sidgwick & Jakson, 1986.

Ian Griffiths, *New Creative Accounting:How to make your profits what you want them to be*, Macmillan Press,1995.

R.Grover, 'Curtains for tinsel town accounting?,' *Business Week*, 14 January 1991.

David Haigh, *Brand Valuation – a review of current practice*, Institute of Practitioners in Advertising, 1996.

Samuel P.Huntington, *THE CLASH OF CIVILIZATIONS AND THE REMAKING OF WORLD ORDER*, Simon & Schuster,1996. サミュエル・ハンチントン・鈴木主税訳『文明の衝突』集英社、一九九八年。

R.Hussey, *A Dictionary of Accounting*, Oxford University Press,1999.

KPMG, *The Companies Acts 1985 and 1989, Accounting and related requirements–the KPMG guide*, 3rd ed., Accountancy Books,1998.

Steven E.Landsburg, *The Armchair Economist*, the Free Press,1993. 吉田利子訳『ランチタイムの経済学』ダイヤモンド社、一九九五年。

Steven E.Landsburg, *Fair Play:What Your Child Can Teach You About Economics, Values and the Meaning of Life*, the Free Press,1997. 斎藤秀正訳『フェアプレイの経済学』ダイヤモンド社、一九九八年。

Cheryl R.Lehman, *Accounting's Changing Roles in Social Conflict*, Markus Wiener Publishing, 1992.

George O.May, *Financial Accounting–A Distillation of Experience–*, Macmillan,1943. 木村重義訳『G・O・メイ　財務会計–経験の蒸留–』同文舘、一九七〇年。

Doreen McBarnet and Christopher Whelan, *Creative Accounting and the Cross–eyed Javelin*

Thrower, John Wiley & Sons, Ltd., 1999.

Wendy McKenzie, *Guide to Using and Interpreting Company Accounts*,2nd ed.,1998.

K.H.M.Naser, *Creative Financial Accounting:Its Nature and Use*, Hemel Hempstead :Prentice Hall,1993.

National Companies and Securities Commission, '*A True and Fair View' and the Reporting Obligations*, Government Publishing Service, 1984.

C.Nobes, *Pocket Accounting*, the Economist Books, 1998.

Dieter Ordelheide and KPMG, *TRANSACC, Transnational Accounting*, vol.1 and 2,1995.

William R.Scott, *Financial Accounting Theory*, Prentice Hall, 1997.

Terry Smith, *Accounting for Growth*: *Stripping the Camouflage from Company accounts*, Century Business,1992.

Terry Smith, *Accounting for Growth:Stripping the Camouflage from Company accounts*, 2nd ed., Random House,1996.

P.A.Taylor, 'United Kingdom−Group Accounts', in D.Ordelheide and KPMG, *TRANSACC, Transnational Accounting*, vol.2,1995.

Kylie Trevillion and Raymond Perrier, *Brand Valuation−A Practical Guide*, Accountancy Books (Accountants'Digest No.405), March 1999.

US Brand Valuation Summary, Financial World, 1996.

E.Woolf, S.Tanna and K.Singh(eds.),*The Regulatory Framework of Accounting*, Macdonald & Evans,1985.

和 文 索 引

欧文索引

<著 者 紹 介>

田 中　　弘（たなか　ひろし）

神奈川大学教授・商学博士（早稲田大学）
公認会計士二次試験委員，大蔵省保険審議会法制懇談会委員，郵政省簡易保険経理研究会座長，大蔵省保険経理フォローアップ研究会座長，大蔵省支払保証制度研究会委員，国際会計研究学会理事，日本会計研究学会評議員などを歴任
2000－2001年ロンドン大学（ＬＳＥ）客員教授
［主要著書等］
「イギリスの会計基準－形成と課題」（中央経済社，1991年）
「イギリスの会計制度－わが国会計制度との比較検討」（中央経済社，1993年）
「イギリス財務報告基準」（共訳，中央経済社，1994年）
「イギリス会計基準書（第２版）」（共訳，中央経済社，1994年）
「経営分析の基本的技法（第４版）」（中央経済社，1995年）
「会計の役割と技法－現代会計学入門」（白桃書房，1996年）
「取得原価主義会計論」（編著，中央経済社，1998年）
「今日から使える経営分析の技法」（編著，税務経理協会，1999年）
「時価主義を考える（第２版）」（中央経済社，1999年）
「原点復帰の会計学－通説を読み直す」（税務経理協会，1999年）
他論文等多数

著者との契約により検印省略

平成13年５月25日　初 版 発 行

会計学の座標軸

著　　者　田　中　　弘
発 行 者　大　坪　嘉　春
整 版 所　税経印刷株式会社
印 刷 所　税経印刷株式会社
製 本 所　株式会社　三森製本所

発行所　〒161-0033 東京都新宿区下落合２丁目５番13号　株式会社 税務経理協会
振替　00190-2-187408　電話(03)3953-3301(編集部)
FAX(03)3565-3391　(03)3953-3325(営業部)
URL　http://www.zeikei.co.jp/
乱丁・落丁の場合は，お取り替えいたします。

ISBN4-419-03736-9 C1063